La randonnée, un art de vivre pour tous

POUR TOUS, À TOUT ÂGE

C'est sans doute ainsi que tout a commencé : par un pique-nique avec ses parents le long d'un ruisseau.

Peut-être y a-t-il eu aussi cette partie de cache-cache entre cousins parmi les rochers de la forêt de Fontainebleau, cette ascension au Puy Mary, un jour qu'il pleuvait des cordes, les départs à l'aube pour la pêche à la mouche, les dimanches d'octobre quand on partait aux champignons ?

Les années ont passé. Devenu adolescent, on a préparé son sac, enfilé de bonnes chaussures de sport, et l'on est parti rejoindre ses amis pour passer des vacances au bord de la mer. Avec les autres, on a pris plaisir à courir le long des plages, à découvrir de petits sentiers herbus qui menaient à des criques abritées, à longer les bateaux amarrés dans le port, à grimper sur des corniches pour admirer le panorama… Avec le goût de la liberté, la joie de découvrir la nature et ses paysages, est venu le goût de la [illegible]

Une fois adulte, enthousiaste et au meilleur de sa [illegible] de partir plus longtemps, et d'accomplir de véritables [illegible] et carte en main, on part alors randonner dans les ma[illegible] Loire. Marche d'une semaine ou trek de longue h[illegible] certains ne vont-ils pas sillonner l'Atlas marocain ou le[illegible] du Népal ?

Les balades se feront ensuite plus sages, le temps de vo[illegible] ses enfants, avec qui l'on partira cueillir les myrtilles en forêt. Le temps d'un week-end, on partagera avec

En Aveyron. *Photo DG.*

◀ Cirque de Mourèze dans l'Hérault. *Photo DG.*

les amis le coup de chaud d'une grimpette un peu raide et le réconfort de la soupe odorante au gîte d'étape.

Au moment de la sagesse et du temps libre retrouvé, les tranquilles sorties du mardi ou du jeudi rythmeront la semaine. Même si le souffle se fait plus court et les jambes un peu plus lourdes, le plaisir est toujours là.

En France, vous êtes 15 millions de personnes qui déclarez marcher plusieurs fois par an, ou randonner régulièrement. Toutes les générations, toutes les couches sociales se retrouvent sur les chemins et sentiers. Au-delà des modes, aucune autre activité n'a pris une telle place parmi les loisirs des Français.

DE MILLE FAÇONS...

Avec des petits, faire le tour d'un étang au rythme de l'escargot, ou partir à deux pour un long périple sportif à travers la montagne corse, la randonnée se pratique partout et se prête à tous les contextes : en couple, entre amis, en famille, au sein de groupes associatifs. Tandis que certains marcheront en herborisant, d'autres suivront les traces des pèlerins, ou préfèreront s'attarder d'une chapelle romane à une autre, ou encore s'attacheront à redécouvrir les rues de Paris.

Certains marchent régulièrement le dimanche, d'autres uniquement pendant leurs vacances. Les « accros » (et chanceux) prennent le sac à dos tous les jours ou presque.

Activité conviviale sans équivalent, l'essor de la randonnée pédestre s'inscrit dans un monde où les moments de réelle disponibilité, sans radio ni téléphone, hors du milieu professionnel et de l'emprise du quotidien, deviennent de plus en plus rares. Et l'on parle, heureux de se retrouver et de partager cette plénitude qu'inspire un beau paysage... Et puis de temps à autre, le silence s'installe, chacun se retrouve avec soi-même, sa fatigue et son bonheur d'être là, à respirer sur le chemin.

Alors, simple promeneur ou grand marcheur ? Jeunes, familles, sportifs, seniors ? Peu importe, à chacun son rythme, à chacun son plaisir.

LA RANDONNÉE, FILLE DU TOURISME ET DES LOISIRS

L'homme a toujours beaucoup marché.
Aux temps de la préhistoire, il lui fallait parcourir des territoires de chasse, suivre les troupeaux, rechercher les zones propices à la cueillette, trouver de l'eau… Les hommes partaient aussi à l'assaut des montagnes, à la rencontre des divinités, et pour enterrer leurs morts. Ils cheminaient surtout pour vendre, acheter, troquer des marchandises : on sait maintenant que les échanges commerciaux étaient intenses durant la période préhistorique. La guerre, les conquêtes, et qui sait, peut-être déjà le goût de l'aventure et la quête de l'inconnu, ont également poussé les hommes et les femmes sur les chemins à travers les continents.

• L'Antiquité, le Moyen Âge, puis les siècles des découvertes, furent riches en périples lointains, voire mythiques. Pour assurer leur salut spirituel, les pèlerins devaient ainsi marcher durant 2 700 km pour rallier Chartres à Saint-Jacques-de-Compostelle, et en revenir. Marco Polo, commerçant féru d'aventure et de marchandises précieuses, traverse en 1275 toute l'Asie centrale jusqu'en Chine. Les colporteurs arpentent les régions. On se déplace par tous les moyens disponibles, à pied, en carriole, à cheval, en bateau…

• Marcher, pour le seul plaisir apparent de mettre un pied devant l'autre, apparaît au XVIIIe siècle : aux derniers jours de sa vie, Jean-Jacques Rousseau rédige *Les Rêveries d'un promeneur solitaire*, œuvre autobiographique dans laquelle il célèbre l'harmonie de la nature et la magnificence des montagnes, sources, pour lui, de contemplation et de félicité. À cette même époque, naît cette véritable fascination pour les sommets qui se traduira par l'apparition de l'alpinisme, et corrélativement, par les longs parcours pédestres : le Dr Michel-Gabriel Paccard et Jacques Balmat, un cristallier de Chamonix, atteignent le sommet du mont Blanc en 1786, suivis l'année suivante par Horace Bénédict de Saussure, lui aussi accompagné de Jacques Balmat.

• C'est au XIXe siècle que la marche (on ne parle pas encore de randonnée) se popularise. À cette époque,

Photo DG.

◀ Littoral varois. *Photo DG.*

Gentiane acaule. *Photo NV.*

la nature fait l'objet d'un véritable culte chez les poètes et écrivains, Stendhal invente quasiment le tourisme (*Les Mémoires d'un touriste* paraissent en 1838), et les Anglais notamment, commencent à parcourir à pied leurs vertes campagnes et le reste du monde. Le récit des déboires et des émerveillements de Robert Louis Stevenson et de son ânesse Modestine, dans son *Voyage avec un âne à travers les Cévennes* (1879), illustre magistralement les débuts de la randonnée moderne.

• L'élan est donné, et ne s'arrêtera pas. En 1842, Claude-François Denecourt, sergent rescapé de l'armée napoléonienne, surnommé le « Sylvain » par Théophile Gautier, trace et aménage les premiers itinéraires balisés à la peinture, à travers le massif de Fontainebleau, afin d'en faire découvrir la beauté aux promeneurs. La randonnée commence à avoir ses adeptes, notamment en Angleterre et dans les pays germaniques. Créé en 1872 dans l'Alsace alors allemande, le Club vosgien conçoit et balise ses premiers sentiers pour les « excursionnistes ». À la même période, un éditeur allemand, Karl Baedeker, parcourt l'Europe et d'autres continents, tandis qu'en France, Adolphe Joanne, l'un des futurs fondateurs du Club alpin français, lui emboîte le pas. Leurs récits de voyage donneront des fourmis dans les jambes !

La randonnée permet de se rapprocher de la nature et de découvrir le patrimoine rural. *Photos DG.*

• Fondé en 1890 et voué à ses débuts aux loisirs cyclistes, le Touring Club de France, se tourne vers l'excursionnisme, dès 1904, et trace des sections de promenade pédestre. La Société des excursionnistes marseillais, fondée en 1897, balise également des itinéraires dans les massifs autour de Marseille.

• Les amoureux de la nature, les membres des mouvements de scoutisme – arrivé en France en 1911 – et des auberges de jeunesse, marchent sur les chemins. Le nombre de marcheurs est considérablement accru par l'instauration des congés payés en 1936.

• Certains pratiquants, parmi les plus « mordus », souhaitent donner à tous le plaisir de parcourir la France à pied. L'un d'eux, Jean Loiseau, publie des descriptifs d'itinéraires, qu'il avait reconnus et parcourus, à la tête d'un groupe de jeunes marcheurs : « Les Compagnons voyageurs ». Il s'informe aussi de ce qui se fait en Allemagne, en Belgique, en Suisse et même aux États-Unis. En 1945, avec ses amis du Camping Club de France, il présente à la Commission de tourisme pédestre du Touring Club de France – qui l'adopte – son projet de « routes du marcheur », appellées aussi « sentiers de grande randonnée ». Le mot randonnée est lancé. Le Comité national des sentiers de grande randonnée (CNSGR) est créé en 1947 : la grande aventure des GR® balisés blanc et rouge commence, avec notamment l'une des premières grandes réalisations : le tour du mont Blanc (GR® TMB). L'apparition, en 1957, du premier topo-guide® ronéotypé (une partie du GR® 1, *le Tour de l'Île-de-France*) marque incontestablement un tournant dans la vocation du Comité. En 1972, il existe déjà 10 000 km de GR® et 25 000 topo-guides® ont été vendus. En 1978, le CNSGR devient la Fédération française de la randonnée pédestre (FFRP), une évolution qui consacre le développement de la randonnée en France : la Fédération assure désormais la représentation des randonneurs, de plus en plus nombreux, tout en conservant la mission technique du CNSGR : reconnaître, baliser et entretenir des itinéraires de randonnée, et publier les descriptifs correspondants, les topo-guides®.

Photo parue dans la presse spécialisée des années 1950. Photo © FFRP.

POURQUOI AI-JE L'AIR SI HEUREUX ?
J'AI UNE MEMBRANE GORE-TEX® XCR®
DANS MES CHAUSSURES.
LA TRANSPIRATION S'ÉVAPORE ET LA CHALEUR EXCESSIVE EST ÉLIMINÉE.
MES ORTEILS RESTENT AU SEC. ILS ONT LE SOURIRE JUSQU'AUX OREILLES !
IT'S* A GREAT DAY
La Garantie de
Vous Maintenir au Sec
GORE-TEX®
chaussures
XCR®
chaussures
gore-tex.com ou 0800 096 096 CHAUSSURES GORE-TEX® XCR® . DES CHAUSSURES CLIMATISÉES.
GORE-TEX®, GORE-TEX® GUARANTEED TO KEEP YOU DRY®, GORE-TEX® XCR®, GORE® et les logos sont des marques de W.L. Gore & Associés. *Quelle belle journée.

SOMMAIRE

9e édition : juin 2004

ISBN 2-7514-0030-2
Dépôt légal : juin 2004
Compogravure : MCP, Orléans
Impression : Oberthür Graphique, Rennes

LA RANDONNÉE DE A À Z

Les itinéraires

Le GR® 56 fait le tour de l'Ubaye : 145 km. *Photo NV.*

LES DIFFÉRENTS TYPES DE SENTIERS EN FRANCE

Qui d'entre vous n'a pas déjà remarqué sur un muret, un poteau ou un arbre, les balises, ces traits horizontaux peints en blanc et rouge, jaune et rouge ou encore en jaune ? Ces marques de couleur constituent le balisage : elles ont pour objectif de guider le marcheur le long d'un itinéraire déterminé, lui offrant à la fois des gages de confort et de sécurité (voir aussi p. 177 : « Comprendre les balisages »).

Selon la nature de l'itinéraire, les balisages diffèrent. En France, la majeure partie des sentiers balisés est l'œuvre de la Fédération française de randonnée pédestre (FFRP), qui est à l'origine des notions de sentiers de Grande Randonnée (GR®), sentiers de Grande Randonnée de Pays (GRP®) et sentiers de Promenade et Randonnée (PR®).

Certaines autres institutions, comme l'Office national des forêts (ONF), ou des collectivités territoriales comme les parcs naturels ou les communes, créent également des itinéraires de promenade ou de randonnée. Les balisages ne font pas tous appel à des marques de couleur, certains sont matérialisés par des poteaux indicateurs, des visuels spécifiques, ou des flèches directionnelles.

Les sentiers de Grande Randonnée (GR®)

Les sentiers de Grande Randonnée (les fameux « GR® ») correspondent à des parcours de plusieurs jours ou de plusieurs semaines. Ces longs itinéraires sillonnent une région (par exemple le GR® 561, *Le Littoral et les îles du Morbihan*), ou traversent plusieurs départements (le GR® 4, d'Aubusson à Saint-Flour). Sans pour autant suivre scrupuleusement des voies plus anciennes – difficiles à déterminer d'une part, et à reproduire étant données les infrastructures et l'urbanisation d'aujourd'hui d'autre

Photo YL.

◄ Cirque d'Archiane dans la Drôme. *Photo NV.*

UN ITINÉRAIRE BALISÉ NE DOIT RIEN AU HASARD !

Les sentiers balisés font désormais tellement partie du paysage que peu de marcheurs s'interrogent sur la façon dont ils ont été conçus puis mis en œuvre sur le terrain. Et pourtant, l'existence et le tracé d'un itinéraire ne doivent rien au hasard ni à l'improvisation.

La **création d'un itinéraire** répond d'abord à des exigences absolues : guider le marcheur dans les meilleures conditions possibles de sécurité, et lui garantir une promenade agréable. Concrètement, toute une série de critères sont respectés lors de l'élaboration de l'itinéraire.

Le parcours évitera par exemple les routes goudronnées, exclura les passages acrobatiques ou potentiellement dangereux, et n'empruntera que des voies publiques ou dont le propriétaire a donné son accord. Le marcheur sera également assuré de trouver la passerelle nécessaire pour franchir un cours d'eau important, d'emprunter un sentier débroussaillé ou conforté contre les éboulements, etc.

L'itinéraire doit éviter la monotonie, privilégier les points de vue, favoriser la découverte du patrimoine naturel et culturel.

Conjointement à la sécurité et au plaisir du promeneur, les responsables des itinéraires balisés ont pour préoccupations la **préservation des milieux**, la sauvegarde du patrimoine des chemins et le développement économique du territoire traversé.

Si nécessaire, le sentier contournera une zone fragile du point de vue écologique, ou sera aménagé en vue de protéger des espèces végétales menacées. Il fera découvrir au marcheur une ancienne voie romaine, ou un vieux chemin communal, et amènera des randonneurs ravis dans cette petite vallée peu connue, au village si accueillant avec ses vieilles ruelles, son auberge à l'ombre des platanes et son gîte d'étape.

Aménager un sentier a évidemment un coût, variant selon les contextes, entre 160 et 1 600 € par kilomètre de sentier aménagé. L'entretien courant, absolument indispensable, coûtera de 25 à 50 € par an par kilomètre. Qui paie ? En partie le système associatif, la FFRP principalement, et pour une part croissante, les collectivités locales (communes ou départements) et les structures parapubliques (parcs naturels régionaux, offices du tourisme, etc.). De nombreuses réalisations (aménagements, balisage) sont aussi l'œuvre de randonneurs bénévoles, affiliés et formés à la FFRP.

Les itinéraires de randonnée, et plus globalement les chemins, disparaissent parfois, noyés sous le goudron, effacés par les labours, barrés par les clôtures, mangés par l'urbanisation ou simplement abandonnés. Les itinéraires de randonnée commencent à être mieux protégés depuis l'instauration des Plans départementaux des itinéraires de promenade et de randonnée (PDIPR), qui sont élaborés et adoptés par chaque département. Faisant généralement partie du domaine privé des communes, tous les chemins inscrits au PDIPR deviennent inaliénables. Plus que jamais, les réseaux de sentiers font partie du patrimoine commun d'un pays.

Sentier ayant fait l'objet d'aménagements. *Photo DG.*

ON EMBAUCHE DES JEUNES...

"Fast" neuf avec ... LACROIX, 8 bis, ... Savigny-sur-Orge.

OFFRE D'EMPLOIS

On demande jeunes h. et f., sérieux, enthousiastes, persévérants, pour réal ser routes du marcheur. Travail créateur, passionnant, pour la gloire. Mous et pantouflards s'abstenir. S'adresser au COMITÉ NATIONAL DES SENTIERS DE GRANDE RANDONNÉE, 65, av. Grande Armée, Paris, 16e, Pas. 62-65 et aux directeurs de sentiers, adresses dans C. P. A. et Guide Camping 48 - URGENT.

ACHATS ET DIVERS.

Cherche canot pneum. ... n. de pl. dim. et prix à RAQUIN, 7... Chevreul, Lyon.

VOICI LES PIONNIERS DU SENTIER G. R. 1

...ans les parages d'Ermenonville, on pouvait ...ssister, dès le premier dimanche de mars à ce ...pectacle, aujourd'hui peu banal mais qui ...emain doit se généraliser dans toute la France. ...oici un groupe d'Éclaireurs Français et le ...roupe "Jeune Randonnée" des Aînés du ...C.F. portant à pied d'œuvre les premiers ...lons du sentier Île-de-France, directeur G. Thoumire.

...O KILOMETRES de sentiers de Grande Randonnée peuvent être jalonnés cette année.

Au prix de mille difficultés, peinture, clous, contreplaqué, ...s, pinceaux, marteaux sont, chaque jour, rassemblés par le Comité

Ne vous plairait-il pas d'utiliser vos loisirs d'une façon constructive, intelligente ? Ne seriez-vous pas fiers de voir, dans quelque temps, des étrangers heureux de découvrir votre pays, votre canton, et de vous dire que c'est grâce aux coups de marteau ...

Annonce dans les années 1950
pour la création du GR® 1 en Île-de-France.

Les premiers baliseurs.
® *FFRP, Photo T.*

part –, certains GR® suivent des tracés historiques : les GR® 65 et 653, par exemple, sont empruntés tous les ans par les nombreux pèlerins se rendant à Saint-Jacques-de-Compostelle.

Les GR de Pays (GRP®)

Les GR® de Pays ou GRP® se distinguent des GR® par leur parti pris de former une boucle : ils conduisent le randonneur à travers une région caractéristique (tour dans le Haut-Jura, tour du Cotentin, tour des monts d'Aubrac…).

Les sentiers de Promenade et Randonnée (PR®)

Petits frères des GR®, les sentiers de Promenade et Randonnée proposent des circuits de quelques heures ou d'une journée maximum. Ils répondent ainsi à des besoins diversifiés : balades courtes adaptées aux familles, parcours de découverte thématique, balade sportive à la journée.

Souvent créés en concertation avec les acteurs locaux (mairies, syndicats d'initiative, offices du tourisme, etc.), les PR® se sont multipliés en France depuis plus de 25 ans.

LES SENTIERS GR®

Au sortir de la Seconde Guerre mondiale, une poignée de randonneurs entreprend de baliser de façon continue et homogène de longs itinéraires à travers la France. Les bénévoles débroussaillent les sentiers, empoignent pinceaux et pots de peinture, apposant les marques rouges et blanches sur les arbres ou les rochers, parfois au grand étonnement des autorités locales !

Le premier secteur balisé est inauguré le 31 août 1947 entre Orléans et Beaugency (GR® 3). Suivent rapidement la partie sud du GR® 5 à travers les Alpes du Sud, les sentiers de la Loire et le GR® 1, qui fait le tour de l'Île-de-France.

CONSTRUIRE SON PROPRE ITINÉRAIRE OU PARTIR AU HASARD ?

Sauf si vous êtes familier du terrain, vous ne saurez pas à l'avance si ce beau chemin a une issue, ou si les sentiers indiqués sur la carte sont ouverts à tous, voire existent encore.

Mieux vaut également connaître les principes essentiels du balisage : leur méconnaissance a amené plus d'un marcheur peu averti à suivre involontairement un itinéraire équestre, forcément plus long que prévu, ou à longer les contours d'une parcelle forestière…

OÙ TROUVER LES INFORMATIONS SUR LES SENTIERS ?

180 000 km de sentiers balisés en France, répartis sur tout le territoire ! Comment savoir alors où aller ? Où trouver l'information ?

Les collections de guides de randonnée pédestre

Topo-guides® publiés par la FFRP.

De nombreuses collections de guides, ces recueils de descriptifs d'itinéraires, sont proposées par des éditeurs nationaux ou régionaux. Outre les informations pratiques relatives à la balade, la plupart intègrent des renseignements sur les milieux traversés, l'histoire de la région, les monuments ou les sites rencontrés au cours de la sortie… D'autres informations utiles sont parfois mentionnées : présence de points d'eau, praticabilité en poussette… Certaines collections affichent une thématique dominante : approche naturaliste, randonnées vers les lacs ou à travers les vignobles, etc.

La presse

Les différents magazines dédiés à la marche représentent une excellente source d'information sur les itinéraires, bien à jour, et présentant des itinéraires inédits ou des régions méconnues. Les revues consacrées à la nature contiennent aussi des fiches de randonnée (voir p. 227 : « Pour approfondir vos connaissances »).

Balade à travers les vignobles. *Photo YL.*

RANDONNER AVEC UN GUIDE TOURISTIQUE ?

Les guides touristiques consacrés à une région indiquent souvent des balades à pied possibles. Si ces premières informations sont utiles pour bâtir son programme de séjour, elles ne vous dispensent pas de consulter guides de randonnées ou cartes, pour en savoir plus.

LES PRINCIPALES COLLECTIONS DE GUIDES DE RANDONNÉE

La FFRP, principal éditeur de guides de randonnée en France (topo-guide® est une marque déposée par la Fédération), publie différentes collections :

- les topo-guides® GR®,
- les topo-guides® PR®,
- les topo-guides® Randocitadines®,
- les guides À pied en famille,
- les guides Promenades dans la nature®.

Les sentiers créés, balisés et entretenus par les différents comités régionaux et départementaux de la FFRP, en accord avec les institutions locales et les propriétaires privés, sont considérés sur le plan juridique comme des œuvres collectives originales. En ce sens, elles ne sont pas reproductibles ou utilisables sans autorisation.

Le catalogue de la FFRP est disponible en ligne sur le site : www.ffrp.asso.fr

On trouve des collections à peu près comparables – mais la FFRP est la seule à publier des guides de grande randonnée – chez Rando Éditions, Chamina, Libris, Édisud. Ces éditeurs régionaux, respectivement implantés dans les Pyrénées, le massif Central, les Alpes et le grand Est ont édité de nombreux titres sur leurs régions d'attache. Certains ont considérablement développé leur couverture géographique ces dernières années.

D'autres collections sont plus spécialisées, on peut citer notamment :

- Glénat, qui édite de nombreux titres thématiques (randonnées vertiges, randonnées nature, etc.) :
- Dakota, qui a créé la collection « Balades nature » :
- Libris, qui publie les guides de l'Institut géographique national (IGN), ces guides multi-loisirs rando/VTT/vélo.

Les publications locales...

Les parcs naturels, les offices du tourisme, les communes, les clubs de randonneurs, les associations naturalistes et de nombreux autres organismes locaux, proposent aux visiteurs ou aux résidents des descriptifs de sentier, gratuits ou payants, de la simple feuille photocopiée au véritable recueil de balades. La diffusion est essentiellement réalisée sur place.

Sur le Net...

Tous les éditeurs possèdent désormais leur propre site web. On peut ainsi facilement accéder à leur catalogue, obtenir un résumé de chacune de leurs publications, voire commander des ouvrages en ligne.

Les sites web des organismes touristiques consacrent également des rubriques à la randonnée. En utilisant aussi les moteurs de recherche à partir de mots clés bien choisis (par exemple guide, randonnée, et le nom de la région recherchée), on obtient des dizaines de réponses. La présentation détaillée des guides, l'adresse des lieux de vente, voire parfois le descriptif pur et simple des balades, sont ainsi disponibles sur écran.

ACHETER UN GUIDE RÉCENT

Les sentiers et itinéraires peuvent être sujets à modification au fil des années. Lorsque vous achetez un guide, vérifier la date d'impression. On considère qu'au-delà de 3 ans, un guide risque d'être périmé. La FFRP prévient ses lecteurs des mises à jour des topo-guides® sur son site web.

Sur les cartes

Les cartes 1/25 000 (voir p. 22 : « Comprendre les cartes topographiques ») représentent en principe tous les chemins et sentiers existant physiquement sur le terrain. Là aussi, il est important de vérifier la date d'impression de la carte et d'utiliser un document actualisé. Les itinéraires de randonnée sont signalés spécifiquement par un trait de couleur tracé par-dessus le chemin, avec souvent la mention du nom ou du numéro de l'itinéraire. Mais tous les itinéraires balisés ne sont pas systématiquement signalés sur les cartes IGN. Les itinéraires GR®, GRP® et PR® de la FFRP font l'objet d'un tracé exhaustif.

L'espace IGN à Lyon. Les documents édités par l'IGN peuvent être aussi commandés sur le site : www.ign.fr. *Photo IGN.*

Sur le terrain

Les itinéraires de randonnée font parfois l'objet de panneaux disposés sur le terrain, au départ du sentier, ou dans les lieux d'information : sur la place principale du village, à la maison de pays, au centre d'accueil touristique, ou au centre d'information du parc naturel…

LES PRINCIPALES INFORMATIONS À CONNAÎTRE

Quelle que soit votre source d'information, il importe de connaître les principales caractéristiques de l'itinéraire choisi avant de partir en balade.

Distance

Si cette information, exprimée en kilomètres, est importante en plaine ou en région de relief modéré, elle devient beaucoup moins significative en montagne, où l'ampleur de l'effort à fournir est dictée en grande partie par l'importance des montées et des descentes (la dénivelée).

Dénivelée

Cette notion, énoncée en mètres, exprime la différence d'altitude entre le point le plus bas de la randonnée et le point le plus haut. Le guide mentionne toujours la dénivelée à la montée, dite dénivelée positive, et précise également parfois la dénivelée à la descente. Si la randonnée comporte plusieurs montées et descentes successives, le guide indique le total des montées (dénivelée cumulée).

Durée de la randonnée

Critère déterminant de choix d'une sortie, elle est fonction des deux notions précédentes, distance et/ou dénivelée. La durée est calculée sur la base de rythme de marche d'un randonneur moyen, ni débutant ni fonceur, et sans les pauses, soit en général 4 km/h en plaine et, en montagne, 300 à 350 m de dénivelée en montée par heure, de 400 à 500 m de dénivelée pour les descentes. L'expérience montre toutefois que la durée indiquée pour un même itinéraire peut varier selon les auteurs. Si vous randonnez souvent, il est toujours intéressant de comparer votre durée effective de marche aux horaires indiqués dans les guides, pour évaluer votre rythme de marche.

Altitude maximum

L'altitude maximale atteinte au cours de la sortie est importante à connaître en montagne, car elle déterminera la nature du terrain, les risques d'enneigement, l'équipement personnel à prévoir.

Le niveau de difficulté

Il n'existe pas de système unique de cotation des difficultés d'une randonnée, même si on s'y achemine progressivement. Déjà, plusieurs stations de montagne ont classé leurs sentiers par niveaux de difficulté : du vert (facile) au noir (très difficile), comme ce qui existe pour les pistes de ski. Les éditeurs de guides ont mis en place leurs propres systèmes : certains décrivent les difficultés (exemple : passages glissants par temps de pluie), d'autres préfèrent donner une appréciation générale sur l'itinéraire, exprimée par des pictogrammes (par exemple deux chaussures : difficulté moyenne), ou par un qualificatif (randonnée facile).

Un tracé de l'itinéraire

Indispensable pour visualiser la balade, le tracé est souvent dessiné sur un croquis plus ou moins précis. Sur certains guides, dont les topo-guides® de la FFRP, il est représenté sur un véritable extrait de carte IGN. Cette dernière solution permet d'avoir sous les yeux simultanément la carte des lieux et le descriptif.

• Les références nécessaires de la carte

Les guides de randonnée indiquent en général les références de la carte 1/25 000 à utiliser.

Comprendre les cartes topographiques

Le chapitre qui suit est dédié à ceux qui ont encore des hésitations devant une carte dépliée et qui n'osent pas s'orienter sur le terrain carte en main.

PRINCIPES GÉNÉRAUX D'UNE CARTE

Le nord, par convention, est toujours en haut de la carte. Donc l'ouest (l'Occident) sera à gauche, l'est (l'Orient) à droite, et le sud en bas… Les bords haut et bas de la carte sont donc orientés nord-sud. La direction du nord est

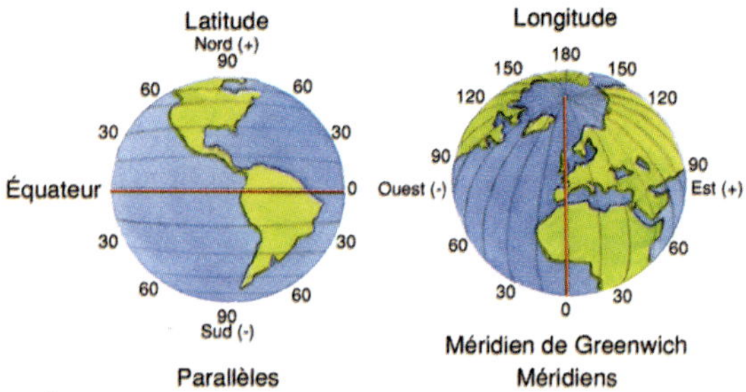

Méridiens, parallèles, longitude et latitude. *Dessin NL.*

VÉRIFIER OÙ EST SITUÉ LE NORD !

Si vous utilisez une carte ne relevant pas des éditeurs de cartes traditionnels, mieux vaut vérifier sur la légende de la carte où est situé le nord. La carte a pu être parfois orientée différemment, pour des raisons de commodité, par exemple pour représenter sur une seule feuille une région très étendue.

La position du nord est rappelée par une grande flèche noire surmontée du N, dessinée sur un bord ou dans un coin de la carte.

aussi indiquée par les *méridiens*, ces deux ou trois lignes verticales très fines qui parcourent la carte de haut en bas.

On distingue le nord magnétique, indiqué par l'aiguille aimantée d'une boussole, et le nord géographique, dit nord vrai, correspondant au point de convergence des méridiens : le pôle nord. La différence d'angle entre les deux nords s'appelle la *déclinaison magnétique*, qui varie avec le lieu et le temps. En France, la direction du nord magnétique se situe pour l'instant légèrement à l'ouest du nord géographique (*déclinaison occidentale*). La déclinaison diminuant chaque année, les nords magnétique et géographique vont se confondre durant quelques années. Puis la déclinaison passera à l'est.

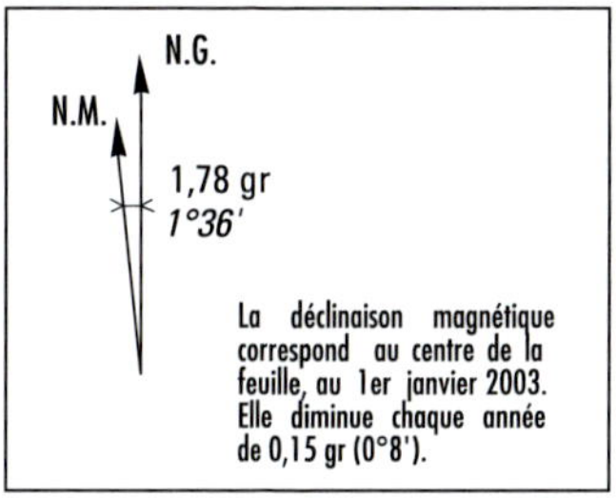

ET SITUER LES POINTS PAR RAPPORT À QUOI ?

Chaque pays possède son propre système géodésique de référence, établi à partir de ses relevés terrestres ou ses observations astronomiques. Un système géodésique mondial a en outre été établi en 1984, le World Geodesic System (le WGS 84).

La France a utilisé jusqu'en l'an 2000 le système NTF (nouvelle triangulation française) ED 50, le remplaçant ensuite par le RGF 93 (réseau géodésique français). Pour les utilisateurs de GPS, l'IGN dessine également sur ses cartes, en traits bleus, le quadrillage UTM-WGS 84.

LAMBERT, NTF, WGS 84 ET RGF 93 : DE QUOI PARLE-T-ON ?

Une carte est la représentation graphique d'une partie de la surface de la Terre. La représentation en deux dimensions d'un objet rond, en l'occurrence la Terre, a toujours posé problème : comment mettre à plat une écorce d'orange sans la déchirer ou la déformer ?

Pour résoudre cette question, les cartographes ont conçu plusieurs principes de projection (ou de représentation), dont les principaux ont pour noms projection de Mercator, Mercator Transverse Universelle (MTU ou UTM), projection Lambert, projection de Bonne... Certaines projections respectent les angles, d'autres les surfaces, d'autres enfin les distances. Chaque principe ayant ainsi ses avantages et inconvénients, les cartographes définissent leurs méthodes de projection en fonction de l'usage prévisible de la carte. L'IGN utilise le principe de projection conique de Lambert 93.

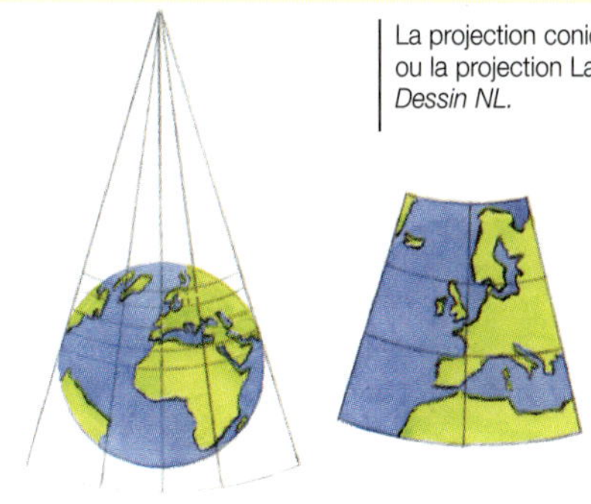

La projection conique ou la projection Lambert. *Dessin NL.*

PETITE ÉCHELLE ET GRANDE ÉCHELLE...

Carte de Briançon au 1/25 000.

Une carte étant une représentation en réduction d'une partie de la surface terrestre, la notion d'échelle désigne selon quelle proportion une distance sur le terrain a été réduite sur le papier.

Si un centimètre sur le papier équivaut à un million de centimètres sur le terrain (soit 10 km), l'échelle de la carte est de 1/1 000 000 (un millionième). À cette échelle, on peut représenter la France entière sur une feuille d'un mètre de côté. On parle alors de petite échelle car la représentation graphique d'une surface donnée tient relativement peu de place sur une feuille de papier.

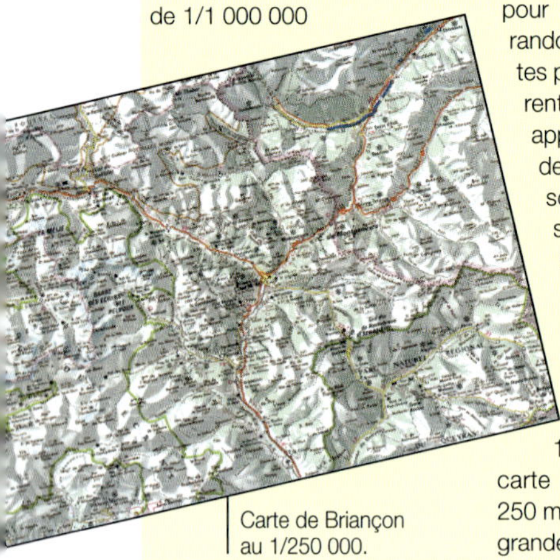

Carte de Briançon au 1/250 000.

Les cartes routières sont pour la plupart à une échelle de 1/250 000 (1 cm sur le papier vaut 2,5 km), 1/200 000, ou à la rigueur 1/100 000 (1 cm pour 1 km), pour couvrir un département par exemple.

Ces échelles, petites ou moyennes, ne permettent pas de rendre sur la carte les détails du terrain. Pour se situer et pour suivre son itinéraire, le randonneur a besoin de cartes plus précises, où les différents sentiers et chemins apparaissent, où des points de repère visibles à pied soient représentés ou symbolisés : un petit pont sur un ruisseau, un croisement de chemin, une maison ou un calvaire... Ces cartes détaillées sont dessinées à une autre échelle, à 1/25 000, où 1 cm sur la carte équivaut à seulement 250 m de terrain. On parle de grande échelle, car il faut une grande surface de papier pour représenter une surface donnée de terrain.

Ne cherchez plus les cartes dites d'état-major évoquées à l'école pendant votre enfance, cela n'existe plus. Ces cartes créées au XIXe siècle pour les besoins de l'armée, étaient d'une précision remarquable pour l'époque : échelle de 1/80 000, représentation rigoureuse du relief par des hachures, indication précise des routes, maisons, lieux-dits, etc.

Carte de Briançon au 1/100 000. *Photo IGN.*

LES DIFFÉRENTS TYPES DE CARTE

Les cartes au 1/25 000

Ce sont les plus utiles pour suivre un itinéraire pédestre et se localiser sur le terrain. Un trait de 1 cm y représente 250 m de distance, soit 4 cm représentent 1 km. Elles ont pour avantage majeur de représenter le terrain avec un maximum de détails et de précisions topographiques : grottes, reliefs, cours d'eau, sentiers, etc. Petit inconvénient, cette échelle ne permet pas de reproduire sur une même carte un secteur géographique très étendu : le sommet ou la chaîne de montagnes vous faisant face, de l'autre côté de la vallée, risque de ne pas figurer sur votre carte, et il faut parfois emporter deux cartes au 1/25 000 pour couvrir toute la balade.

L'Institut géographique national (IGN) édite des cartes 1/25 000 représentant l'ensemble du territoire français, dans deux collections distinctes.

• **La série Bleue :** d'un format de 80 x 56 cm, qui correspond à une superficie de 20 x 14 km, chaque carte fournit des informations topographiques très précises sur le terrain : chemins et sentiers, bois, rivières, sources, tout le bâti. Les 1 571 titres existants couvrent l'ensemble du territoire français, exceptés les secteurs représentés dans la série TOP 25.

• **La série TOP 25 :** elle conjugue la grande précision topographique des cartes au 1/25 000 avec des renseignements touristiques et pratiques du type refuges, campings, bases nautiques, itinéraires équestres, etc. Chaque carte, d'une dimension de 132 x 92 cm, couvre une surface de territoire deux fois plus importante que celle des séries Bleues. La collection compte actuellement 325-titres et correspond à des zones touristiques : littoral, massifs forestiers, massifs de montagne.

80 % des TOP 25 (et une part croissante des cartes de la série Bleue) intègrent un quadrillage permettant de se localiser sur la carte à partir de données GPS (voir p. 35 : « Le GPS » et p. 163 : « Choisir son GPS »).

Les cartes au 1/50 000 ou 1/60 000

Les randonneurs qui prévoient une randonnée un peu

COMMENT TROUVER LA CARTE DONT ON A BESOIN ?

Chaque carte IGN au 1/25 000 est désignée par un numéro de deux fois deux chiffres (ex : 2641), suivi de la mention O pour « ouest » et E pour « est » (série Bleue), et OT pour « ouest touristique » ou ET pour « est touristique » (série Top 25), et d'un nom de lieu. Chaque élément du numéro a son importance, et la TOP 25 2641 OT Millau Causse Noir, sera à ne pas confondre avec la TOP 25 2641 ET Mont Aigoual.

Ces références de cartes sont récapitulées sur un catalogue qu'on appelle « tableau d'assemblage », une carte quadrillée de la France. À chaque cadre rectangulaire correspond une carte au 1/25 000.

Extrait de tableau d'assemblage de l'IGN. *Photo IGN.*

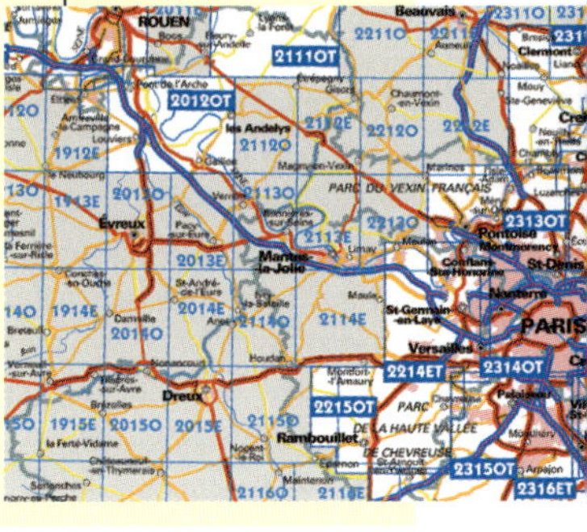

Les gorges du Verdon. *Photo DG.*

longue (de 25 km par exemple), ou un périple de plusieurs jours, peuvent vouloir changer d'échelle afin de disposer d'une vision d'ensemble de l'itinéraire. Les cartes au 1/50 000 ou 1/60 000 permettent de visualiser un parcours un peu plus long, tout en reflétant assez bien les principales caractéristiques du relief. Elles peuvent être un complément aux guides de randonnée qui présentent des extraits de carte au 1/25 000.

La carte au 1/100 000

Au stade de la préparation d'une randonnée itinérante, la carte au 1/100 000 s'avère bien utile : pour rêver d'abord ! Puis, pour connaître les infrastructures routières ou localiser les gares SNCF, programmer les étapes à partir des points de ravitaillement et des structures d'hébergement. La carte pourra ensuite rester pliée au fond du sac durant la balade. Elle servira le cas échéant à identifier des reliefs lointains et à s'orienter devant un vaste panorama.

À la Martinique. *Photo TB.*

Carte d'état-major. *Photo IGN.*

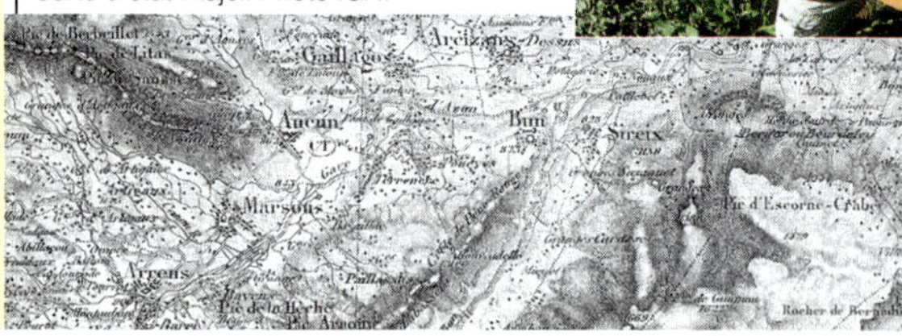

GUIDE ET/OU CARTE TOPOGRAPHIQUE ?

Pour les sentiers de type PR®, correspondant à des balades de quelques heures ou à des boucles de week-end, les guides de randonnée qui reproduisent des extraits des cartes IGN (au 1/25 000 ou au 1/50 000), comme les topo-guides® de la FFRP, paraissent amplement suffisants. En revanche, en cas de circuit plus long sur un GR®, la carte topographique peut s'avérer utile en supplément : pour identifier les sommets ou les autres repères géographiques remarquables situés en dehors du périmètre reproduit, en cas de problème d'itinéraire et d'orientation, ou s'il est nécessaire d'abréger la randonnée.

Certains randonneurs expérimentés n'emportent que des cartes : ne bénéficiant pas du descriptif et du découpage par étape suggéré dans les guides, ils doivent se soumettre à une préparation minutieuse de leur itinéraire.

LA REPRÉSENTATION DU RELIEF

Altimétrie et courbes de niveaux

La représentation du relief, l'*altimétrie*, aussi appelée *nivellement*, constitue un élément d'information essentiel pour un randonneur.

Pour les cartes à petite échelle, donc à faible niveau de précision, les grands traits du relief sont figurés par le jeu des couleurs et du trait, accentué par la technique graphique d'ombrage, ou d'*estompage*. L'estompage consiste à figurer graphiquement les effets d'un éclairage fictif, qui serait situé conventionnellement en haut à gauche de la carte. Les ombres dessinées accentuent la perception du relief par le lecteur. Plus l'ombrage est foncé, plus la pente est forte. Évidemment, les pentes situées face à l'éclairage ne seront pas ombrées.

Pour les cartes à grande échelle, exigeant une grande précision, c'est le principe des *courbes de niveaux* qui est employé pour représenter du relief.

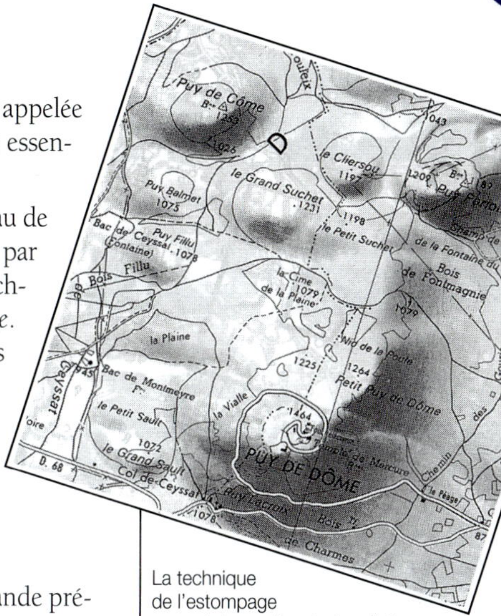

La technique de l'estompage permet de représenter le relief. *Photo IGN.*

LIRE LES COURBES DE NIVEAU

Figurée par une fine ligne orange sur les cartes au 1/25 000, une courbe de niveau relie tous les points situés à la même altitude, comme si la montagne était découpée en gradins. La forme et la fréquence des courbes de niveau donnent une idée du relief.

Imaginez un volcan aux formes coniques parfaitement régulières et situé entre 1 000 m d'altitude pour sa base et 1 500 m pour son cratère. Sa base est dessinée sous forme d'une courbe de niveau en forme de cercle et correspond au gradin des 1 000 m. La courbe suivante correspondra au gradin de 1 010 m d'altitude, la courbe d'après au gradin des 1 020 m, etc. Si la pente est faible, les gradins sont larges, et les courbes de niveau sont espacées sur la carte. À l'inverse, des courbes de niveau serrées signifient que la pente est raide. Si les courbes ont l'allure de formes bien concentriques, les flancs du relief sont réguliers. Si les courbes sont tortueuses, cela signifie une succession de creux et bosses sur le terrain.

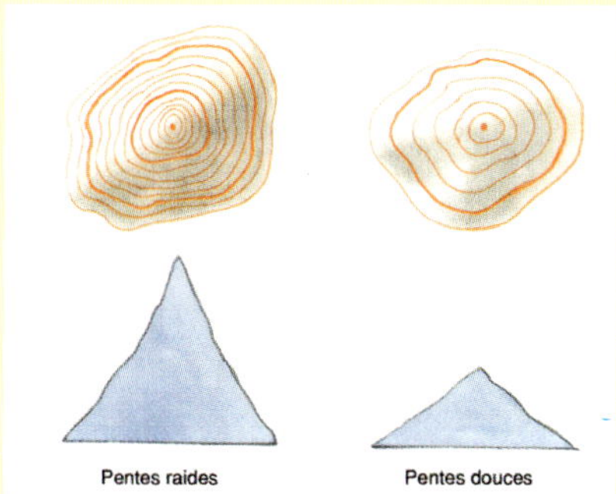

Dessin NL.

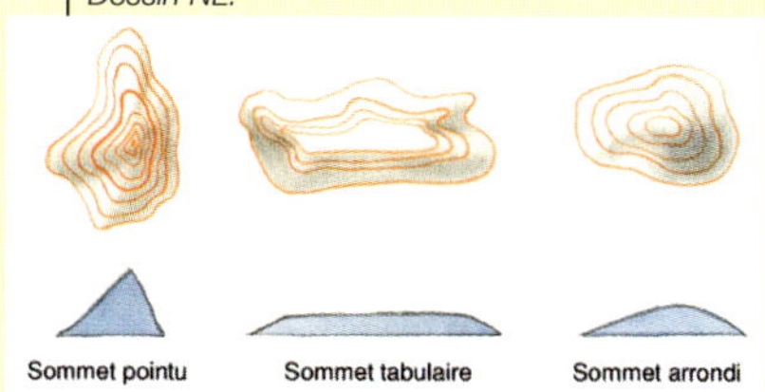

La différence d'altitude entre deux courbes (*l'équidistance*) varie selon les cartes. Elle est de 10 m sur une grande partie des cartes françaises au 1/25 000. Dans les régions de plaine, l'intervalle entre les courbes est de 5 m, pour éviter qu'une carte soit dénuée de toute information relative au relief. L'équidistance usuelle est de 20 m pour les cartes suisses, de 25 m pour les cartes italiennes. Dans tous les cas, il faut vérifier dans la marge de la carte ou dans la légende, la valeur de l'équidistance entre les courbes, sous peine d'erreur de compréhension.

Pour faciliter la lecture, une courbe sur cinq est tracée en trait plus gras, il s'agit d'une *courbe maîtresse* dont la cote d'altitude sur le terrain est mentionnée en chiffre sur la carte (exemple : « 1900 » signifie « courbe de niveau correspondant à 1 900 m d'altitude »). Pour éviter toute confusion d'interprétation, ce chiffre est imprimé de la même couleur orange que les courbes, et il est inscrit sur la courbe même, jamais à l'horizontale. Le marquage des courbes s'avère fort utile dans les cas où les courbes sont nombreuses et serrées, car il permet d'évaluer rapidement la dénivelée et l'altitude d'une pente, sans s'astrein-

POUR EN SAVOIR PLUS : BOSSE OU CREUX ? OÙ EST LE HAUT ! ?

La question qui se pose parfois, à la lecture d'une carte, est celle du sens de la pente. Si l'on n'a guère de doutes devant la représentation du mont Blanc, les choses se compliquent devant un ensemble de courbes de niveau disposées dans tous les sens : où est le haut, où est le bas ?

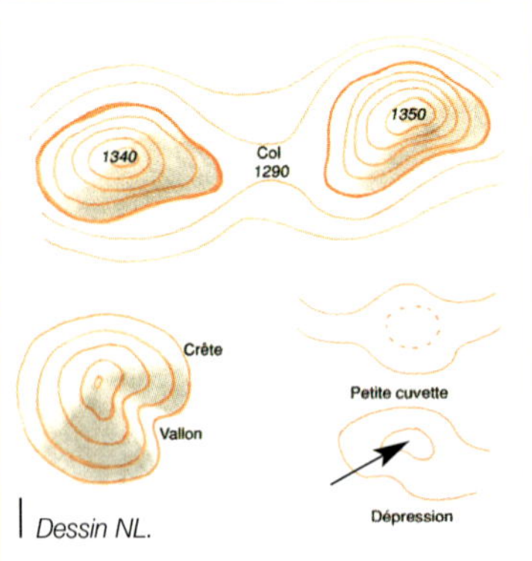

Dessin NL.

Un relief, une saillie, une colline sont représentés par des courbes fermées dessinant plus ou moins un cercle : logique. Mais une dépression fermée, c'est-à-dire un creux, aura la même forme. De même lorsque crêtes et vallées se succèdent parallèlement, l'interprétation de la carte devient délicate.

Prenez votre temps pour analyser l'ensemble de la carte : cherchez les courbes maîtresses et leurs cotes, repérez l'orientation des cours d'eau (en principe ils coulent vers le bas… !), observez les estompages, notez les cotes d'altitude. Pour vous aider, les cartographes signalent les creux en cuvette par des petites flèches dirigées vers le point bas.

dre à compter le nombre de courbes sur la carte. Par convention, la lecture de l'altitude indiquée se fait vers le sommet de la pente, du moins en France.

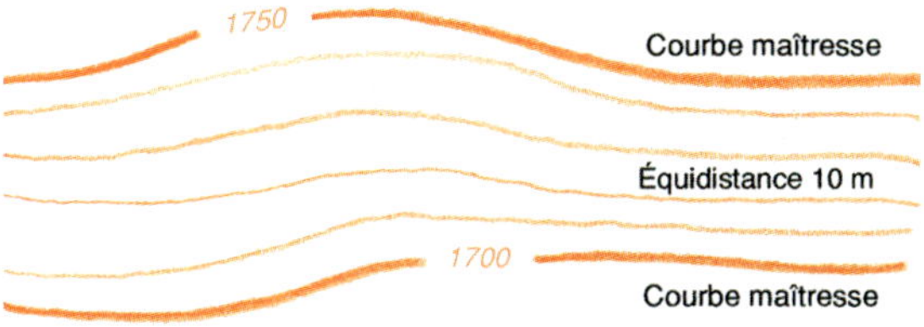

Dessin NL.

Lorsque le versant est très raide, le cartographe évite de dessiner toutes les courbes de niveau, pour ne représenter que les courbes maîtresses. Si les pentes sont proches de la verticale, les courbes de niveau sont remplacées par le dessin de falaises.

En complément des courbes de niveaux et des représentations graphiques, la carte indique l'altitude de nombreux points du terrain par de simples chiffres inscrits en noir à l'horizontale (exemple 1 278). Ces *points cotés* correspondent souvent à des lieux précis, bornes de repérage géodésiques, confluence de ruisseaux, croisement de chemins ou de sentiers, ruines, bâti, mais parfois aussi à aucun signe particulier sur le terrain.

De nombreux éléments sont indiqués sur les cartes à grande échelle comme les voies romaines et les dolmens.
Photos DG.

QUELQUES AUTOMATISMES UTILES, SUR UNE CARTE AU 1/25 000

À savoir sans réfléchir :

- Le haut de la carte correspond au nord du territoire représenté.
- 1 cm sur la carte = 250 m sur le terrain, 1 km sur le terrain = 4 cm sur le papier.
- Sur les courbes de niveau, le haut des chiffres indique le haut de la pente.
- L'ombrage des pentes correspond toujours à une source d'éclairage située en haut et à gauche de la carte.

Entraînez-vous, comparez régulièrement le terrain et la carte lors des sorties. Examinez votre carte, au refuge ou chez vous, pour créer des automatismes de lecture et ne plus confondre une crête et un fond de vallon.

LES COULEURS ET LÉGENDES

Les couleurs

Les couleurs portées sur les cartes au 1/25 000 relèvent d'un code précis utilisé dans le monde entier.

◇ *Le bleu* représente tout ce qui a rapport avec l'eau ; les cours d'eau, la mer, les étangs, les canaux, les glaciers (contours dessinés au trait bleu), les marais, les zones inondables, etc. Les noms des éléments d'hydrographie sont imprimés en bleu.

◇ *Le vert* correspond à la végétation : les différents traitements graphiques indiquent la nature de la couverture végétale : feuillus, conifères, vignes, broussailles, exceptées les zones cultivées qui restent en blanc. Les limites des forêts domaniales et des parcs naturels sont représentées par un trait vert épais.

◇ *L'orange*, ou le bistre, est la couleur utilisée pour représenter le relief à travers les courbes de niveaux. Les falaises sont dessinées en noir.

◇ *Le noir* est employé pour une grande partie des indications en lettres ou chiffres : nom de lieu, de village, hameaux, ruines, altitudes, chiffres de population, numéros de routes, etc. En noir également sont indiqués les voies ferrées, les chemins, les sentiers, les limites administratives, etc.

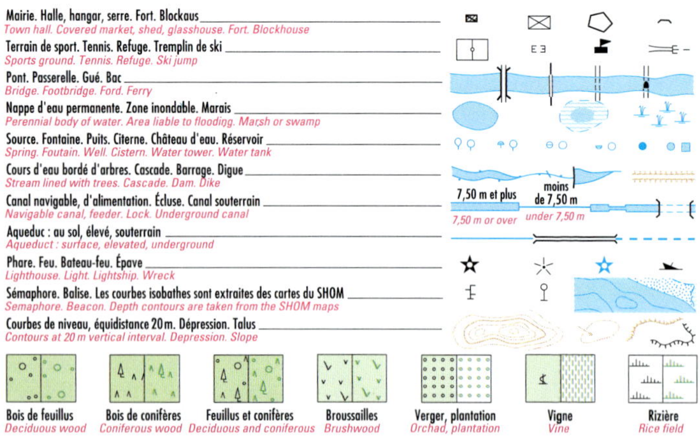

Extrait des légendes d'une carte IGN.

◇ *En jaune*, les routes non classées.

◇ *En rouge*, les routes principales et secondaires.

Les légendes

Ce jeu de couleurs se décline suivant une multitude de signes conventionnels, détaillés dans la légende qui accompagne chaque carte. Il est impossible de détailler ici la richesse d'une carte 1/25 000, vous y trouverez toutes les informations imaginables ou presque : lignes de transport électriques, donjons, menhirs, éoliennes, sémaphores, entrées de mines, courts de tennis, etc. Les cartes touristiques (série Top 25 de l'IGN) comprennent d'autres d'informations précieuses : aires de camping, refuges gardés, non gardés, abris, voies interdites aux véhicules, aires de stationnement, etc.

Préparation de l'itinéraire.
Photo PL.

Les itinéraires balisés de randonnée pédestre (notamment les GR®, GRP® et PR®) font l'objet de tracés, en général de couleur rouge, apposés en surcharge sur les chemins et sentiers concernés. Certains autres itinéraires intéressants, mais non balisés, sont également indiqués.

ÉTUDIER UN ITINÉRAIRE SUR UNE CARTE

La seule lecture attentive d'une carte permet de calculer les trois principaux paramètres utiles à l'organisation d'une randonnée ou d'une étape : distance, dénivelée et durée, les « 3 D » pour les initiés.

La distance

Elle sera évaluée en calculant d'abord sa longueur sur la carte, donc en centimètres, qui seront ensuite convertis en kilomètres en fonction de l'échelle.

Si le tracé est rectiligne, pas de problème, apposez votre double décimètre sur le tracé et mesurez. La plupart du temps, il faudra mesurer la longueur par tronçons, en fonction des changements de direction du tracé, puis faire le total. Les mesures se font avec l'aide d'une bande de papier, d'un fil de laine, ou directement d'une règle graduée.

Si le tracé est particulièrement sinueux, une mesure exacte de tous les lacets et virages est difficile, tenez-en compte et augmentez un peu la distance totale.

EN MONTAGNE

Pour apprécier la durée et la fatigue de la marche en montagne, on considère habituellement que 100 m de montée équivalent à 1 km de marche sur du plat. On parle alors parfois de « kilomètre effort ».

Une sortie comportant 1 000 m de dénivelée positive correspondra ainsi à une sortie de 10 km, sans compter les contraintes liées à l'altitude et au relief.

Rappelez-vous aussi que sur un terrain vallonné ou montagneux, les distances réellement parcourues sont supérieures aux distances mesurées à plat sur une carte.

Vous pouvez utiliser un *curvimètre*, cette petite roulette dotée d'un cadran gradué. En suivant avec la roulette le tracé de l'itinéraire sur la carte, vous pouvez lire directement sur le cadran la distance terrain correspondante. Il faut préalablement étalonner le cadran en fonction de l'échelle de la carte.

La dénivelée

Pour déterminer la dénivelée d'une balade, il suffit de calculer la différence entre l'altitude de son point le plus haut et celle de son point le plus bas. Si l'itinéraire comprend une succession de montées et descentes, il faut alors calculer la dénivelée positive (en montée) de chaque grimpette, puis additionner les distances obtenues : le résultat donne la dénivelée totale de la sortie, appelée dénivelée *cumulée*.

La durée

Comme nous l'avons vu, l'estimation de la durée de la sortie est fonction de la distance, de la dénivelée et du rythme de marche. Les vitesses moyennes communément admises pour un adulte un peu entraîné, sans les pauses, sont de :
- 4 km/h sur du plat ;
- 300 à 350 m/h de montée ;
- 400 à 500 m/h de descente.

Cette approche quantitative est à affiner par une observation attentive de la carte, afin d'apprécier les caractéristiques du terrain. Repérez notamment les passages délicats éventuels et les difficultés prévisibles propres à chaque milieu.

La progression dépend aussi du milieu, ici la forêt de Bébourg à La Réunion. *Photo DG.*

Savoir s'orienter

Les principes essentiels de lecture de carte étant acquis, l'apprentissage le plus important reste la pratique de l'orientation sur le terrain. Se situer, suivre une direction, constituent des gages d'autonomie et de sécurité en randonnée. Selon le contexte, le matériel dont vous disposez et vos compétences, différentes méthodes sont possibles. Pour approfondir, les randonneurs déjà rompus à l'exercice trouveront des développements plus complexes dans les ouvrages spécialisés dédiés au maniement des instruments de navigation et d'orientation (voir p. 228 : « Bibliographie »).

L'ESSENTIEL SUR LES INSTRUMENTS D'ORIENTATION

La boussole

Le principe de fonctionnement repose sur le fait qu'une aiguille aimantée se dirige toujours vers le nord magnétique. Une boussole de type transparent comporte :

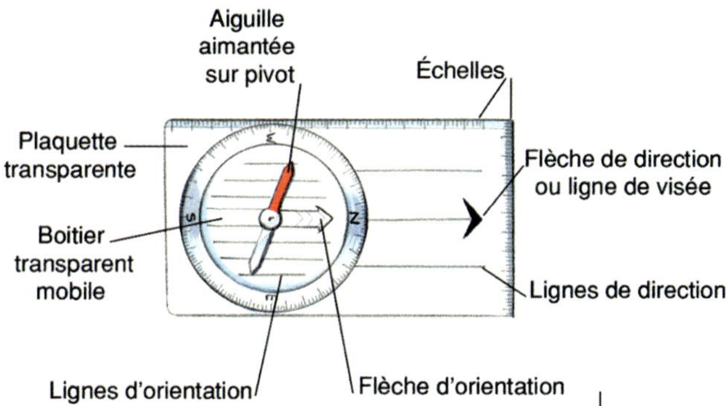

Dessin NL.

• Un boîtier fixé sur une plaquette transparente, marquée en son milieu par une flèche de visée. Les bords de la plaquette sont parallèles à la ligne de visée.

• Une aiguille aimantée mobile, montée sur un pivot, protégée par un boîtier transparent intégré à la plaquette. L'extrémité de couleur de la flèche s'oriente vers le nord magnétique.

• Un cadran mobile, gradué en degrés ou en grades. Une lettre N y figure au niveau de 0 ° (ou de 360 °), souvent signalée par deux barres colorées.

Pour déterminer le nord :

• Tourner le cadran gradué de façon à ce que la lettre N (0 ° ou 360 °) soit alignée sur la ligne de visée.

• Poser la boussole sur la main horizontalement.

• Tourner sur soi-même jusqu'au moment où la partie colorée de l'aiguille aimantée se trouve sur le N. La ligne de visée est alors orientée vers le nord magnétique.

• Repérer matériellement le nord dans le paysage en visant un point remarquable éloigné (clocher, sommet etc.).

• Attention aux perturbations magnétiques ! Lorsqu'on manie une boussole, il est essentiel de l'éloigner de tout objet ferreux (couteau, clés, jumelles, capot de voiture, etc.) et de ne pas être situé près d'une ligne à haute tension.

L'altimètre

Un altimètre ne permet pas de s'orienter, mais de déterminer exactement à quelle altitude on se trouve. La pression de l'air diminuant avec l'altitude, l'instrument mesure avec précision les variations de pression atmosphérique, exactement comme le ferait un baromètre. Exprimée en mètres, l'altitude se lit à l'aide d'une aiguille sur un anneau gradué, ou sur un écran pour un altimètre électronique.

Lorsqu'on utilise un altimètre, il faut se rappeler que la pression atmosphérique varie non seulement avec l'altitude, mais aussi selon les conditions météorologiques… L'instrument va ainsi réagir à des changements de temps, et indiquer éventuellement des variations d'altitude, alors même qu'il n'a pas changé d'endroit, durant la nuit par exemple. Pour diminuer ce facteur d'écart, il est important de régler fréquemment l'altimètre (de le « recaler » sur l'altitude réelle), à chaque fois que vous passez à proximité d'un point déterminé dont l'altitude est connue : refuge, sommet, croisement. La marge d'erreur en sera plus faible. Moyennant cette précaution, qui devient vite un réflexe, l'altimètre apporte des informations plus qu'utiles, à la fois sur votre positionnement et sur l'évolution des conditions météorologiques.

Le GPS

Développé à partir de 1973 par le département de la Défense du gouvernement américain, le système GPS (*Global Positionning System*) est un système de radiolocalisation par satellite. Fonctionnant de façon continue et en n'importe quel point du globe, il indique à l'utilisateur les trois coordonnées de sa position : latitude, longitude et altitude. Les récepteurs vendus aujourd'hui autorisent une précision de positionnement de 20 m environ

COMMENT CELA FONCTIONNE-T-IL ?

Le système GPS fonctionne à partir d'une chaîne de 3 éléments :

1) Au sol, des récepteurs portables ou embarqués sur des véhicules, sont équipés de calculateurs intégrés dans un boîtier.

2) Dans le ciel, un ensemble de 24 satellites placés sur 6 orbites différentes, est réparti de façon à ce que chaque point du globe soit dans le champ de 3 à 4 satellites à la fois au minimum. Chaque satellite émet chaque milliseconde des signaux radio codés. Le recoupement des données reçues par chaque récepteur permet de calculer exactement sa localisation, par calcul de triangulation. Tous les satellites sont parfaitement synchronisés, grâce à leur horloge atomique.

3) À terre, un ensemble de 9 stations de commande contrôlent les émissions radio des satellites. La station maîtresse de Colorado Springs (USA) indique en permanence l'heure étalon.

Initialement pour des raisons militaires, les autorités américaines, gérantes du système GPS, limitaient à 100 m la précision des informations fournies aux civils. Cette mesure a été levée le 1er mai 2000. Des progrès considérables dans la précision sont attendus pour les années 2008-2010, grâce à la mise en service du système européen Galileo, mieux adapté aux régions de latitude moyenne, et surtout par son couplage avec le système américain GPS, au sein du GNSS (Global Navigation Satelite System).

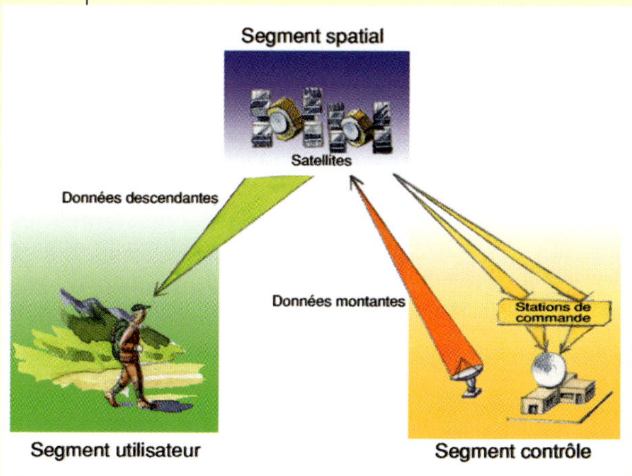

Les trois segments du système GPS. *Dessin NL.*

LE PARAMÉTRAGE DU GPS

Avant sa première utilisation, un récepteur GPS doit être paramétré. Les positions calculées par le système GPS sont en effet basées sur le système géodésique mondial de référence (appelé WGS 84), associé à une projection UTM, alors que les cartes de randonnée sont établies en fonction du système géodésique propre à chaque pays (Lambert en France).

L'écart horizontal entre deux systèmes pouvant être considérable, la conversion d'un système géodésique à l'autre est impérative. Ces calculs complexes sont faits automatiquement par votre récepteur, en fonction du programme de translation que vous aurez paramétré. Les cartes IGN au 1/25 000 éditées après 1999 sont pourvues d'un quadrillage kilométrique UTM/WGS 84 qui permet de se localiser sur la carte à partir d'une position donnée par le récepteur GPS. Le nouveau paramétrage de votre GPS est indispensable lorsque vous changez de région. Pour les longitudes, la Bretagne appartient au fuseau 30, le Mercantour au fuseau 32.

Le découpage UTM en France métropolitaine. *Dessin NL.*

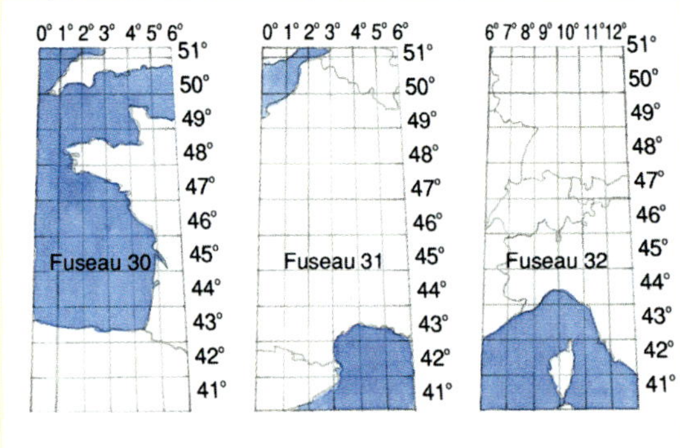

GPS portable utilisé par l'IGN. *Photo IGN.*

au niveau horizontal et 30 m en vertical. Les coordonnées sont exprimées par le récepteur GPS en coordonnées géographiques ou en mesures kilométriques. Le randonneur devra reporter ces données sur une carte 1/25 000 ou 1/50 000. Ce report est plus aisé sur les cartes récentes de l'IGN, compatibles GPS.

L'utilisation du GPS permet au randonneur de connaître les coordonnées de sa position, de suivre un itinéraire et de s'orienter. Il peut fournir aussi des informations précises sur le déroulement du déplacement : vitesse de marche, vitesse moyenne, écart de route, distances parcourues ou restant à parcourir, dénivelée, etc. D'autres fonctions existent comme celle, par exemple, de mémoriser les coordonnées de points particuliers que l'on souhaite retrouver ou l'intégration d'un itinéraire à suivre, transféré d'un CD Rom de randonnée. Certains GPS font office de boussole, d'altimètre, voire de téléphone portable.

Le fonctionnement du GPS reste soumis à des aléas ponctuels et accidentels, tels qu'un brouillage de l'environnement radio-électrique ou les conditions météorologiques. La configuration du terrain peut également rendre son usage impossible : le long d'une paroi rocheuse, au fond d'un canyon, dans une anfractuosité ou au pied des immeubles. Il faut évidemment des batteries en état de marche ! Et se souvenir qu'un appareil électronique complexe et sensible peut toujours tomber en panne.

La maîtrise du GPS, notamment pour se diriger, nécessite un réel apprentissage, plus ou moins rapide selon la familiarité que l'on possède déjà avec les techniques d'orientation et l'usage des nouvelles technologies.

Le GPS ne peut pas tout : il ne peut se substituer à des compétences nécessaires pour la lecture de carte et pour les techniques d'orientation traditionnelle. Il en constitue un complément utile.

S'ORIENTER ET SE SITUER

Bien orienter sa carte

Sur le terrain, lorsqu'on a une carte en main, le premier réflexe à avoir est de savoir l'orienter conformément au terrain, avec ou sans boussole.

• Sans boussole

Repérer un point aisément identifiable et signalé sur la carte (un phare, un village, un sommet), si possible un peu lointain. Positionner alors la carte de façon à aligner le point de repère représenté sur la carte avec le point de repère réel sur le terrain. Pour faciliter la visée, vous

Comment « entrer » dans la carte.
Dessin NL.

S'ORIENTER AVEC LES AIGUILLES D'UNE MONTRE ?

Dessin NL.

Si vous avez une montre à aiguilles, diriger la petite aiguille qui indique les heures, vers le soleil. Le sud – et non pas le nord cette fois ! – se trouvera à la bissectrice de l'angle aigu (c'est-à-dire le plus fermé) formé par cette aiguille et le chiffre ou le trait indiquant midi à l'heure solaire, donc 13 h à l'heure d'hiver, et 14 h à l'heure d'été.

Pas d'illusion : cette méthode reste approximative, la marge d'erreur pouvant être de 15 ° dans un sens ou un autre...

pouvez vous aider d'un crayon, d'un petit bâton, ou de votre main placée à la verticale. La carte est orientée.

Si un deuxième point de repère est visible, affiner l'orientation de la carte en vérifiant que la carte est correctement alignée sur le second repère identifié. Cette simple vérification peut éviter des erreurs grossières, si l'on s'est trompé dans l'identification du premier point de repère (si, si, cela arrive !). Plutôt que de choisir un point isolé du paysage, on peut s'aider d'une ligne, par exemple une ligne à haute tension, un canal, un cours d'eau. Le principe reste le même. Attention toutefois à ne pas se tromper de sens en inversant nord et sud !

• Avec une boussole

Faire coïncider le nord de la carte avec le nord indiqué par la boussole. Pour ce faire, placer la boussole à plat sur la carte, strictement axée sur un méridien ou sur le bord de la carte. Le nord et le sud du cadran, correspondant aux graduations 0 ° et 180 °, doivent être positionnés sur l'axe du méridien. Faites ensuite tourner doucement l'ensemble carte + boussole, pour amener au nord l'aiguille aimantée, exactement sur le point 0 ° du cadran. La carte est orientée.

Avec le soleil ou les étoiles

Oui, on peut s'orienter à l'aide du soleil, mais à peu près. Le soleil se lève à l'est, plutôt au nord-est en été ; il se couche à l'ouest, plutôt au nord-ouest en été. Dans l'hémisphère nord, le soleil est toujours plein sud à 12 h

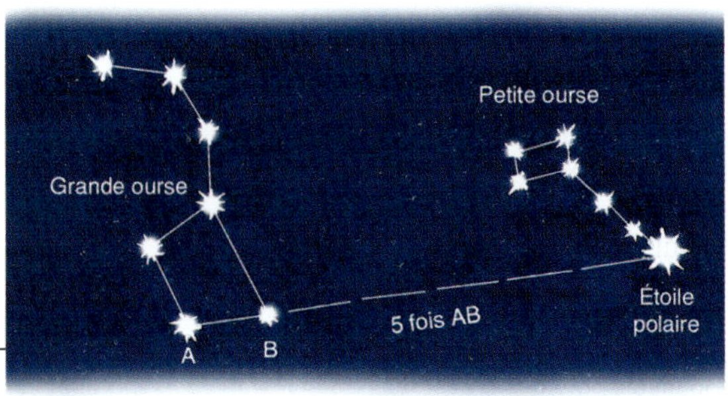

Dessin NL.

solaire, donc à 13 h en heure d'hiver, et à 14 h en heure d'été, pour la France.

La nuit venue et par temps clair, il est facile de repérer les points cardinaux grâce à l'étoile polaire, toujours positionnée plein nord. Si l'étoile polaire n'est pas particulièrement brillante, elle est repérable grâce au duo grande ourse-petite ourse.

Se situer sur le terrain sans boussole

Une fois la carte orientée, repérer dans le paysage deux points bien identifiables, et représentés sur la carte. Tracer alors, virtuellement ou au crayon à papier, une ligne entre soi et le premier point, puis une seconde ligne, toujours entre soi et le second point de repère. Sur la carte, on est alors situé au croisement des deux lignes. Ce principe de base est utilisé en topographie sous le nom de *relèvement*. Encore mieux, on peut confirmer sa localisation à l'aide d'un troisième point de repère. Si l'on est sur une crête, un chemin ou un sentier bien identifié, un seul point de repère doit suffire à vous situer : en traçant le croisement entre le chemin et la ligne tracée. Les topographes appellent cela un *recoupement*.

Se situer exactement grâce à la boussole

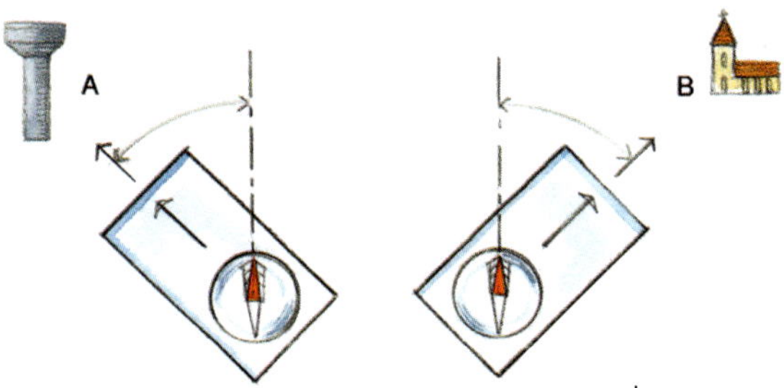

Dessin NL.

• Viser, la boussole à la main, un point de repère reconnaissable de façon certaine (un château d'eau par exemple) : le point A, et tourner le cadran de manière à ramener la flèche NM (en forme de toit de maison) sous l'aiguille aimantée.

• Repérer sur la carte le point visé sur le terrain (A), et y placer le coin de la boussole, côté flèche de direction, et tourner celle-ci autour de ce point jusqu'à faire correspondre la flèche NM avec le haut de la carte. Tracer une ligne le long de la boussole.

• Recommencer cette opération (visée et report sur la carte) avec un autre point identifiable B, ou mieux, deux autres points B et C.

• Il est rare que les trois lignes se croisent exactement au même point. Les trois lignes définissent plutôt un triangle, où l'on se situe.

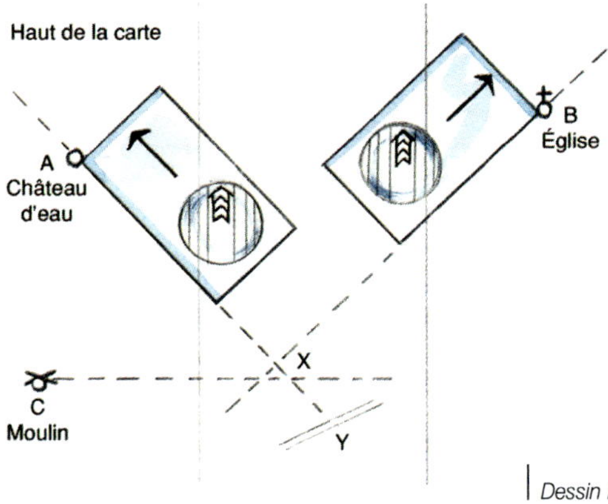

Dessin NL.

SUIVRE LA BONNE DIRECTION

Anticiper !

La meilleure façon de s'assurer de marcher dans la bonne direction est d'abord de ne pas quitter l'itinéraire prévu ! Cette évidence veut souligner la nécessité de toujours marcher avec la carte ou le topo-guide® à portée immédiate de la main, pour comparer en permanence la carte au terrain, même lorsque l'itinéraire est balisé. Au fur et à mesure du cheminement, le marcheur doit pouvoir lire l'avancement de la randonnée sur la carte, en vérifiant qu'il rencontre bien les différents points de repères mentionnés ou les indications décrites dans le texte d'accompagnement : emprunter un pont, franchir un col, délaisser un chemin sur la droite, dépasser un hangar, etc.

Un pigeonnier, une ligne à haute tension, une voie ferrée peuvent aider à se repérer sur la carte. *Photo DG.*

Ces coups d'œil sur la carte ou sur un descriptif d'itinéraire sont aussi l'occasion d'anticiper la suite, en mémorisant la configuration des prochains moments de la balade : devrait survenir bientôt une montée, un croisement, ou un changement de direction. L'anticipation est le meilleur moyen d'être alerté très vite en cas de problème et d'éviter de s'égarer. Il est toujours préférable de consulter sa carte correctement orientée dans le sens du chemin et du relief. Tant pis si les inscriptions sont à l'envers ! Cette vérification permet de mieux interpréter un éventuel changement du paysage non décrit sur la carte : si le sentier dessiné est en réalité une petite route, cela ne signifie pas obligatoirement une erreur d'itinéraire, mais peut-être le fait qu'il a été goudronné récemment.

Pour marcher sur un itinéraire non balisé, ou improviser un repli par rapport à l'itinéraire prévu, (raccourci, erreur d'itinéraire...), les principes de lecture de carte sont les mêmes. Vous devez simplement confronter avec encore plus d'attention les détails du paysage avec la carte et vous poser les bonnes questions : ce sentier qui part à droite est-il celui que nous devons emprunter ? Pourtant on devait le trouver juste après un ruisseau... Cet abri au creux du vallon peut-il être la cabane mentionnée sur la carte ?

Se diriger à la boussole

La carte topographique connaît aussi des limites : dans certains cas (absence de repères caractéristiques sur le terrain, brouillard persistant), elle devient inefficace. Il n'y a plus qu'une seule ressource : se diriger à l'aide des instruments. En s'aidant de la boussole, on parvient à *marcher à l'azimut*.

Sans visiblité précise, on peut aussi s'aider éventuellement de l'altimètre et du GPS. Attention ! Si la déclinaison magnétique peut être considérée comme négligeable en France actuellement, ce n'est pas le cas dans les régions du monde situées à d'autres longitudes, où la déclinaison évolue chaque année.

Savoir utiliser les instruments d'orientation est un gage d'autonomie et de sécurité. Au-delà de ces principes élémentaires, il vous faudra essayer, tâtonner, pratiquer, et vous perfectionner avec des randonneurs expérimentés.

MARCHER À L'AZIMUT

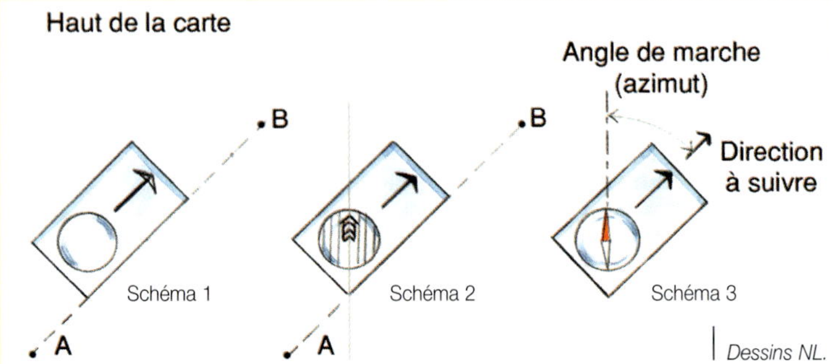

Cette méthode suppose d'avoir identifié avec certitude l'endroit où l'on se trouve, et de l'avoir situé sur la carte par le point A. Repérer ensuite sur la carte le point B où l'on souhaite aller. Ce point doit être visible et caractéristique (gros rochers, abri, etc.). Placer le bord de la boussole le long du trajet A-B, la flèche de la boussole dirigée vers B (schéma 1).

• Sans bouger la boussole, tourner son cadran de façon à orienter la flèche NM vers le haut de la carte. Pour viser précisément le haut de la carte, s'aider éventuellement des traits gravés sur le boîtier, des lignes des méridiens ou des lettres des noms de lieux (schéma 2). Pour le moment, ignorer l'indication donnée par l'aiguille aimantée.

• Prendre alors la boussole, la maintenir à plat, et tourner sur soi-même jusqu'au moment où l'aiguille est orientée vers le point B. La direction à suivre est alors indiquée par la flèche gravée dans la boussole (schéma 3).

• Pour ne pas marcher le nez collé sur la boussole, matérialiser la direction en identifiant un point intermédiaire situé dans la direction de l'axe de visée. Arrivé au point intermédiaire, se diriger alors vers un nouveau point intermédiaire, toujours bien dans l'axe de visée, et répéter jusqu'à rejoindre le point B.

• Dans le brouillard, ou dans un relief désertique dénué de points de repères intermédiaires, envoyer un des compagnons marcher devant dans la direction visée, en le guidant à la voix. Lorsqu'il va être hors de portée de vue, le compagnon s'arrête, le rejoindre alors et recommencer toujours en visant la même direction.

• Au point B, si l'on veut aller vers un autre point, le point C, refaire la même opération entre B et C, en reprenant un nouvel azimut.

Faute de repère, on peut se tromper de direction.

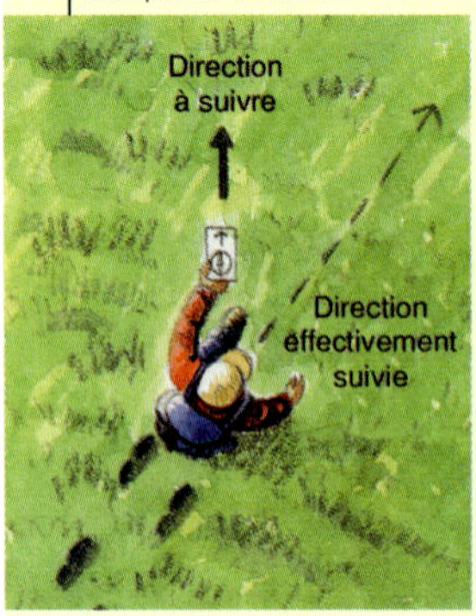

Viser un point intermédiaire.

Dans le brouillard, guider son compagnon à la voix.

Comprendre la météo

Les conditions météorologiques constituent l'une des principales composantes de la pratique de la randonnée. Chacun peut se souvenir d'une simple balade du dimanche ayant viré brutalement à la « galère », sous la pluie glaciale d'une forte averse. Si la météorologie est l'une des sciences les plus complexes qui soient, en connaître des principes de base est aisé et très utile. Comprendre les phénomènes météorologiques permet au randonneur de prévoir, de partir au bon moment, ou de renoncer avec raison.

DES NOTIONS DE BASE

La pression atmosphérique

C'est l'une des clés des phénomènes météorologiques. Pour simplifier à l'extrême, il faut mémoriser que l'air froid est relativement dense, lourd, et stable, tandis que l'air chaud est léger et instable.

Le phénomène de condensation

Il constitue un autre principe de base. L'air contient toujours de la vapeur d'eau, qui est invisible. La quantité de vapeur d'eau contenue dans l'air se modifie en même temps que varie la température de l'air, l'air froid pouvant contenir moins d'humidité que l'air chaud. Lorsqu'un air chaud et humide se refroidit, vient un moment où il atteint son point de saturation en humidité : la vapeur d'eau contenue va se condenser et se transformer en minuscules gouttelettes d'eau. C'est la naissance des nuages.

Dépression et anticyclone

Une masse d'air chaud et léger se traduira par une zone de basse pression atmosphérique, appelée *dépression*. L'air chaud ayant tendance à s'élever, il va se refroidir en gagnant de l'altitude et devoir se délester de son humidité, en créant des précipitations. La dépression signifie donc un temps perturbé. À l'inverse, une masse d'air froid et lourd se caractérise par une zone de pression plus élevée : l'*anticyclone*, en général synonyme de ciel dégagé et de temps stable.

SURVEILLEZ LE BAROMÈTRE OU L'ALTIMÈTRE

Le baromètre mesure la pression atmosphérique, exprimée en hectopascals (hPa), ou en millimètres de mercure.

- 1 013 hPa correspondent à la valeur moyenne au niveau de la mer (soit 760 mm de mercure).
- Une valeur inférieure à 1 013 hPa annonce ou indique une dépression.
- Une valeur supérieure à 1 013 hPa signifie un anticyclone.

En montagne, on peut utiliser son altimètre comme baromètre. Si on reste à une altitude réelle inchangée, et que l'altimètre « monte » (signale une altitude plus élevée), cela signifiera une baisse de pression, donc plutôt une tendance au mauvais temps. À l'inverse, un altimètre tendant à « baisser » (à indiquer une altitude moins élevée) répercutera une hausse de la pression atmosphérique, donc plutôt un signe de beau temps.

fébo ?

fépabo ?

LE FEUILLETON DES PERTURBATIONS

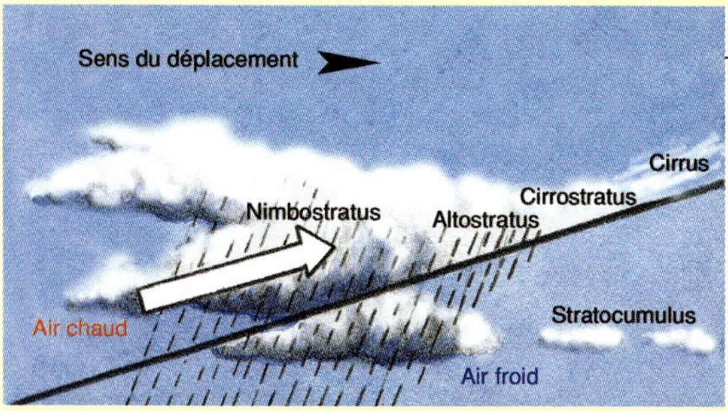

Coupe d'un front chaud.
Dessin NL.

Une perturbation annonce du mauvais temps. Elle résulte de l'interaction des énormes masses d'air chaud et d'air froid qui se sont formées au-dessus des diverses régions du globe, par exemple au-dessus de l'océan Atlantique ou des steppes glacées de Sibérie.

Ces masses d'air se déplacent suivant des trajectoires en général prévisibles. Lorsqu'elles se rencontrent, les masses d'air aux caractéristiques et aux comportements différenciés (air chaud et humide contre air froid et sec par exemple) ne se mélangent pas, mais s'engagent dans une dynamique tourbillonnaire, où l'air froid plus dense a tendance à se glisser sous l'air chaud. En s'élevant, l'air chaud se refroidit, et va éventuellement se condenser sous forme de nuages, entraînant des précipitations, pluie ou neige.

La France, comme l'ensemble des pays d'Europe, est soumise au régime des dépressions atlantiques, qui la traversent en trois jours environ, du nord-ouest vers le sud-est. Une perturbation survient rarement seule, elle précède souvent une chaîne de perturbations successives.

Le déroulement d'une perturbation se décompose en deux ou trois étapes, suivant un rythme bien établi.

• Arrive d'abord le front chaud, annoncé souvent par des nuages d'altitude, cirrus et cirrostratus, qui voilent le ciel en haute altitude. Le baromètre affiche une baisse sensible de pression. Le vent tourne de l'est au sud-est, puis au sud-ouest. Viennent ensuite les nuages de moyenne altitude, altocumulus, altostratus et nimbo-stratus, et les précipitations, plutôt continues.

• C'est ensuite le tour du front froid : passage des stratocumulus, cumulus, cumulo-nimbus, averses et éclaircies, rafraîchissement des températures, hausse de la pression, vent passant au nord-ouest, puis retour au calme… avant l'arrivée de la perturbation suivante.

• Il arrive que front froid et front chaud ne fassent qu'un, les deux masses d'air froid se rejoignant en soulevant la masse d'air chaud. On parle de front occlus. Il en résulte alors un ciel très nuageux et des précipitations importantes.

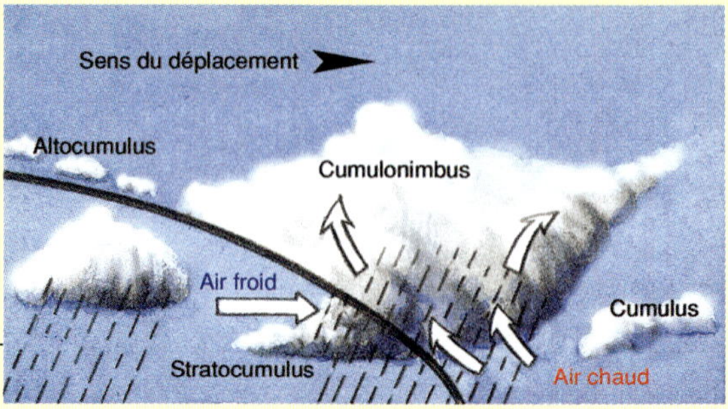

Coupe d'un front froid.
Dessin NL.

LES BULLETINS MÉTÉOROLOGIQUES

La prévision météorologique, qui anticipe les phénomènes du temps, s'avère l'un des plus sûrs outils du marcheur ou du randonneur. En France, Météo-France conçoit et diffuse plusieurs bulletins météorologiques accessibles par téléphone ou par le Net, et actualisés plusieurs fois par jour.

Les prévisions actuellement diffusées concernent les trois à sept prochains jours. De par la complexité des phénomènes météo, l'incertitude de prévision est plus importante au-delà de 48 heures. Les services météorologiques calculent alors le degré de fiabilité de leurs prévisions, indiqué par un indice de confiance variant de 1 à 5 (5 étant le niveau de confiance le plus élevé).

Bien comprendre les bulletins météo

Dans les bulletins météo, chaque mot pèse. Lire ou écouter un bulletin implique d'être très attentif.

Exemple page suivante d'un bulletin de la station de Chamonix (d'après le *Guide montagne*, édité chaque année par Météo-France).

LES PRINCIPAUX BULLETINS MÉTÉOROLOGIQUES

Les bulletins départementaux téléphoniques de Météo-France sont accessibles par le 32 50 (0,34 €/min) ou par le 08 92 68 02 suivi du numéro du département (0,34 €/min), en composant par exemple le 08 92 68 02 74 pour la Haute-Savoie. Ces bulletins donnent des prévisions jusqu'à sept jours et pour le prochain week-end.

• Les bulletins Montagne, élaborés par département ou par massif, sont accessibles par ce même numéro, le 32 50, en tapant ensuite le choix 4, ou par le numéro du département, le 08 92 68 02 etc., en tapant le choix 3 ou 4.

• Le risque d'avalanche est analysé en détail entre le 15 décembre et le 30 avril, et de façon plus succincte en avant-saison et après-saison d'hiver. Tél. 08 92 68 10 20 (0,34 €/min).

• Les bulletins de la presse locale, également issus de Météo-France, contiennent souvent une carte de prévision. Les radios locales diffusent également des informations sur le temps.

• Dans les régions touristiques, la plupart des offices du tourisme affichent matin et soir le bulletin local exhaustif de Météo-France et une carte détaillée des pressions atmosphériques.

• Sur internet, le site : www.meteo.fr, propose différentes rubriques très complètes, dont une partie est en accès payant. La chaîne de télévision consacrée à la météo possède aussi son site : www.lachainemeteo.com. Pour ce qui est des prévisions dans le monde, on peut se rendre sur différents sites : www.accuweather.com, www.intellicast.com.

STATION DE CHAMONIX, BULLETIN DU MERCREDI 19 JUILLET À 18 H 00 :

Situation générale et évolution : la période de beau temps sec et stable touche à sa fin. Un front froid [...] progresse vers l'est. Il atteindra les Alpes demain jeudi en mi-journée. Il déclenchera de violents orages ; les hautes pressions commenceront à se rétablir vendredi : la fin de la semaine s'annonce belle et chaude...

Le bulletin décrit ainsi comment les notions de front froid ou de hautes pressions se traduisent par des changements de temps.

Prévisions valables sur les Alpes du nord pour la journée du jeudi 20 juillet :

Aggravation ! [...] Dès le début de matinée, le ciel se chargera au-dessus de 4 000 m. Les premiers orages pourront éclater sur les reliefs vers la fin de matinée [...]

Météo-France met l'accent sans équivoque sur la dominante du temps prévu et ses conséquences potentielles pour les alpinistes : risques d'orage en altitude dès la fin de la matinée.

Bien lire une carte météo

La plupart des cartes météos comportent des courbes de niveaux comparables aux courbes de niveaux topographiques. Il s'agit là des courbes isobares, qui relient les points d'égale pression atmosphérique. Elles définissent également des « bosses », c'est-à-dire des zones de haute pression, et des « creux » : zones de basses pressions. Les anticyclones sont indiqués par la lettre A, les dépressions par un D. Front froid et front chaud sont également représentés par des lignes noires spécifiques.

L'intérêt de lire une carte météo est de visualiser en un coup d'œil les positions relatives des différentes masses d'air et des fronts, et donc de comprendre rapidement quelles influences vont s'exercer sur le temps.

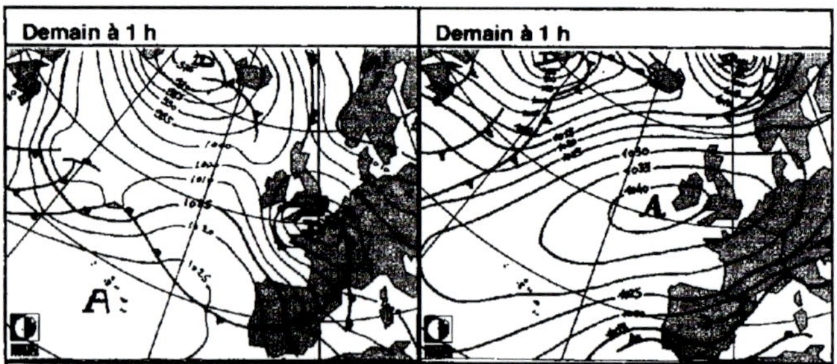

Probabilités pour la journée du 8 février.
Quelques éclaircies, suivies d'un retour des pluies. Vent assez fort à fort de nord-ouest. Températures stationnaires

Tendance pour la période du 9 au 11 février.
Vendredi 9 : pluies suivies d'un ciel variable donnant des averses. Vent fort à très fort de sud-ouest. Samedi 10 et dimanche 11 : giboulées. Vent fort d'ouest.

Probabilités pour la journée du 15 février.
Temps plutôt froid mais les périodes ensoleillées s'élargiront l'après-midi. Vent de nord-est modéré. Températures mini voisine de 0° et maxi entre 5 et 9°.

Tendance pour la période du 16 au 18 février.
Retour des nuages et du vent de secteur ouest. Les températures seront en lente hausse.

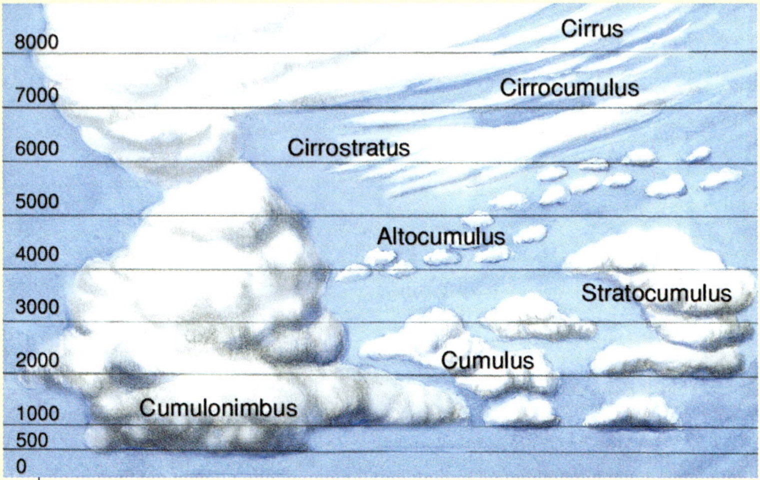

Dessin NL.

Cumulo nimbus : nuage typique, souvent en forme d'enclume qui annonce l'orage. Prévoir un repli, un abri ou la fin de la randonnée.

Mer de nuages ou strato-cumulus : évacuation possible en milieu de journée.

Cumulus humilis : période anticyclonique signe de beau temps.

Arc-en-ciel

Photos YL.

SAVOIR OBSERVER LE CIEL

Sens du vent, forme des nuages… Sans jouer au météorologue, il est possible d'interpréter un minimum les signes avant-coureurs du temps, en observant le ciel.

Par beau temps apparent, certains signes peuvent mettre en garde contre l'aggravation probable du temps. La présence d'un halo autour du soleil ou autour de la lune, de longues traînées persistantes laissées par les avions, indiquent la présence d'air humide et donc la probabilité d'un changement de temps. Un changement net de la direction du vent, virant du nord ou du nord-est au sud ou sud-ouest doit aussi alerter, à condition d'examiner le vent en altitude, à travers la direction suivie par les nuages, et non pas les courants d'air générés à proximité du relief. Un temps exagérément clair, lumineux, suit ou précède souvent une perturbation.

Il est des signes d'alerte qu'il ne faut jamais négliger, car la perturbation est proche : en montagne, les nuages lenticulaires, reconnaissables à leurs formes de bicorne lorsqu'ils se forment sur les plus hauts sommets, annoncent toujours un vrai mauvais temps.
À l'inverse, la couleur du coucher ou du lever du soleil, ou la présence d'un cirrus, peuvent donner lieu à des interprétations contradictoires.

Photo YL.

Randonnée et santé

RANDONNER : UNE SOLUTION CONTRE LA FATIGUE NERVEUSE ET LE STRESS

Pratiquées régulièrement, les activités d'endurance, comme la marche, la natation, le cyclisme, ont un réel effet légèrement euphorisant. Marcher dans la nature procure généralement un apaisement, le changement de milieu est bénéfique et propice à la détente et à la rêverie. C'est pourquoi, la randonnée pédestre est une activité conseillée aux personnes qui trouvent la vie parfois difficile ou dont la vie professionnelle est particulièrement exigeante.

« Un jour de sentier, 8 jours de santé », la formule est belle et justifiée : les bienfaits de la randonnée pédestre pour le bien-être physique et psychique ont été maintes fois décrits.

UNE ACTIVITÉ D'ENDURANCE

Le type d'effort lié à la marche, effort dit « d'endurance », génère peu de contre-indications, contrairement aux efforts intenses et violents, dits « en résistance », qui sont parfois source de problèmes, notamment cardiaques.

Randonner entre amis permet de se ressourcer : plein air, effort physique et convivialité ! *Photo NV.*

Lors d'un effort modéré, mais prolongé, le rythme cardiaque augmente, passant à 120-130 pulsations/minute, au lieu de 60 à 80 au repos. Dans ces conditions, le cœur se vide et de se remplit totalement, ce qui a pour effet, à moyen terme, d'accroître le volume des cavités cardiaques, donc les capacités cardiaques. Avec la marche, les muscles fonctionnent en aérobie, c'est-à-dire qu'ils reçoivent assez d'oxygène pour transformer les sucres et les graisses en énergie. Ces efforts peuvent durer longtemps sans dommage pour l'organisme, du moins au niveau cardio-vasculaire et musculaire, à condition que l'on s'alimente et que l'on s'hydrate correctement.

Si un marcheur « force » un peu longtemps, notamment dans les montées, l'organisme va alors fonctionner en *anaérobie* : le manque d'oxygène peut s'accompagner de conséquences non négligeables ; au niveau cardio-respiratoire – le rythme cardiaque dépassant durablement 150 pulsations/minute – cela se traduira par un essoufflement et une accumulation d'acide lactique et d'acide pyruvique dans les muscles… À terme, des crampes, voire l'épuisement, peuvent surgir. Dans tous les cas, de sérieuses courbatures seront ressenties le lendemain.

Mieux vaut donc randonner à son rythme d'endurance, selon son niveau d'entraînement, son état physique et son âge.

Pour progresser et améliorer son niveau d'endurance, il suffit de pratiquer régulièrement des activités telles que footing, ski de fond, et bien sûr la randonnée, à un rythme de marche qui convienne. Sans tomber dans l'obsession, il est toujours instructif de connaître sa fréquence cardiaque au repos et la fréquence cardiaque souhaitable à l'effort. Pour cela le mieux est de réaliser un bilan cardiaque à l'effort auprès d'un centre spécialisé.

UN EXAMEN MÉDICAL ?

Après une longue période de sédentarité, et au-delà de 40 ans, il vaut mieux consulter un médecin avant de commencer ou de reprendre la pratique de la randonnée. Les personnes se connaissant des problèmes cardiaques ou de tension pourront demander un bilan cardio-vasculaire et une épreuve d'effort, si nécessaire. Mieux vaut connaître ses capacités et ses limites, pour randonner sans appréhension et dans les meilleures conditions de sécurité possibles.

POUR UN CORPS EN FORME

Avant la randonnée, pratiquer un enchaînement de 6 étirements actifs (durée : 10 à 15 minutes). *Dessin NL.*

Un minimum de préparation accroît les capacités physiques, limite les risques d'accident, et augmente le plaisir de la marche. Les pathologies liées à la marche concernent essentiellement les muscles : contractures ou claquages, rupture ou inflammation des tendons et des ligaments, voire aussi entorses et fractures de fatigue. Elles font souvent suite à un manque de préparation, d'échauffement ou à de mauvaises conditions de marche.

Les exercices d'entretien contribuent au renforcement musculaire des jambes, du dos et de la ceinture abdominale – notamment dans la perspective du port du sac à dos.

Avant de partir, quelques étirements actifs échaufferont les muscles, solliciteront les jonctions muscles-tendons et réveilleront la vigilance corporelle.

Débuter tranquillement la balade, laisser le corps s'échauffer.

En marchant, conserver le dos droit, le bassin horizontal et veiller au bon déroulé du pied (voir aussi p. 181 : « Savoir marcher »). Respecter ses limites, ne pas chercher la performance.

Mieux vaut éviter de terminer une randonnée par un effort brusque et violent, qui provoquerait une accumulation de toxines dans les muscles. Après la randonnée, ne vous engouffrez pas tout de suite dans une voiture pour faire la route du retour. Prenez le temps de marcher tranquillement quelques minutes avant de vous asseoir. Les étirements passifs redonnent de l'extensibilité aux muscles et aux tendons contractés par l'effort. Ces exercices favorisent la récupération, très importante si vous randonnez plusieurs jours de suite.

Après la randonnée, pratiquer un enchaînement de 6 étirements passifs (durée : 15 minutes). *Dessin NL.*

LES SENIORS ET LA RANDONNÉE

De 7 à 77 ans ou plus, la marche présente l'avantage d'être une activité simple, praticable à tout âge de la vie. En faisant travailler en douceur l'appareil cardio-vasculaire, la marche a pour effet la préservation du capital osseux, un facteur favorable pour retarder ou diminuer les risques de l'ostéoporose, cause fréquente de fractures chez la femme âgée. Pour pratiquer sans risques la randonnée de façon régulière, les personnes de plus de 60 ans doivent agir avec prudence :

Photo YL.

• Un bilan médical est recommandé pour faire le point des contre-indications et des limites éventuelles, notamment sur les plans cardiaque et pulmonaire. Il en découlera des recommandations sur la fréquence et l'intensité de la pratique et les précautions à prendre.

• Pour pouvoir envisager des sorties plus longues, un entretien physique régulier est requis, de l'ordre de 30 minutes à 1 heure de marche quotidienne.

• Dans le choix des sorties, privilégier le confort et le plaisir, et suivre à plusieurs des itinéraires balisés, faciles, pas trop longs. Les personnes âgées éviteront naturellement les longs efforts soutenus, les terrains trop accidentés générant des risques d'incident et de stress inutiles. De même, elles choisiront des circuits adaptés en excluant les périodes de forte chaleur et en évitant les trop hautes altitudes, dont les effets se font davantage sentir à partir de 60 ans.

• Le matériel personnel doit faire l'objet d'un soin particulier : chaussures et sacs à dos très confortables, bâtons de marche. Attention aux petits soucis liés aux prothèses individuelles ; attacher ses lunettes et emporter une paire de rechange, s'assurer que les prothèses dentaires sont bien fixées, etc.

CONCILIER MALADIE ET RANDONNÉE

Les cas de contre-indication de la pratique de la randonnée sont rares. Certains états de santé justifient quelques précautions.

• Moyennant un avis médical préalable, la randonnée est classiquement recommandée aux *diabétiques*, exceptées les marches en haute altitude. Par la production d'un effort soutenu mais régulier, les sports d'endurance permettent la mise en place de dosages adaptés visant au maintien de l'équilibre entre alimentation et insuline. Il faut néanmoins passer par une phase d'apprentissage personnel pour connaître ses réactions pendant la randonnée, s'astreindre à surveiller les glycémies avant et après l'effort, afin de trouver la solution la mieux adaptée. Les personnes atteintes de diabète doivent accorder une attention particulière au choix de leurs chaussures : une neuropathie des membres inférieurs peut diminuer la sensibilité des pieds à la douleur ou au froid. Elles devront surveiller l'état de leurs pieds et soigner la moindre petite plaie se déclarant au cours de la randonnée. Sur Internet, elles pourront aussi consulter de nombreux sites et associations dédiées à la question « diabète et sports » (voir p. 231 : « Bibliographie »).

• *Les asthmatiques* peuvent pratiquer la randonnée pédestre, cela leur est même souvent conseillé pour augmenter leur capacité pulmonaire. Ils doivent seulement éviter les démarrages rapides à froid et pouvoir gérer leur rythme de marche. Une personne sujette à des crises d'asthme doit impérativement emporter ses médicaments pour traiter une crise éventuelle.

• *Les personnes allergiques* doivent elles aussi anticiper le déclenchement possible d'une crise lors de la balade (présence de pollens, poussière ou duvet dans les literies des refuges, piqûre d'insecte) en emportant un anti-allergique simple. Pour les cas extrêmes, le médecin peut prescrire une solution injectable contre le choc anaphylactique.

RANDONNER AVEC UN HANDICAP

Randonner en espaces naturels avec un handicap reste encore une activité très difficile à réaliser, du fait du manque de structures adaptées. Tout dépend évidemment du degré du handicap.

Si les besoins restent loin d'être satisfaits, des progrès ont été réalisés : portage des personnes par joëlettes (fauteuil à porteurs), mise au point de fauteuils roulants tout-terrain, aménagement de sentiers accessibles aux fauteuils roulants ou aux non voyants, création d'un label Tourisme et Handicap qualifiant la bonne adaptation d'un site ou d'une structure d'hébergement, meilleure formation des personnes d'encadrement au handisport (voir p. 231 : « Bibliographie »).

DES ITINÉRAIRES POUR PERSONNES À MOBILITÉ RÉDUITE

• **M**ême sans être spécifiquement aménagés pour les personnes handicapées, de plus en plus de circuits sur chemins revêtus ou sur de bonnes routes empierrées, fermées à la circulation automobile, sont accessibles au public. Il ne s'agit pas à proprement parler de circuits de randonnée, mais d'itinéraires de promenade.

• L'espace Rambouillet, géré par l'Office national des forêts, comprend plusieurs allées en revêtement nivelé et stabilisé, accessibles aux fauteuils. D'autres espaces de cette forêt sont accessibles aux personnes handicapées grâce au Modul'Évasion, véhicule électrique, silencieux et non polluant, qui permet à la personne handicapée de circuler en forêt. D'autres sentiers en projet, conçus par l'ONF seront bientôt accessibles aux personnes handicapées. Pour en savoir plus, consultez le site www.onf.fr.

• On peut aussi trouver des suggestions sur le site www.escapade.asso.fr.

• Une sélection d'itinéraires de randonnée qui puissent être adaptés aux fauteuils tout terrain, avec des hébergements accessibles aux personnes à mobilité réduite, est en cours de réalisation. (concept FABIEN, développé par le Syndicat des accompagnateurs en montagne).

La randonnée et les enfants

Certains circuits situés en forêt, le long des canaux ou aux abords des étangs sont praticables avec des poussettes. *Photo NV.*

Peut-on emmener des enfants en randonnée ? Oui, à condition de connaître leurs capacités physiques et de respecter leurs besoins.

Photo NV.

JUSQU'À 4 ANS

En-dessous de 3 ans l'enfant marchera… sur le dos de ses parents. Dans les premiers mois, on peut installer l'enfant dans un porte-bébé ventral pour une courte promenade. L'adulte veillera alors à ce que le nourrisson soit bien calé, surtout au niveau de la tête, sans être comprimé. Lorsqu'il se tiendra bien assis tout seul, l'enfant passera dans un porte-bébé dorsal. Le choix du matériel doit être guidé par le souci de confort et de sécurité pour l'enfant (appuie-tête et dos matelassé, assise réglable, harnais bretelle) et pour le porteur (bonne portance, bretelles et ceinture lombaire matelassée). L'enfant doit être protégé contre le soleil et le froid ; ne pas oublier que si vous avez chaud à cause de l'effort ou de la charge, lui, reste immobile.

En marchant avec des enfants, privilégier la découverte et susciter l'intérêt : histoires d'animaux, de châteaux, etc.

Photo NV.

À 2 ou 3 ans, même s'il est plein d'énergie, les muscles de sa ceinture abdominale et dorsale ne sont pas encore assez formés pour une marche continue. À partir de 3 ans, un enfant peut commencer à marcher un peu, en jouant beaucoup. Patience !

Photo DG.

DE 4 À 7 ANS

L'enfant peut marcher, dit-on, un kilomètre par année d'âge ; mais pas en suivant votre vitesse de croisière d'adulte, il en est physiquement incapable et risquerait d'être dégoûté de la marche. Marcher avec des enfants suppose plutôt une progression horaire de 1 à 2 km en moyenne. Fixer un but de promenade qui « parle » à l'enfant (château, cascade) peut être un argument de taille ; en revanche, promettre l'approche de marmottes peut causer d'amères déceptions ! Chemin faisant, le mieux est de privilégier l'aspect découverte, quitte à s'arrêter fréquemment devant une fleur, un ruisseau, le long de la clôture des moutons. L'adulte doit se prêter au jeu, raconter des histoires, commenter le paysage (l'histoire dudit château, la légende de la grotte), entonner les vieilles chansons, en bref, faire tout ce qu'il faut pour que l'enfant oublie qu'il marche.

À cet âge, l'enfant apprécie d'être hissé au niveau des plus grands : aussi ne faut-il pas hésiter à le responsabiliser à son niveau en lui faisant porter un (petit) sac avec sa gourde et sa peluche, et en l'incitant à participer à la recherche des marques de balisage.

Il faudra, tant que faire se peut, lui épargner les conditions difficiles (vent, froid, grande chaleur, balade interminable) car, à son âge, l'organisme se défend encore mal, s'épuise vite, et l'enfant n'est pas encore capable de formuler clairement ses besoins (faim, soif). En vacances, on pensera à ménager des jours de récupération et de jeu entre deux sorties à pied.

Pour les enfants, les ânes seront de bons compagnons d'aventure. *Photo DG.*

PARTIR AVEC DES ÂNES

Randonner avec des ânes est un bon moyen d'entraîner les enfants dans une première aventure. Conduit par une longe, l'âne de bât portera sur son dos les bagages, à hauteur de 3 à 4 sacs à dos, soit 30 à 40 kg. Il portera aussi, le cas échéant, les jeunes enfants fatigués. L'âne se conduit avec une longe, qu'il ne faut évidemment jamais lâcher si les enfants sont sur son dos. L'apprentissage des gestes nécessaires est simple et rapide, la seule contrainte étant, outre un rythme de marche plutôt lent, l'impossibilité de passer avec l'animal en des endroits escarpés ou sur une passerelle un peu étroite. Il faut donc bien examiner avec l'ânier l'itinéraire projeté. En contrepartie, la présence de l'âne constitue un réel dérivatif pour les enfants, qui sont ravis de le prendre en charge durant la marche et à l'étape, oubliant du même coup l'ennui de la marche.

La liste des âniers et un livret de conseils sont disponibles auprès de la Fédération nationale ânes et randonnée (FNAR) www.ane-et-rando.com.

Les visites touristiques et les balades le long des plages sont l'occasion d'initier les plus jeunes : ici, Ploumanach' sur le GR® 34.
Photo NV.

DE 8 À 12 ANS

Les capacités d'endurance s'améliorent nettement, on peut envisager des sorties plus longues (de 10 à 15 km) ou de la randonnée itinérante si l'enfant est déjà un peu entraîné. À cette période où l'autonomie se construit, motiver l'enfant en valorisant son besoin d'initiatives et ses capacités de jugement est important : il apprendra à repérer l'itinéraire sur la carte et sur le terrain, à garder un œil sur la montre, etc. Les enfants marchant bien mieux en groupe, la présence de copains favorisera leur énergie. Si le terrain ne présente pas de danger, et si les enfants sont assez responsabilisés sur la conduite à tenir, vous pouvez leur laisser une certaine liberté, les laisser marcher devant vous, en fixant des points de rendez-vous fréquents.

Pour éviter les « coups de barre », veiller à ce que les enfants boivent et s'alimentent régulièrement. Et attention à la fatigue accumulée au bout de plusieurs jours !

AU-DELÀ DE 12 ANS

Physiquement, aucun problème, un adolescent en bonne forme possède une endurance étonnante et une très bonne capacité de récupération. Les ados souffrent toutefois fréquemment de manque de sommeil, ce qui peut entraîner une réelle fatigue. Avec eux, le vrai frein à la randonnée réside surtout dans leur absence de motivation, leurs priorités étant ailleurs qu'à marcher avec leurs parents. Cela ne signifie pas que les ados ne randonnent jamais, ils peuvent très bien marcher avec des amis ou au cours de stages de jeunes, camp de scouts, etc. Dans le cadre familial, ils seront davantage séduits par des sorties inédites, sportives ou à caractère exceptionnel : bivouac en montagne, randonnée dans les gorges, périple à l'étranger… Dans ce cas, il ne faudra pas oublier que les adolescents, en pleine croissance, ont des besoins alimentaires plus importants que les adultes.

Photo NV.

Photo FK.

Un peu de diététique

LES BESOINS DE L'ORGANISME

D'abord : une bonne hydratation

Cela constitue la toile de fond impérative de tout effort. Aux besoins quotidiens normaux d'une personne sédentaire, de l'ordre de 1,5 l à 2,5 l par jour, s'ajoutent les pertes d'eau induites par la thermorégulation (la transpiration), l'expiration plus intense, les besoins en eau liés au travail musculaire et à l'évacuation des déchets cellulaires (l'urine). La perte d'eau peut ainsi atteindre 10 l en une journée d'effort marqué et continu... Les effets d'une hydratation insuffisante peuvent survenir rapidement. Ils sont parfois redoutables : au mieux, souffrance à l'effort, grande fatigue, moindre efficacité musculaire, accumulation de crampes et courbatures ; au pire, déshydratation sévère pouvant être fatale.

Des besoins énergétiques accrus

Les besoins quotidiens d'une personne sédentaire s'élèvent en moyenne à 1 800-2 000 cal par jour pour une femme, 2 000-2 400 pour un homme. Sachant qu'une marche sur le plat, à un rythme modéré de 4 km/h, mobilise environ 400 cal/h, une marche de 20 km « coûtera » au corps environ 3 200 cal. Ces dépenses caloriques augmentent parfois considérablement suivant les circonstances : dans les montées, par temps froid, ou lorsque le sac est bien chargé.

Connaître les « bonnes » calories

Une approche quantitative ne suffit pas. La connaissance des principes élémentaires de diététique est utile pour fournir à l'organisme les « bonnes » calories qui, à apport énergétique égal, lui permettront de fonctionner mieux et plus longtemps.

Schématiquement, les aliments sont classés en trois grandes familles.

• **Les glucides**, c'est-à-dire les sucres, constituent la première source d'énergie.

Les glucides complexes fournis par les sucres dits « lents » interviennent dans la constitution de réserve de glycogène. Il est donc recommandé d'accroître sa consommation de sucres lents dans les jours précédant les efforts prolongés, afin de renforcer le stock de glycogène. Au menu : toutes sortes de féculents, riz, pâtes, pain, céréales. Les marathoniens, par exemple, cultivent le régime « pâtes ».

Photo NV.

Rapidement assimilés, les sucres « rapides » servent à l'effort immédiat. S'ils ne sont pas consommés par l'organisme, ils se transforment en graisses. Il est donc inutile de se gaver de sucreries avant de marcher, bien au contraire.

• **Les lipides**, autrement dit les graisses, représentent un apport énergétique indispensable sur du moyen terme, pour les efforts de longue durée, l'entretien de l'organisme, la dépense contre le froid. Vous les trouverez dans les huiles, les fruits secs oléagineux, les produits laitiers. De façon générale, il est recommandé de privilégier les graisses d'origine végétale, et d'éviter les graisses cuites d'origine animale, moins assimilables.

LE CARBURANT : SUCRES ET GRAISSES

Pour fonctionner, les muscles consomment du carburant, d'abord des sucres, puis dans un second temps, et dans certaines conditions (effort durable et modéré) des graisses. Les principales réserves de sucre sont accumulées sous forme de glycogène, stocké dans le foie à hauteur de 400 Kcal, et correspondant à 2 heures de marche environ, et dans les muscles.

Un muscle bien entraîné augmente ses capacités de stockage de glycogène. Par ailleurs, il passera plus rapidement à la phase de consommation des réserves de graisse, épargnant d'autant les réserves de glycogène disponibles. Cela est d'autant plus important que le stock de glycogène exige deux à trois jours de repos pour être reconstitué.

GARE AU COUP DE POMPE DE L'HYPOGLYCÉMIE

On pourrait être tenté de manger des sucres rapides (pâtes de fruits, etc.) au petit déjeuner ou avant un effort, pour se donner de l'énergie. Vous risquez d'obtenir exactement l'effet inverse. L'absorption de sucres rapides sans besoins immédiats correspondants va entraîner l'augmentation du taux de sucre dans le sang. L'organisme va réagir en sécrétant de l'insuline, qui abaissera le taux de sucre, précisément au moment où vous vous mettrez en marche...

• **Les protides** apportent les protéines nécessaires à la construction des muscles. Mais le temps de la randonnée ne constitue pas le moment opportun pour compléter sa ration alimentaire en protides : les produits animaux sont riches en toxines, qui s'accumuleront dans les muscles. Le travail de l'estomac, nécessaire pour digérer les aliments riches en protéines, rentrera en compétition avec l'irrigation sanguine des muscles.

Photo PL.

GÉRER SON ALIMENTATION POUR LA RANDONNÉE

Avant même de penser alimentation, pensez donc à boire et encore boire. Le mieux est de boire abondamment avant de partir, y compris la veille, si vous partez pour une longue randonnée. Il faut ensuite s'astreindre

Photo NV.

à boire régulièrement durant la marche, entre 1,5 et 2 l selon l'effort au total, soit 5 à 6 gorgées toutes les 20 minutes.

• Sur le plan alimentaire, privilégier les glucides, diminuer les lipides et limiter les protides… On aura compris que le bifteck frites n'est pas idéal avant ou pendant une randonnée. Pour définir la composition de l'alimentation idéale pour une activité physique moyenne, on parle souvent de la règle du 421 GLP (école Tremolliéres), la formule classique du randonneur : pour 4 parts de gluci-

LES BESOINS EN EAU : FAITES LE CALCUL !

On estime les pertes hydriques à 1/4 l d'eau par heure, à allure modérée sur un terrain facile, et à 1 l par heure pour une montée raide à bonne allure, plus encore s'il fait chaud.

Faites le calcul : 1,5 l d'eau par personne pour une sortie d'une demi-journée est un strict minimum.

des, compter 2 parts de lipides et 1 part de protides. Cette répartition est recommandée pour un effort prolongé, car les protides ne sont pas indispensables à la dépense énergétique ; il est même préférable de les supprimer des vivres de courses et de les reprendre modérément au repas d'étape.

La règle du 621 GPL (école de Greff), décrit un régime hyperglucidique et surprotéiné qui s'adresse surtout aux sportifs entraînés, et en période de compétition.

- La randonnée commence au *petit-déjeuner*, qui sera complet sans être forcément plantureux : boisson, céréales ou pain, fruit, laitages frais ou fromages.
- *Durant la marche*, absorber régulièrement, par exemple toutes les 90 minutes, des sucres lents : du pain, des céréales, des fruits secs pour leurs sucres rapides bien assimilables (pruneaux, raisins, dattes, etc.), et des fruits oléagineux (amandes, etc.). Usez avec modération des barres dites énergétiques, en général très riches en graisses.
- À la pause du *déjeuner*, manger léger. Au menu, toujours des sucres lents : pain, riz, pommes de terre cuites, fromages, un fruit.
- *Le repas du soir* sera reconstituant : encore des sucres lents (couscous, pommes de terre, riz, etc.), mais également une soupe pour les sels minéraux et l'hydratation, une salade et/ou des crudités pour les fibres, un fruit, des laitages. Les sucres rapides ne sont pas utiles. Un apport de protides n'est pas nécessaire tous les soirs, éviter la charcuterie, les matières grasses cuites et les sauces, préférer les viandes maigres, les œufs, le poisson. Une infusion améliorera la réhydratation.

RANDONNER FAIT-IL MAIGRIR ?

Pratiquée ponctuellement, la randonnée à allure normale, ne fait pas spécialement maigrir, la marche consommant relativement peu d'énergie.

Elle pourrait même vous ouvrir l'appétit et vous inciter à « craquer » pour des barres chocolatées. Ne partez donc pas en promenade dans l'espoir de perdre du poids. Indirectement cependant, cette activité vous aidera à acquérir une bonne gestion de votre comportement alimentaire, par son effet relaxant et destressant. À moyen terme, une pratique régulière aura pour effet de mobiliser une partie des réserves de graisse.

LA RÉPARTITION DE L'ALIMENTATION

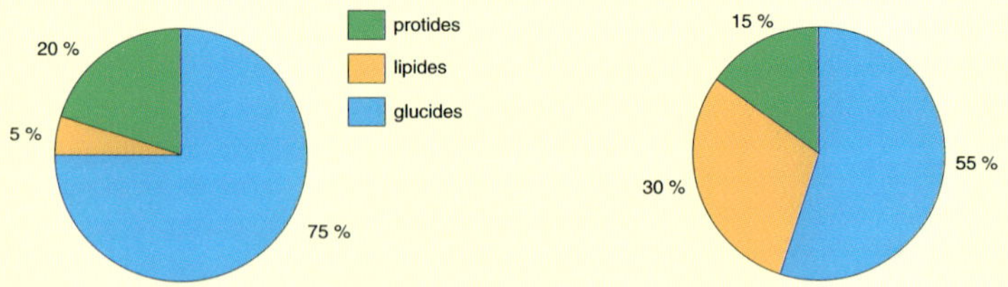

Activité soutenue (compétition) — Activité moyenne (type randonnée)

Les hébergements

LES REFUGES DE MONTAGNE

Refuges anciens et modernes

Les alpinistes et les randonneurs ont longtemps connu ces refuges un peu spartiates, composés d'une ou deux pièces, où régnait une certaine promiscuité. Les toilettes étaient dehors, assez sommaires. Aujourd'hui, une grande partie des refuges a fait l'objet de gros (et coûteux) travaux de modernisation : création de petits dortoirs ou de chambres, aménagements de sanitaires et de douches, etc. Il subsiste cependant de nombreux petits refuges encore non modernisés.

Refuge Roger Carle dans les Alpes de Haute-Provence. *Photo DG.*

Les refuges ne sont pas tous gérés de la même façon.

En France, une bonne partie des refuges appartient au CAF (Club alpin français), à des collectivités publiques (par exemple, les refuges du parc national de la Vanoise), ou à des associations (en Isère, la société des touristes du Dauphiné, STD). D'autres appartiennent à des personnes privées. Les tarifs, les conditions d'ouverture et les services proposés diffèrent donc d'un refuge à un autre : dans certains cas, il faudra préalablement chercher la clé à la mairie. Certains refuges, appartenant à des associations,

Photo NV.

ne sont ouverts qu'épisodiquement, et réservés aux adhérents. Avant de partir et au moment de planifier ses étapes, il faut donc se renseigner précisément. Les cartes mentionnent souvent le statut des refuges (CAF, privé, PNV, etc.), les guides de randonnée et les sites internet peuvent donner leurs coordonnées et leurs conditions d'accès.

Les refuges de haute montagne les plus importants sont gardés l'été, et quelquefois au printemps, pour les randonneurs à ski. On peut s'y restaurer, et parfois acheter des repas froids à emporter. Certains refuges, appartenant en général à des institutions publiques (parc national, collectivités locales...), sont simplement surveillés, sans restauration possible. La réservation préalable des nuitées est devenue indispensable, si ce n'est obligatoire. Monter sans avoir réservé expose au risque de devoir redescendre ou bivouaquer.

En refuge, le sac de couchage est inutile, les couvertures étant fournies. Il vous faudra prévoir un drap sac, ou « sac à viande », une lampe, et un réchaud si vous préparez vous-même votre repas.

En dehors de l'été, les refuges gérés par le CAF ou les collectivités locales comportent en général une partie « hiver » accessible, plus ou moins confortable. Un tronc permet de payer sa nuitée. Bien refermer la porte en partant.

REFUGE MODE D'EMPLOI

Pas de chaussures à l'intérieur des refuges : les marcheurs sont priés d'enfiler les sabots mis à disposition. Travaillant dans des conditions peu faciles, le gardien appréciera que l'on lui propose un coup de main pour mettre le couvert ou nettoyer la table, voire qu'on lui monte le courrier depuis la vallée. Avant de quitter sa chambre ou son dortoir, plier les couvertures.

Isolé, peu accessible, équipé de façon spécifique, un refuge reste souvent soumis à de fortes contraintes matérielles. Pour cette raison, les randonneurs veilleront à économiser l'eau chaude et le courant, et à redescendre leurs déchets dans la vallée. Enfin, c'est un lieu de repos avant tout, alors restons discret, respectons les autres.

LES GÎTES D'ÉTAPE

Localisés dans les villages ou dans les vallées à proximité des itinéraires de randonnée, les gîtes d'étape proposent aux randonneurs le gîte et le couvert. À l'origine, ces hébergements étaient assez comparables aux refuges, et réservés en priorité aux randonneurs non motorisés. Ils deviennent aujourd'hui de plus en plus confortables et adaptés aux véritables séjours de loisirs de nature, y compris en famille. Certains fournissent les draps ; en principe tous proposent un point de cuisson et une salle commune, où l'on peut préparer et prendre ses repas, mais mieux vaut vérifier lors de la réservation.

LES AUTRES HÉBERGEMENTS

Chambres d'hôte, petits hôtels de campagne, gîtes de séjour... Les formules de séjours en milieu rural sont multiples et la difficulté réside plutôt dans la sélection des bonnes adresses. Pour faire le bon choix, consulter les catalogues ou les sites web des différents réseaux, et interroger les propriétaires : peut-on éventuellement faire sécher son linge, avoir un pique-nique pour le lendemain ?

DORMIR SOUS LA TENTE

On peut choisir de camper, pour le plaisir des nuits en plein air, par nécessité si aucune possibilité d'hébergement n'existe sur le parcours, ou par souci d'économie. Ce choix signifie un alourdissement de la préparation matérielle et, surtout, du sac à dos. Outre la tente, il faudra prévoir le matériel de couchage et de cuisson, la nourriture. L'emplacement sera fonction de l'environnement et du respect des principes de sécurité. Bénéficier d'un point d'eau à proximité du lieu de camping est indispensable (voir aussi p. 159 : « L'équipement pour la randonnée en autonomie »).

On ne peut pas camper n'importe où en France. Le camping est interdit :

- sur les voies publiques ;
- le long du rivage maritime ;
- sur les sites classés, inscrits ou protégés ;
- sur les sites du Conservatoire du littoral ;
- dans certaines zones définies par arrêté municipal ou préfectoral ;
- dans la plupart des forêts domaniales gérées par l'Office national des forêts ;
- dans les zones centrales des parcs nationaux (voir aussi p. 90 : « Randonner dans les espaces naturels protégés »).

On ne peut pas camper sans obtenir préalablement l'autorisation du propriétaire des lieux. Pour le connaître, se renseigner sur place auprès des exploitations agricoles, d'un forestier ou de la mairie.

LES RÉSEAUX ET LES LABELS

Certains labels d'hébergement intéressent directement les randonneurs :

- le label Panda garantit un environnement naturel de grande qualité, ainsi que la mise à disposition de cartes de randonnée et de guides de découverte de la région (www.gites-de-france.fr) ;
- la marque Rando Accueil regroupe plusieurs enseignes vouées aux randonneurs : Rando Plume (été).
- d'autres regroupements sont également conçus pour l'accueil de randonneurs dont Rando Plume (maisons d'hôtes aménagées dans des bâtiments ou maisons de caractère, assurant la restauration), Rando gîte (les gîtes d'étape rénovés), Rand'Hotel (un fonctionnement et des prestations spécifiques telles que petit-déjeuner copieux), Rando Toile (camping), Rando refuge.

(www.rando.accueil.com)

- Certains labels régionaux, notamment dans les parcs naturels ou les pays d'accueil touristiques, distinguent les établissements répondant à un cahier des charges précis, garantissant la qualité de l'hébergement, la cuisine du terroir, etc.

Réserve
de biodiversité
La nature écrit de multiples histoires extraordinaires. Terre sauvage les raconte et les éclaire. Face-à-face avec la faune sauvage, aventures dans le sillage des expéditions scientifiques, rencontres avec les peuples premiers, découverte de la logique secrète des écosystèmes… Terre sauvage vous invite tous les mois au voyage vers des contrées lointaines ou à la randonnée par les sentiers sauvages de France.
Pour vous abonner par tél. : 0 825 825 836 (0,15 € la minute), par Internet : [www.bayardweb.com].
Terre Sauvage
Les folles NUITS de la nature
Terre Sauvage
LOIRE FLEUVE LIBRE !
NUMÉRO SPÉCIAL LOIRE AVEC LE WWF
Terre Sauvage
SAHARA L'INVITATION AU DÉSERT
JURA: «MES HIVERS» PAR BERNARD CLAVEL
Terre Sauvage
LA FACE CACHÉE DU JAPON
RANDONNÉES NATURE EN PROVENCE
Terre sauvage, la nature est tout un monde.
Bayar

LES DIFFÉRENTS MILIEUX DE LA RANDONNÉE

Randonner sur le littoral

BOUCLE OU DEMI-TOUR ?

Outre les GR® côtiers, de nombreux itinéraires de Promenade et Randonnée PR® en boucle (de 2 à 6 heures de marche) permettent de découvrir la côte et l'arrière-pays. Du fait de l'urbanisation, les détours à l'intérieur des terres ne peuvent parfois éviter les sections goudronnées, ou des secteurs relativement aménagés moins intéressants. Bien regarder le guide et la carte ; il vaut mieux parfois faire demi-tour pour rentrer en restant sur le bord de mer – découvrir d'autres points de vue, d'autres ambiances, surtout si la marée a changé entre-temps – que de poursuivre la boucle dans un environnement décevant.

DE NOMBREUX SENTIERS LE LONG DES CÔTES

Du fait de la proximité de la mer, des odeurs, du vent et du cri strident des mouettes et des cormorans, marcher le long du rivage procure un plaisir particulier.

De Dunkerque à Hendaye, une série de sentiers de Grande Randonnée GR® assure en grande partie la continuité du cheminement le long du littoral. Ainsi au nord, en empruntant les GR® 128, 120, 21, 26, 223 et 34, il est quasiment possible de longer la Manche sans discontinuer en partant de la frontière belge, pour atteindre plus bas le golfe du Morbihan sur la façade atlantique. Plus au sud, en Aquitaine, on peut rallier le sud de l'estuaire de la Gironde, à partir de Contaut, jusqu'à la frontière espagnole en empruntant le GR® 8. Le long de la côte méditerranéenne, le littoral reste moins accessible aux marcheurs, pour différentes raisons : présence d'étangs lagunaires peu propices à un accès pédestre, urbanisation plus importante et pression touristique forte. Le topo-guide® de la côte varoise permet toutefois l'accès à de nombreuses criques rocheuses et à des plages de sable fin. Dans ce secteur, l'ouverture au public progresse, notamment grâce à l'action du Conservatoire du littoral (voir p. 90 : « Randonner dans les espaces naturels protégés »).

De nombreuses balades permettent d'explorer la corniche varoise – ici près de la Seyne-sur-Mer. *Photo NV.*

En Corse, le GR® 20 et le mare e monti – mare a mare, constituent des traversées de l'île, même si les points de vue sur la mer sont nombreux et spectaculaires. Dans les Dom-Tom, à La Réunion, le GR® R2 est conçu dans le même esprit. On citera surtout le tour de l'île de Mayotte, qui chemine en grande partie le long du littoral.

◀ Progression le long d'un torrent en Lozère. *Photo NV.*

QU'APPELLE-T-ON LE SENTIER DES DOUANIERS ?

Dans les faits, il est vrai que de très nombreux sentiers ont été aménagés à partir de passages qui existaient depuis longtemps, pour l'usage local, notamment pour celui des douaniers. Mais ne cherchez pas parmi les guides de randonnée le fameux sentier des douaniers qui relierait Dunkerque à Hendaye, il n'existe pas, du moins pas formellement.
Pour lutter contre la privatisation des rivages, la loi a instauré, en 1976, une servitude de passage des piétons sur le littoral. En clair, les propriétés qui bordent le domaine maritime doivent laisser libre d'accès une bande le long de la mer, de 3 m de large minimum.
La volonté conjuguée du Conservatoire du littoral et de la FFRP vise, depuis de nombreuses années, à recenser puis à classer les chemins bordant le littoral en sentiers de Grande Randonnée GR®. Cette marque garantit la protection des sentiers puisqu'elle les rend inaliénables et qu'elle rend obligatoire leur entretien pour l'accès au public.

Sur le GR® 34, dit sentier des douaniers, dans les Côtes-d'Armor. *Photo JC.*

MARCHER LE LONG DES CÔTES ESCARPÉES OU LE LONG DES DUNES

Les côtes rocheuses allient les plaisirs de l'ambiance marine et de la marche en montagne : des sentiers, parfois escarpés, contournent des criques profondes, les montées et les descentes se succèdent, le franchissement des cours d'eau oblige parfois à effectuer des détours importants. Les points de vue sont le plus souvent majestueux et inédits. Le tour des Calanques ou certains sentiers situés dans les Côtes-d'Armor sont ainsi connus pour être sportifs, dans un cadre naturel magnifique ! Être muni de bonnes chaussures et avoir un peu d'entraînement est vivement conseillé ! Il vaut mieux que les personnes sensibles au vertige s'abstiennent et s'orientent vers d'autres types de sentier.

Chapelle Notre-Dame-de-la-Garde à Étretat, sur le GR® 21. *Photo NV.*

D'autres itinéraires, comme le GR® 21, entre Le Tréport et Le Havre en Normandie, parcourent le sommet de **falaises**. Les impressions sont garanties comme l'étendue des panoramas. Techniquement faciles, ces sentiers exigent le respect des précautions suivantes : malgré la tentation, ne jamais marcher au bord des falaises. Parfois en surplomb, les roches peuvent s'effondrer brutalement sous l'effet de l'érosion. Certains secteurs très fragilisés ont fait l'objet de mesures d'interdiction d'accès. Ce phénomène constant d'éboulement crée en contrebas un risque permanent de chutes de galets. Il existe un

Sur la presqu'île de Giens. *Photo DG.*

autre risque à marcher au bas des parois, c'est d'être coincé contre la falaise par la marée montante, le piège peut alors être mortel.

Les côtes basses et très sableuses ne constituent pas les milieux les plus favorables à la marche : marcher dans le sable est littéralement épuisant.

Si des sentiers ont été aménagés au milieu des dunes, empruntez-les sans jamais en sortir : sous leur apparence rustique, les milieux dunaires sont d'une extrême fragilité. Respectez également les plantations d'oyats, ces grandes herbes graminées poussant en touffes épaisses, et les ganivelles, ces petites palissades de châtaigniers installées dans les dunes, essentielles pour stabiliser le relief.

ÉVITER LES SORTIES PAR MAUVAIS TEMPS

C'est évident, mais il vaut mieux le rappeler : les bourrasques de vent, parfois très violentes en bord de mer, peuvent déséquilibrer dangereusement. Mieux vaut ne pas partir pour des sentiers escarpés ou le bord de falaises si le mistral ou de forts coups de vents sont annoncés. La bruine, ou « crachin », fréquente sur les côtes bretonnes et normandes, sont un risque supplémentaire de glissade sur des chemins étroits au rebord abrupt.

Photo DG.

LES MARÉES

Le cycle des marées est d'environ 13 heures : 6 heures de marée montante (le flux) et 6 heures de marée descendante (le reflux) et un peu moins d'une heure de mer étale, en basse mer ou en pleine mer, c'est-à-dire de pause, avant l'inversion du sens du mouvement. Il y a donc deux marées par journée, dont l'heure se décale chaque jour d'environ 50 minutes.

L'amplitude de la marée varie selon les lieux et selon les périodes de l'année. Une des plus fortes amplitudes se situe au mont Saint-Michel, la différence de niveau atteignant plus de 12 m (la valeur d'un immeuble de 4 étages). La marée en Méditerranée est quasi insignifiante, du fait de l'effet de verrou du détroit de Gibraltar.

Pour randonner le long du littoral de la Manche et de l'Atlantique, il est fortement conseillé de se procurer les calendriers des horaires de marées vendus un peu partout. Vous pourrez ainsi programmer vos sorties en fonction de la marée (se baigner sur telle ou telle plage par exemple) et profiter des différentes ambiances. Il peut arriver que certains passages ne soient praticables qu'à marée basse : afin d'éviter toute difficulté ou d'avoir à faire un simple détour, il est donc doublement utile de se renseigner avant de partir.

Randonner à la campagne

De très nombreux sentiers ont été balisés en milieu rural, en général à partir des anciens chemins ruraux. Ils offrent quantité de balades variées, faciles, imprégnées de cette sérénité propre à la campagne.

UN PATRIMOINE ENVIÉ DE CHEMINS ANCIENS ET DE PAYSAGES

Discrète, encore mal connue du point de vue touristique, la campagne française recèle des trésors pour les randonneurs. Un million de kilomètres de chemins ruraux parcouraient la France, estime-t-on, au début du XXe siècle. Ce maillage remarquable a commencé à disparaître à partir des années 1950 sous les pressions conjuguées du remembrement, de l'exode rural, de l'urbanisation et du développement des infrastructures routières. Outre la disparition de nombreux chemins, la transformation profonde des campagnes a entraîné une tendance à l'uniformisation des paysages ruraux, par la disparition des haies, l'avènement de la monoculture, le recul des surfaces dédiées à l'élevage, la progression des surfaces en friche, progressivement envahies par la broussaille ou la forêt. On parle à ce propos de « fermeture » du paysage. Les collectivités territoriales ont maintenant pris conscience de la valeur de ce patrimoine rural, notamment sous la pression de la FFRP. Progressivement, des initiatives diverses ont été lancées pour le préserver et le valoriser aux plans économique et touristique : restauration et aménagement de chemins anciens pour la randonnée, aménagement de gîtes dans du bâti ancien, création d'itinéraires thématiques visant la découverte des richesses locales : culture, artisanat et productions spécifiques. Les randonneurs étrangers ne s'y sont pas trompés, qui arpentent avec gourmandise les sentiers du Périgord ou de Bourgogne.

De la basilique de Vézelay (*photo NV*) à un cabanon pointu en Haute-Provence (*photo DG*) : randonner permet de découvrir différents patrimoines.

Avoir connaissance des sentiers existants n'est cependant pas toujours chose simple, car tous ne sont pas recensés ni décrits. Une partie d'entre eux souffre incontestablement d'un manque d'entretien ou même d'un balisage incertain, voire interrompu. Avant de partir, mieux vaut **s'enquérir du bon entretien du sentier** auprès de la mairie de la commune concernée. La meilleure solution reste de se procurer un guide de randonnée récent sur la région ou le département dans lequel vous séjournez : vous y trouverez un vaste choix de propositions sécurisées, avec des textes descriptifs à jour, en correspondance avec le terrain.

Il faut aussi savoir que toutes les campagnes ne sont pas riantes, ni propices à la randonnée. Les grandes plaines céréalières par exemple, ou les vastes étendues consacrées à la seule culture du maïs ou de la betterave peuvent manquer de charme. Par ailleurs, il faut savoir que les régions d'élevage extensif sont souvent dotées d'une multitude de clôtures, malaisées à franchir : y randonner suppose que l'on s'attache à suivre les grands sentiers pour éviter toute mésaventure.

Photo DG.

De nombreux sentiers flirtent avec les canaux ou empruntent des chemins de halage. En Île-de-France, le GR® 11 longe en partie le canal de l'Ourcq. *Photo NV.*

RESPECTER LES ENCLOS

Photo DG.

Parfois mentionnés dans les guides de randonnées, certains passages permettent au randonneur de franchir facilement une clôture sans pour cela encourir le risque que le bétail ne s'échappe ou ne se blesse par la suite. Il existe des passages en chicane, suffisamment larges pour laisser passer une personne, mais bien trop étroits pour une vache ou un cheval. Le « passage canadien » désigne un ingénieux système de franchissement grâce à une sorte d'escabeau installé à cheval par-dessus la clôture. À l'instar de ce que l'on voit dans certains parcs animaliers pour séparer les espèces en liberté, on trouve aussi ces sortes de ponts composés de barres métalliques parallèles, fixées au sol : les intervalles laissés entre chaque barre représentent un réel danger de chute ou de fracture pour le bétail qui, par conséquent, ne franchit pas cette limite.

Randonner en forêt

Le massif de Fontainebleau. *Photo*

Silva, la forêt en latin, a donné naissance au mot « sauvage ». En effet, lieu de tous les imaginaires, des légendes et des contes, des brigands et des loups, la forêt est le milieu sauvage par excellence. Répondant aux besoins de nature et de quiétude des citadins d'aujourd'hui, elle est aussi devenue synonyme de ressourcement et d'équilibre. Parce qu'elle abrite une flore et une faune spécifiques, parce qu'elle conjugue des usages et des intérêts différents, la forêt doit être abordée par chacun en respectant un minimum de règles.

DROITS ET USAGES DES CHEMINS EN FORÊT

Les voies et chemins en forêt ne sont pas tous accessibles aux promeneurs, loin s'en faut.

• **Les forêts privées** représentent 70 % de la surface forestière française. De nombreux propriétaires, réticents pour des raisons de sécurité et pour les désagréments que la fréquentation du public leur cause, choisissent d'interdire l'accès de leur forêt aux promeneurs. Ils l'indiquent de façon claire et évidente, par différents moyens : des panneaux, une barrière à l'entrée du chemin, des clôtures… Des itinéraires de randonnée balisés traversent parfois des massifs forestiers privés avec l'accord de leur propriétaire. Le respect des consignes affichées, tel que ne pas sortir des chemins autorisés, ou des règles élémentaires de savoir-vivre, y est déterminant pour que les bonnes relations perdurent avec les propriétaires.

• **Les forêts publiques** : ces forêts ont pour vocation, tout en conservant une fonction économique et en occupant une place essentielle dans la préservation de la biodiversité et des écosystèmes, d'être accessibles au public et de favoriser sa connaissance du milieu forestier. Leur rôle social est reconnu par la loi et l'ouverture au public est une décision des propriétaires, État et communes. L'Office national des forêts, gestionnaire, a pour charge de mettre en œuvre cette politique. Les forêts, de plus en plus fréquentées, font l'objet d'aménagements pour la

LA FORÊT PRIMAIRE EXISTE-T-ELLE ENCORE ?

Malgré les apparences, la forêt est un milieu complètement domestiqué par l'homme, et ce, depuis des siècles. Autrefois lieu privilégié pour la chasse, ses usages ont été multiples, que ce soit pour la production de bois de chauffage, de charbon de bois, de bois d'œuvre ou pour la construction de mâts de navires. On le redécouvre aujourd'hui : la forêt servait aussi de pâturage, (en zones méditerranéenne et humide notamment), ce qui contribuait au maintien de sous-bois propres et de milieux ouverts. L'organisation spatiale et la composition en essences dominantes des forêts révèlent leur histoire et notamment les conditions de leur exploitation passée.

La forêt primaire, forêt originelle qui n'a jamais subi une quelconque intervention de l'homme, n'existe pas en France. Il faut aller en Pologne, ou changer de continent et partir en Afrique ou en Amérique, pour pouvoir l'observer.

promenade et la randonnée (itinéraires balisés, signalétique), permettant de répondre aux attentes des visiteurs et de préserver des espaces forestiers souvent fragiles. Les forêts publiques sont toutefois soumises aux règles de droit privé. Le cas échéant, l'ONF peut donc interdire au public l'accès à certains chemins ou certains secteurs, pour des raisons relevant à la fois de la gestion de la forêt et de la sécurité des personnes : plantations, exploitation forestière, réserve biologique intégrale, interdictions temporaires d'accès comme celles édictées par arrêtés préfectoraux après les tempêtes de 1999. Est-il nécessaire de rappeler que la responsabilisation des visiteurs ou des randonneurs est essentielle dans un milieu qui ne peut être sécurisé comme un espace vert urbain ?

L'Office national des forêts gère les espaces forestiers publics et créé des aménagements pour accueillir les promeneurs. *Photo NV.*

Coulemelle. *Photo NV.*

Les agents de l'ONF sont habilités à verbaliser le cas échéant pour faire respecter les règles.

Chemin faisant, le randonneur va forcément être amené à rencontrer **d'autres usagers** de la forêt. Il peut par exemple croiser des exploitants forestiers : pour des raisons évidentes de sécurité, il vaut mieux s'éloigner rapidement d'un chantier de coupe et se tenir à l'écart des engins de débardage, dont les manœuvres peuvent être imprévisibles et rapides. Personnes à VTT et cavaliers ne sont autorisés que sur certains chemins et allées. Méfiez-vous des cyclistes seuls, ou plus souvent en groupe, pouvant vous heurter en sens inverse, notamment dans une descente en lacets.

Les rencontres avec les chasseurs peuvent être fréquentes en automne et au début de l'hiver. Les grands animaux, en augmentation dans les forêts françaises, compromettent parfois la survie des jeunes plants et le renouvellement nécessaire de la forêt. Les chasseurs contribuent à un bon équilibre entre les populations d'animaux et la forêt.

Sur certains chemins, les randonneurs peuvent être amenés à rencontrer cavaliers et cyclistes. *Photo NV.*

Quelle que soit l'opinion que l'on porte sur la chasse, le meilleur moyen d'éviter les tensions est de s'informer sur les lieux et jours de chasse, de respecter les droits de chacun et de ne pas hésiter à engager le dialogue : les chasseurs sont souvent de fins connaisseurs de la forêt. Les battues font normalement l'objet

Photo NV.

Les chemins créés en forêt, essentiellement à partir du XIXe siècle, étaient voués à l'exploitation et à l'entretien de la forêt.

POURQUOI TANT DE PISTES EN FORÊT ?

• Dans les anciennes forêts royales, de larges allées étaient tracées en étoile pour faciliter la chasse à courre. Les chasseurs, postés au carrefour, repéraient plus aisément les cerfs ou chevreuils, et le canevas d'allées permettait aux cavaliers de se déplacer rapidement pour couper la route au gibier.

• Pour les besoins de l'exploitation, les forestiers aménagent des voies le plus souvent en terre, parfois goudronnées. Servant au transport du bois, ces pistes rustiques débouchent le plus souvent sur d'autres pistes, puis sur des routes.

• Des larges sentiers, les laies, servent souvent à séparer les parcelles, complétés par des laies secondaires, les layons.

• Les pistes pare-feu, souvent appelées « pistes DFCI » (Défense des forêts contre les incendies), se sont multipliées dans les forêts ces dernières années. Ces larges trouées, créées au cœur de la végétation, visent à limiter la propagation du feu. Elles facilitent également la circulation des véhicules de lutte contre l'incendie au cœur des massifs.

• Les pistes d'exploitation et voies DFCI sont en général interdites à la circulation des véhicules, voire interdites à tout accès, y compris piéton.

d'une déclaration préalable en mairie, donnez donc un coup de fil avant de partir si vous estimez qu'il y a un risque. Redoublez de prudence si vous repérez au départ de la balade des voitures ou des camionnettes de chasseurs, souvent reconnaissables. Manifestez fréquemment votre présence sur le chemin en parlant ou en faisant du bruit ; cela ne sera peut-être pas le jour pour chercher des champignons ou organiser une chasse au trésor dans les fourrés. Enfin, sachez que les chasseurs eux-mêmes représentent la majorité des victimes des accidents de chasse.

Apprendre à reconnaître les empreintes des animaux peut être une manière ludique d'initier les enfants à la randonnée. *Dessin NL.*

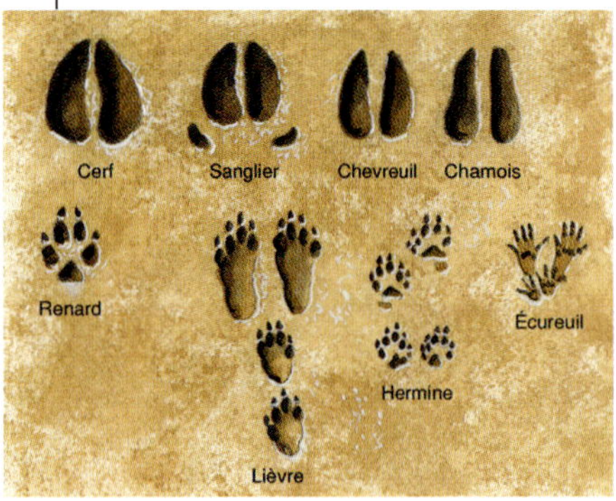

SUIVRE UN CHEMIN EN FORÊT

• Il est facile de **se perdre en forêt** : le manque de vue dégagée rend l'orientation malaisée, les chemins se croisent et s'entrecroisent, les points de repères sont rares, et rien ne ressemble plus à un carrefour forestier qu'un autre carrefour, même les croix de pierre paraissent être les mêmes ! La boussole peut vous indiquer la direction à prendre, mais il n'est pas facile de discerner entre plusieurs allées, laquelle précisément vous conduira au parking.

• Il est donc important de **suivre avec méthode le balisage** et de confronter régulièrement les indications contenues dans le guide ou sur la carte, et les éléments visibles sur le terrain : nom des voies, numéro des parcelles. Repérez notamment les carrefours et bifurcations. Un extrait de carte 1/25 000 est indispensable : on distingue notamment les limites et numéros de parcelles, ainsi que les limites de forêt, indiqués en couleur verte, le nom des carrefours ou des allées, les arbres remarquables, les maisons forestières…

• Si **vous pensez vous être égarés**, ne cédez pas à la panique : la forêt n'est pas un milieu dangereux. Continuez à marcher dans ce que vous estimez être la bonne direction, et essayez de trouver un axe routier où vous pourrez plus facilement être orienté.

Si vous restez sur les sentiers et les pistes, la marche en forêt ne présente en général aucune difficulté. Les chemins peuvent toutefois se montrer boueux à l'automne ou après les pluies. Il n'existe pas de danger, excepté par temps d'orage, où la foudre est à craindre, et par grand vent, quand la chute d'arbres ou de grosses branches représente un risque réel. Les milieux forestiers comportent toutefois deux risques sanitaires peu connus, mais non négligeables, liés à l'existence de parasites (voir p. 197 : « Quelques risques inhérents au milieu naturel en France »), des tiques et fruits des bois.

Cette route forestière, dite Royale, est empruntée à la fois par un sentier GR® et un sentier PR®. *Photo NV.*

IDENTIFIER LES MARQUAGES FORESTIERS

Les marquages forestiers sont parfois susceptibles d'être confondus avec les balises de randonnée : les

Photo NV.

limites de la forêt, généralement matérialisées par des traits de peinture de différentes couleurs (dont parfois le rouge et le blanc, comme la balise des sentiers de Grande Randonnée GR®) peuvent induire en erreur.

• Numéros ou lettres en rouge sur un fond blanc bordé de rouge : il s'agit des numéros de parcelles de la forêt, chacune couvrant entre 5 à 25 ha. Ces numéros sont souvent apposés sur un arbre situé en coin de parcelle : l'arbre cornier.

• Un griffage sur un arbre de traits parallèles ou en forme de croix, sans peinture, est une marque d'inventaire ou d'éclaircie.

SORTIR DES CHEMINS ET DES SENTIERS ?

Ne cherchez pas à improviser un raccourci hors des chemins, la marche y est vite très malaisée et c'est là le plus sûr moyen de vous perdre. La progression dans les sous-bois clairs est rendue difficile par la présence des broussailles et des bois morts à terre – qui contribuent par ailleurs à la richesse du milieu forestier en abritant par exemple de nombreux insectes, parfois devenus rares. En forêt, pour des raisons évidentes de protection, il est interdit d'accéder aux coupes en régénération, tout comme il est fortement déconseillé de piétiner les jeunes pousses. Pour un promeneur non averti, reconnaître un plant ou un semis, sauf s'il est protégé contre le gibier, est une gageure, surtout en hiver s'il s'agit d'un feuillu. Aussi, pour sa propre sécurité et pour ne pas endommager la forêt, il vaut mieux suivre le balisage ou se limiter aux allées autorisées.

La forêt est un milieu fragile : piétiner les plants ou effrayer les animaux peut être lourd de conséquences.
Photo NV.

• Au-delà des tables pour le pique-nique, l'ONF, avec l'appui de nombreux partenaires (communes, départements, régions) met en place **différents aménagements** pour favoriser la découverte des forêts pour tout public : enfants, personnes handicapées, adultes, sportifs, passionnés... Ainsi sont proposés des sentiers thématiques ou de découverte plus ou moins élaborés et comportant souvent des panneaux d'information et d'explication, des sentiers sportifs, des arboretums, des aires d'accueil... Outre l'organisation de randonnées de plusieurs jours, l'Office propose des visites guidées par des forestiers, qui exposeront la nature du milieu, la faune et la flore qui y vivent, et parleront de leur travail de façon souvent passionnée et passionnante.

PRÉSERVER LA FORÊT

La forêt est un milieu complexe et fragile où se développe une importante végétation (pas seulement les arbres) et où vivent toutes sortes d'animaux. Tous contribuent au bon fonctionnement de l'ensemble : l'écosystème forestier. Préserver les milieux de la forêt et ses habitants est d'autant plus important que le nombre de promeneurs y augmente.

Photo NV.

Le GR® 12 chemine entre les hêtres dans la forêt de Halatte. *Photo NV.*

LES BONS GESTES POUR PRÉSERVER LA FORÊT

Photo DG.

• Faut-il rappeler que faire du feu ou fumer est interdit en forêt ? Des cigarettes mal éteintes sont à l'origine de nombreuses catastrophes. En raison de risques d'incendie, l'accès aux massifs forestiers est totalement interdit durant l'été dans les zones classées rouge, dans le sud de la France : dans les Alpilles, sur la montagne Sainte-Victoire, etc. Renseignez-vous auprès des mairies ou de la préfecture.

• Malgré la tentation, ne touchez jamais un jeune animal caché dans un buisson. Sa mère n'est pas loin et attend que vous vous éloigniez. Elle risquerait d'abandonner son petit si vous lui communiquez l'odeur humaine.

• Maintenez votre chien en laisse, à la fois pour éviter qu'il ne dérange les animaux sauvages et les autres usagers de la forêt – un chien peut surprendre un cheval ou provoquer la chute d'un cycliste – et dans son propre intérêt : les chiens se perdent facilement en forêt.

• La cueillette et le ramassage de fruits et de champignons sont théoriquement interdits. Ils peuvent être tolérés en petite quantité, renseignez-vous auprès des communes.

• La forêt abrite de nombreux milieux et espèces remarquables. Les tourbières, par exemple, sont des espaces particulièrement fragiles. Aménagés pour la circulation des promeneurs, des pontons et des passerelles en bois permettent souvent de les découvrir sans avoir à en piétiner le sol.

Pour protéger les tourbières, des pontons sont souvent aménagés pour les promeneurs. *Photo FK.*

Randonner en moyenne montagne en été

Le lac Miroir, sur le GR® 5, le sentier de Grande Randonnée® qui part de Hollande et rejoint la Méditerranée. *Photo DG.*

Berceau historique de la randonnée, la moyenne montagne est restée le terrain favori des randonneurs, à la belle saison. Des alpages de Vanoise aux denses forêts des Vosges, les paysages et les reliefs se déclinent suivant une infinie variété. Dans ces régions, les sentiers sont nombreux : l'offre touristique en matière de guides de randonnée et d'itinéraires balisés s'y est considérablement développée. La présence de différents types d'hébergements – hôtels, gîtes d'étape, refuges – facilite l'accueil des randonneurs, de ceux qui optent pour la randonnée itinérante, à ceux qui préfèrent l'organisation de séjours, avec sorties pédestres à la journée.

Refuge du col d'Allos, sur le GR® 5. *Photo NV.*

Plus accessible que la haute montagne, par endroits gagnée par les aménagements modernes, la moyenne montagne n'en demeure pas moins un univers où les lois naturelles s'imposent avec force. L'orage, les risques de chute, la fatigue accrue par l'altitude, sont d'importants facteurs de danger : en témoignent les nombreux accidents de randonneurs constatés chaque été. Marcher en moyenne montagne suppose donc d'en connaître les contraintes et de respecter les règles élémentaires de sécurité, liées à l'altitude, au relief et au climat.

UNE CLIMATOLOGIE ET UNE MÉTÉOROLOGIE CONTRAIGNANTES

Le froid et les variations de température

La température de l'air diminue avec l'altitude. Sous nos latitudes, le thermomètre chute en moyenne de 0,6 °C par 100 m de dénivelée : à une température clémente de 20 °C à 1 200 m, succédera donc une température de 11 à 12 °C, 1 300 m plus haut, à 2 500 m d'altitude. Cette baisse de la température est d'autant plus sensible qu'elle intervient au moment même où le marcheur, un peu mouillé par la transpiration, parvient au sommet et veut profiter d'un moment de repos bien mérité. Le vent souffle souvent sur les sommets, les crêtes et les cols. Faute d'avoir prévu des vêtements chauds et un coupe-vent, la pause tant attendue se transformera en moment glacial, fatiguant et désagréable. L'air étant plus sec en altitude, les variations de température deviennent plus sensibles et rapides en montagne. Cela se traduit, notamment dès l'approche de la nuit, par un brutal refroidissement de l'air. Pour conclure, on ne dira jamais assez d'emporter des vêtements chauds et imperméables, pour parer les changements de temps et de température. Un froid sec est plutôt de bon augure au niveau météo, et limite les risques de chutes de pierres enchâssées dans la glace.

En moyenne montagne, même en été, il faut s'équiper pour parer les variations de température et les changements de temps. *Photo YL.*

La chaleur et le rayonnement solaire

Inversement, la chaleur peut devenir très intense en montagne. Les conséquences d'une exposition sans protection à un soleil ardent, ou d'un long effort en pleine chaleur, peuvent être graves. En haute altitude, la chaleur constitue par ailleurs un facteur d'aggravation des risques inhérents à la marche si le milieu est encore enneigé : elle fragilise les ponts de neige au-dessus d'un torrent ou permet le dégagement des pierres de leur gangue de glace. Durant le jour, le rayonnement solaire est plus intense, 1,5 fois plus élevé à 2 000 m qu'au niveau de la mer, 2,5 fois à 4 000 m. La peau ou les yeux

ACQUÉRIR DES RÉFLEXES

Cette énumération des risques météorologiques en montagne n'a pas pour but d'effrayer le lecteur, mais de l'inciter à la prudence. Certaines précautions simples doivent devenir des réflexes :

- consulter systématiquement le bulletin météo local avant de partir,
- surveiller la formation éventuelle de cumulo-nimbus durant la balade,
- être attentif aux signes annonciateurs de changement de temps (changement brusque de la direction du vent…),
- rebrousser chemin ou abréger la balade en cas de doute sur l'évolution du temps, particulièrement en cas de suspicion d'orage,
- quel que soit le temps, toujours emporter des vêtements de protection contre le froid, le vent, la pluie et le soleil. Peu importe s'ils restent au fond du sac.

Une averse est si vite arrivée ! *Photo FK.*

reçoivent donc une double dose de rayonnements ultraviolets et infrarouges. Non calorifiques, invisibles, peu filtrés par le brouillard ou les nuages, les ultraviolets (UV) sont les plus dangereux par leurs conséquences possibles : cancers de la peau, cataractes. Ces risques sont augmentés par la présence d'un manteau neigeux au sol, qui réfléchit 80 % du rayonnement solaire.

La rapidité des changements de temps

En moyenne altitude, il faut savoir qu'une tempête de neige ou de grésil peut survenir en été. Ces brusques changements de temps, caractéristiques en montagne, ont surpris plus d'un randonneur expérimenté, parti le matin même alors que le beau temps régnait. Il peut arriver qu'un brouillard épais s'installe inopinément, la question de poursuivre la randonnée ou de faire demi-tour doit alors se poser. Mais le plus spectaculaire, c'est quand un orage éclate ! Avant de l'avoir vécu en effet, il est difficile de se représenter la violence d'un orage en montagne. Se formant au cœur des cumulo-nimbus, il peut surgir brusquement, précédé par de fortes bourrasques de vent, accompagnées d'une chute marquée de la température et de violentes précipitations : pluie, grésil ou neige.

LES EFFETS PHYSIOLOGIQUES DE L'ALTITUDE

La raréfaction de l'oxygène

Sous nos latitudes, on observe que la pression atmosphérique diminue d'1/3 dès que l'on atteint 3 000 m d'altitude. À la diminution de la pression correspond une raréfaction proportionnelle de l'oxygène : à 3 000 m, le marcheur ne dispose que des 2/3 de sa ration normale d'oxygène. Mais on considère que ce phénomène de déficit en oxygène peut apparaître dès que la limite des 2 000 m d'altitude est franchie.

Pour compenser cette baisse d'oxygène, l'organisme va augmenter son débit cardiaque (le cœur bat plus vite) et accélérer son rythme respiratoire. À effort égal, l'essoufflement sera donc plus important. À moyen terme, l'organisme va générer un plus grand nombre de globules rouges, pour accroître les possibilités de transport de l'oxygène dans le corps. L'augmentation du nombre de globules rouges est maximale au bout de 8 à 10 jours passés en altitude.

Chez certains sujets, l'exposition à l'altitude, même modérée (2 500 m) peut générer une pathologie spécifique, dont la plus courante est le mal aigu des montagnes (aussi appelé MAM, voir encadré p. 102).

Le réveil des maux dentaires

On ne le sait pas toujours, mais l'altitude accentue souvent de façon spectaculaire les problèmes dentaires, transformant par exemple la gêne que peut occasionner une simple carie, en une rage de dents lancinante et douloureuse. Avant de partir randonner en montagne, une visite de contrôle chez le dentiste s'impose.

Randonnée sur le mont Lozère
Photo NV.

DES ÉQUIPEMENTS SPÉCIFIQUES POUR LES PASSAGES ENNEIGÉS

• Si l'usage régulier du piolet et de la corde ne relève pas de la randonnée, mais de l'alpinisme, ce matériel peut être très utile ponctuellement, voire indispensable, sur des passages couverts de neige dure, où les bâtons de marche sont insuffisants. Il peut donc être judicieux de les emporter, notamment en début d'été, ou lorsque l'enneigement persiste de façon tardive.

• Marcher avec des crampons ne s'improvise pas. S'il est probable que le parcours comporte des passages enneigés, familiarisez-vous au préalable avec le matériel. Il est en effet désagréable d'être confronté à un névé, un peu raide et impressionnant, sans s'être auparavant interrogé sur la fixation des crampons sur les chaussures, ou sur la meilleure façon de marcher, sans s'emmêler les pieds dans les crampons et les lanières.

Photo YL.

LA MARCHE EN MONTAGNE

Un effort physique plus soutenu

Marcher en montagne est physiquement plus exigeant qu'en plaine. Les montées demandent parfois des efforts soutenus. Si les descentes sollicitent moins l'appareil cardiaque et respiratoire, elles continuent à mobiliser, parfois de façon éprouvante, les muscles et les articulations des membres inférieurs, d'autant plus si l'on est chargé.

Partir randonner en montagne sans aucune expérience de la marche, ou sans entraînement récent, ou encore dans une forme physique médiocre, est évidemment un facteur d'inconfort et de risque, susceptible de provoquer des pathologies handicapantes telles que crampes, tendinites… La fatigue augmente également les risques d'accidents par inattention ou négligence : entorses, chutes… Quelques sorties d'au moins 15 à 20 km sont ainsi opportunes avant de partir en montagne. Pour les raisons de confort et de sécurité que nous avons évoquées plus haut, on ne partira pas en montagne sans vêtements de protection, ni en chaussures de tennis. Les différents matériels seront choisis en fonction du type de randonnée et de leurs qualités techniques (voir chapitre 4).

La peur du vide

Être confronté au vide ou à de fortes pentes peut provoquer chez certains une légère tension, voire, pour d'autres, une véritable angoisse. La sensation de vertige

La sensation de vertige n'est pas toujours facile à maîtriser. *Photo DG.*

résulte d'une appréhension normale face au vide, et relève de l'instinct de survie. Elle peut être dominée progressivement par l'expérience,en prenant l'habitude d'évoluer près du vide, sur des ponts, le long de corniches. Quant aux formes de vertige persistantes qui se rapprochent davantage d'une phobie, elles peuvent justifier une approche thérapeutique de désensibilisation. Il faut savoir qu'en randonnée, une personne prise de vertige peut au pire mettre en péril tout un groupe : en refusant d'avancer ou de reculer, elle peut stopper la progression et communiquer sa panique. Le mieux évidemment est de ne pas perdre son sang-froid et de lui venir en aide, doucement, avec humour, mais avec fermeté.

SAVOIR RECONNAÎTRE LES SECTEURS À RISQUE

Le respect des règles élémentaires de prudence durant la marche est plus que jamais impératif en montagne, mais il importe également de savoir reconnaître les zones potentiellement dangereuses, soit pour les éviter, soit pour les traverser en adaptant au mieux son comportement.

Les barres rocheuses et les falaises

• Il arrive qu'un itinéraire de randonnée longe la partie supérieure d'une barre rocheuse ou chemine à mi-falaise sur une vire, ces sentiers à même la paroi. Le risque est évidemment de trébucher ou de glisser en dehors du sentier : une chute de quelques mètres peut être dramatique. (Les chaussures à semelles lisses sont évidemment proscrites.) Si des enfants participent à la sortie, emporter éventuellement un bout de corde de 8 mm, deux sangles et deux mousquetons pour pouvoir les assurer dans un passage délicat.

• Quitter le sentier principal en pensant être capable, comme une chèvre, de se glisser le long des parois et de sauter de rocher en rocher

Photo FK.

Certains passages à risque exigent la vigilance. *Photo YL.*

est d'évidence un comportement risqué. Il faut savoir qu'il est toujours plus facile, paradoxalement, de monter que de descendre, et que l'un des pièges classiques de ce type d'aventure est de se retrouver coincé dans un passage rocheux, sans pouvoir accéder plus haut, ni redescendre sur ses pas.

Les barres rocheuses peuvent devenir extrêmement dangereuses en cas de pluie et de brouillard. Si les prévisions météorologiques n'annoncent pas un temps dégagé, renoncer et choisir un autre but de sortie.

Les pentes

L'herbe mouillée, gelée, ou au contraire très sèche, peut transformer une pente un peu raide en véritable terrain de glisse à l'issue incertaine (rochers, torrent, obstacle). C'est pourquoi il est fortement imprudent, dans ce cas, de céder à l'envie de « couper », pour gagner du temps par exemple. De la même façon, progresser sur un sol incliné constitué de dalles de schistes ou recouvert de neige dure peut provoquer des dérapages.

Les zones de rochers

Chute ou dégringolade dans la pente entraînant coups et blessures, les conséquences d'un éboulement, même peu important, peuvent être très graves, voire mortelles.

Les couloirs, les pierriers constituent des déversoirs naturels, dans lesquels il est conseillé de porter un casque. La meilleure protection étant la vigilance, sachez reconnaître ces zones à risque et passez vite votre chemin. Le risque de chute de pierres est accru par temps de pluie ou au printemps, lorsque le soleil réchauffe les parois rocheuses, détachant les pierres figées par le gel. Méfiance également si vous marchez en contrebas de randonneurs ou de chamois, leurs déplacements peuvent faire rouler des pierres.

Les torrents

Au printemps et en été, du fait de la fonte des neiges, les torrents grossissent au cours de la journée ; ils peuvent aussi monter très brusquement en cas de fortes précipitations. Si le gué est devenu infranchissable, il est inutile de s'obstiner à passer malgré tout, la force de l'eau, glaciale de surcroît, étant insoupçonnable : il est préférable de chercher un autre passage, ou d'attendre. Malgré leur apparente solidité, les ponts de neige au-dessus des torrents sont souvent dangereux, car fragilisés par l'eau se déversant en dessous : ils peuvent se rompre sous le poids du marcheur. Si l'itinéraire longe en aval un barrage ou une retenue d'eau, se renseigner au préalable sur d'éventuels lâchers d'eau.

Photo DG.

En milieu humide ou lors de la fonte des neiges, certains terrains peuvent devenir glissants. *Photos DG.*

Les lapiaz

Creusés par les eaux au fil du temps, les lapiaz sont ces rainures que l'on trouve à la surface des vastes étendues calcaires désertiques, plus ou moins plates. Par endroits, il peut s'agir de véritables crevasses minérales : c'est pourquoi il ne faut jamais s'aventurer sur ces terrains par brouillard ou lorsqu'ils sont enneigés.

Randonner dans les espaces naturels protégés

Photo DG.

Les formes de balisage diffèrent selon les initiateurs des sentiers. *Photo YL.*

En France, 10 % du territoire est classé en zone naturelle protégée, dont 3 % bénéficient d'une protection forte et très réglementée. Le grand public, qui voit d'abord dans ces territoires des espaces privilégiés pour la pratique de la promenade et de la randonnée, ne connaît pas toujours les différences existant entre parc national, parc naturel régional et réserve naturelle. Les logiques d'aménagement et le cadre régissant la pratique de la randonnée n'y sont pas identiques.

LES PARCS NATIONAUX

La création d'un parc national relève de la décision de l'État. Son objectif premier étant la préservation des milieux naturels, il est prévu que le décret fondateur du parc – ou des arrêtés ultérieurs pris de façon circonstanciée – puisse limiter ou interdire « toute action susceptible de nuire au développement naturel de la faune, de la flore » y compris « la circulation du public quel que soit le moyen emprunté… ». Les parcs sont des espaces à découvrir à pied, c'est pourquoi ils attirent bon nombre de randonneurs.

Il existe 7 parcs nationaux en France : le parc national des Cévennes, des Écrins, de Guadeloupe, du Mercantour, de Port-Cros, des Pyrénées et de la Vanoise. Deux nouveaux parcs seront prochainement créés : les Hauts de La Réunion et le Plateau de Guyane.

D'une façon générale, le code de bonne conduite à respecter dans les parcs est le suivant :
- ◇ pas de chien, même tenu en laisse – pour la tranquillité des animaux sauvages et domestiques ;
- ◇ ni cueillette ni prélèvement ;
- ◇ pas d'arme ;
- ◇ pas de déchets ;
- ◇ ni bruit, ni dérangement ;
- ◇ pas de camping ; le bivouac, réglementé, est

Jeune marmotte. *Photo NV.*

parfois autorisé sous conditions ;
- ◇ pas de feu pour éviter les incendies et les dégradations du sol ;
- ◇ pas de véhicule, circulation interdite en dehors des voies autorisées ;
- ◇ pas de parapente ou autres sports aériens à moins de 1 000 m du sol.

Selon les parcs, d'autres restrictions peuvent être ponctuellement décidées comme l'interdiction de sortir des sentiers, ou l'instauration de zones refuges pour le repos ou la reproduction de certaines espèces animales, inaccessibles aux visiteurs. Des gardes assermentés parcourent le site pour faire respecter la réglementation.

Parallèlement à cette protection forte et contraignante, les parcs nationaux s'efforcent de faciliter la découverte et la compréhension des milieux naturels par les visiteurs. Les parcs sont donc riches en itinéraires balisés, panneaux pédagogiques, sentiers thématiques, et les ouvrages qu'ils publient sont soignés et instructifs. Certaines animations sont également proposées, comme des balades guidées par des gardes moniteurs, des soirées contes dans les refuges, etc.

Randonneurs dans les Pyrénées, dans les années 1950. *Photos FG.*

MARCHER DANS LES PARCS NATURELS RÉGIONAUX

En partenariat avec la Fédération des parcs naturels régionaux, La FFRP a publié de nombreux topo-guides® de sentiers de Petite Randonnée (PR®) consacrés à la découverte de ces espaces protégés. Citons pour exemple les titres suivants : *Le parc naturel régional des Grands Causses à pied®*, *Le parc naturel régional de l'Avesnois à pied®*, *Le parc naturel régional de Lorraine à pied®*, *Le parc naturel régional du Lubéron à pied®*, *Le parc naturel régional du Pilat à pied®*, *Le parc naturel régional de la Chartreuse à pied®*. De nombreux autres topos-guides® proposent des itinéraires dans les parcs de Corse, des volcans d'Auvergne, du Cotentin, des Vosges du nord, etc.

Les dunes du Marquenterre, dans la Somme, sont une réserve naturelle. *Photo NV.*

LES PARCS NATURELS RÉGIONAUX

Initiés par les collectivités territoriales et soumis à l'approbation du ministère de l'Écologie et du Développement durable, les actuels 40 parcs naturels régionaux en France ont pour vocation la protection du patrimoine naturel et culturel local, la contribution au développement économique ainsi que l'accueil et l'information du public. Il n'existe pas de réglementation spécifique liée au statut de parc naturel régional, ni de protection forte systématique des espaces naturels (certains espaces au sein d'un parc naturel régional peuvent avoir un autre statut).

Vue sur Aregno en Corse. *Photo NV.*

De nombreux itinéraires de randonnée pédestre ont été aménagés dans les parcs naturels régionaux, offrant des circuits souvent surprenants, loin des foules, et ponctués d'hébergements de qualité. Des balades guidées et d'autres animations de découverte des milieux y sont aussi proposées. Tous les renseignements s'affichent sur le site internet de la Fédération des parcs naturels régionaux : www.parcs-naturels-régionaux.tm.fr.

LES AUTRES ESPACES NATURELS PROTÉGÉS

Les réserves naturelles

La fonction des réserves consiste à protéger un type d'habitat, une espèce végétale ou animale. Ces espaces ne sont pas voués spécialement à l'accueil du public. Certaines réserves naturelles affichent une ouverture résolue aux randonneurs, d'autres souhaitent rester peu fréquentées. Les règles de protection des milieux et de fréquentation par le public y sont proches de celles des parcs nationaux.

Les sites du Conservatoire du littoral

Mal connu du public, le Conservatoire de l'espace littoral et des rivages lacustres est chargé de protéger définitivement des espaces naturels et des paysages, situés sur les rivages maritimes et lacustres. Pour cela, il mène une politique foncière active en acquérant à l'amiable, par préemption – ou plus rarement par expropriation – des terrains fragiles ou menacés. Depuis 1975, date à laquelle il a été créé, cet établissement public a considérablement contribué à sauver les bords côtiers de la pression touristique et immobilière, de l'urbanisation et de l'aménagement. Au 1er janvier 2004, le Conservatoire est propriétaire de 530 sites, représentant 71 000 ha ou 861 km de côte, soit près de 10 % du linéaire côtier, répartis tout le long des côtes françaises, des dunes de Bray près de Dunkerque, aux côtes varoises ou au littoral corse. Une fois remis en état, ces sites sont ouverts au public, dans la limite de la compatibilité avec la préservation des milieux naturels. Les marcheurs y trouveront des itinéraires de découverte et d'interprétation, et des sentiers balisés, parfois assez longs, comme le sentier de Grande randonnée GR® 34 en Bretagne ou les sentiers GRP® en Corse. Les visites commentées ou les animations fréquemment organisées par les gardes ou des guides naturalistes, permettent de poser un autre regard sur les milieux, à travers par exemple la connaissance des oiseaux ou de la végétation dunaire. Dans tous les cas, ces sites constituent de précieux espaces de balade, avec vue sur la mer… (Informations sur le site du Conservatoire : www.conservatoire-du-littoral.fr.)

La zone protégée de Saziley, sur l'île de Mayotte, est l'un des sites du Conservatoire du littoral. *Photos DG.*

Randonner en ville

AU FIL DES RUELLES ET SUR LES PLACES

Phénomène nouveau : on randonne maintenant en ville. Libre de marcher selon son inspiration et de laisser place au hasard, le randonneur urbain peut aussi décider d'explorer un quartier ou construire un parcours thématique à l'aide d'un guide touristique. Pour répondre à un besoin croissant du public, les communes et les offices du tourisme sont de plus en plus nombreux à avoir créé des circuits historiques pour piétons. Balisés ou non, parfois jalonnés de bornes d'information, ces circuits sont le plus souvent instructifs et insolites : certaines balades thématiques, comme le parcours des peintres fauvistes à Collioure ou le circuit à travers les traboules à Lyon, constituent des moments à part, surprenants de dépaysement. À Paris, les balises jaune-rouge qui sont la marque des GR® de pays, vous guideront d'un ancien faubourg à un autre. Vous pourrez découvrir de petites merveilles : la statue du passe-muraille de Marcel Aymé, ou les aqueducs et regards édifiés pour l'alimentation en eau de la capitale.

De nombreuses communes en France ont développé des circuits historiques et culturels. Ci-dessus, promenade le long de l'Yonne à Auxerre. *Photo NV.*

EN FAMILLE

Les circuits urbains se prêtent souvent bien à des balades le week-end, ou aux visites touristiques pendant le temps des vacances. Les uns sont en poussette, et si le parcours le permet (parc, allées aménagées), les plus grands peuvent suivre à vélo, à trottinette ou à rollers. Les promenades urbaines peuvent être aussi très divertissantes pour les enfants si l'on sait trouver les idées qui stimuleront leur curiosité. Une montée en funiculaire, un tour des remparts, la visite d'un beffroi ou encore la découverte d'un labyrinthe végétal seront à coup sûr des projets stimulants ! Reste la circulation automobile : rester vigilant, éviter les grands axes et les carrefours importants.

Photo NV.

PRÉPARER SA BALADE

Pour éviter de piétiner parmi la foule – un samedi après-midi par exemple – ou de rater l'animation d'un grand marché, penser à choisir la bonne heure de départ et le bon jour de sortie. Sur le macadam, les chaussures à semelles crantées ne sont pas, a priori, indispensables. Il est cependant plus approprié de prendre des chaussures de randonnée si l'on envisage de marcher quelques heures sur un sol pavé, pour gravir des escaliers, etc. Consulter au préalable un guide touristique ou emporter un guide de randonnée pédestre vous permettra de mettre à profit votre escapade : circuit choisi, précisions historiques, sites à ne pas manquer, horaires de visites, etc. De nombreux points d'intérêt signalés dans les guides (escaliers, cours, jardins) sont situés dans des propriétés privées, montrez-vous donc discrets et respectueux des habitants. Les toilettes publiques sont souvent indiquées dans les topo-guides® que publie la FFRP.

PARIS À PIED® : UN OUVRAGE PRÉCURSEUR

En 1995, la FFRP publie son premier topo-guide® urbain : *Paris à pied*. Extrêmement bien documenté, passionnant sur le plan historique et abondamment illustré, cet ouvrage – d'un genre nouveau – propose au parisien deux traversées à pied de la capitale, d'une distance de 20 km chacune. La première, tracée d'ouest en est, le conduit du bois de Boulogne au bois de Vincennes ; la deuxième le guide du nord au sud, de la porte de la Villette au parc Monsouris. La randonnée n'est plus uniquement synonyme de nature, de dépaysement : elle devient une récréation culturelle et minérale, au cœur de la ville et du béton. Forte du succès de ce premier ouvrage, la FFRP lance d'autres titres visant l'exploration de la capitale : *Parcs et jardins de Paris à pied®*, *Collines et villages de Paris à pied®*, *Les sentiers de la Seine dans Paris®*. La collection « Une ville à pied » s'enrichit progressivement d'autres titres sur Tours notamment, Toulouse, Strasbourg et Marseille. Depuis quelques années, d'autres éditeurs ont publié des guides de balades en ville : l'offre s'est considérablement accrue et les citadins ont maintenant l'embarras du choix.

À droite : *photo NV.*
Ci-dessous : *photo DG.*

Randonner en conditions plus difficiles

RANDONNER EN HIVER

Un contexte plus exigeant

Randonner en hiver est faisable, si l'on se limite à cheminer à basse ou moyenne altitude, en deçà des terrains enneigés. Quelques précautions sont toutefois requises :

Photo YL.

- Prévenir le risque météorologique pour ne pas se trouver confronté au mauvais temps et à des chutes de neige.
- S'équiper correctement en fonction des températures hivernales, pouvant atteindre - 10 °C, voir moins, en montagne.
- Même par temps clément, toujours emporter au fond du sac des vêtements chauds : bonnet, gants, couverture de survie, etc. Un incident peut vous immobiliser quelques heures, et les températures baissent très vite en fin d'après-midi, surtout par temps dégagé.
- Aborder prudemment les passages rendus délicats par le verglas, la glace, ou des restes de neige, notamment à proximité de cascades ou rivières, sur les pentes ou les sections rocheuses.
- Enfin, un détail important : la nuit survient tôt en hiver, aussi faut-il correctement estimer le temps de marche et prévoir de rentrer à temps.

À pied dans la neige ?

La présence de la neige modifie radicalement les conditions extérieures, rendant la pratique de la randonnée quasiment impossible, du moins à pied.

MARCHER AUTOUR DES STATIONS DE SPORTS D'HIVER

Depuis longtemps, les stations de ski de Suisse et d'Autriche balisent des sentiers pédestres, pour offrir aux promeneurs de vrais circuits dans la neige. Ces itinéraires sont damés et entretenus, et s'il le faut, les marcheurs s'équipent de petits crampons fixés sous les semelles, appelés « glisses–pas ». Depuis quelques années, les stations françaises ont commencé à créer des sentiers pédestres d'hiver, où se côtoient piétons et raquettistes débutants. Le mieux est de rechercher des stations de moyenne montagne et de s'y rendre plutôt en dehors des vacances d'hiver pour échapper à la foule.

Même sur relief plat ou modéré, progresser à pied dans la neige fraîche ou molle est physiquement épuisant, et entraîne rapidement le refroidissement des pieds, inévitablement trempés en peu de temps. Cela ne peut s'envisager que sur de très courts passages. Une neige durcie portera mieux le marcheur, mais s'avère souvent trop glissante pour y marcher durablement. Ou alors la croûte casse sous les pas, ce qui n'est pas dangereux, mais rend la progression très pénible.

Pour profiter de l'ambiance si particulière des paysages enneigés, il vous faudra alors penser raquettes à neige, ski nordique ou ski de randonnée.

Marcher avec des raquettes

De nombreux randonneurs sont devenus adeptes de la raquette en hiver. Même si la parenté avec la randonnée pédestre est évidente, il ne faudrait pas s'imaginer que la simple fixation de raquettes sous ses chaussures suffise pour la pratique de cette activité sportive. La raquette à neige nécessite un apprentissage spécifique : l'environnement du milieu montagnard, des conditions climatiques plus difficiles, les difficultés pour se repérer dans un paysage enneigé, le rythme de progression plus lent, des efforts musculaires différents, en font une discipline à part entière.

La raquette à neige nécessite un apprentissage spécifique. *Photos YL.*

Depuis quelques années, de nombreux itinéraires ont été aménagés pour les raquettistes, autour des stations de ski alpin ou des sites nordiques. Toujours balisés, souvent

Pour les jeunes, la raquette est une manière ludique de s'initier à la randonnée. *Photo YL.*

damés, en général « fermés » le soir par des pisteurs, ils procurent une bonne sécurité aux pratiquants. Si la plupart des circuits sont accessibles à tous, certains assez longs (10 à 15 km, soit 5 à 6 heures de marche) exigent davantage d'endurance et d'entraînement. Selon les sites, l'accès aux itinéraires raquettes est payant.

Pour partir sans accompagnateur qualifié en dehors des itinéraires aménagés, une bonne expérience de la randonnée en été ne suffit pas. Il est indispensable de bien connaître les risques inhérents à la montagne enneigée, en premier lieu les risques d'avalanche. Loin d'être l'apanage de la haute montagne, les avalanches se déclenchent également en moyenne montagne, même sur de faibles pentes, sur des versants boisés, etc. Passer au pied de pentes abruptes représente évidemment un danger.

L'autre écueil, et pas le moindre, réside dans la profonde transformation du terrain par la présence du manteau neigeux : une pente perçue comme banale en été, peut devenir un véritable toboggan en hiver. De même, entreprendre la traversée d'un torrent gelé peut réserver de cruelles surprises ; sur un lapiaz, la neige peut dissimuler des crevasses. De façon générale, une partie des itinéraires d'été est impraticable en hiver. Une bonne connaissance du milieu enneigé est donc requise. Il faut savoir que les raquettes accrochent mal sur la neige dure, et que même les modèles les plus perfectionnés, dotés de griffes d'accroche sous le tamis ou de couteaux adaptables, ne peuvent pas remplacer l'usage de vrais crampons de montagne.

À SAVOIR !

La marche avec des raquettes se révèle toujours plus lente qu'à pied, de l'ordre de 2 km/h. Les descentes ne permettent qu'une faible accélération du rythme de marche.

Aussi, le manteau neigeux modifie profondément le paysage : certains repères disparaissent. Une bonne familiarité avec les techniques d'orientation est préférable, car si se repérer est parfois délicat en été lorsque le brouillard survient, le même exercice devient quasiment impossible sans GPS, lorsque neige et brouillard se conjuguent, et si, de plus, le vent efface les traces…

Enfin, il est évident que toute improvisation est à bannir, comme celle qui consiste à suivre les traces de skieurs ou d'autres marcheurs, hors sentiers balisés : elles peuvent vous conduire vers de grandes difficultés. Attention donc à ne pas aller n'importe où et, penser aussi à l'impact des traces de raquettes sur un paysage de neige vierge.

Ce rapide – et sombre – tableau de la montagne en hiver ne vise pas à faire renoncer à la pratique de la raquette, source de plaisirs immenses, mais à inciter chacun à se poser les bonnes questions et à prendre les précautions indispensables avant de partir : acquérir un minimum de connaissances sur le milieu enneigé, se renseigner précisément sur les conditions nivologiques et météorologiques, s'interroger sur l'itinéraire projeté en l'imaginant sous la neige – sans se contenter de ses souvenirs de l'été. Le plus sûr reste de faire appel à un accompagnateur en montagne, que ce soit pour une randonnée itinérante ou un séjour comportant des sorties quotidiennes.

LES ANIMAUX ET « LE STRESS »

En hiver, le dérangement d'un animal par un promeneur ou par son chien peut entraîner des conséquences insoupçonnables : pris de panique et obligé de détaler dans la neige, un chamois dépensera dix fois plus de calories qu'en restant au repos. Un tétras-lyre, espèce en voie de disparition, peut mourir d'épuisement du simple fait d'avoir été contraint à fuir…

Préserver la tranquillité des animaux

L'hiver constitue toujours une période délicate pour la faune et la végétation, même si leurs organismes ont développé des stratégies d'adaptation remarquables. La plupart des espèces animales sont confrontées à la raréfaction de la nourriture, conjuguée au besoin de se défendre contre le froid. Survivant essentiellement sur les réserves de graisse accumulées durant l'été, les animaux doivent économiser leurs forces et réduire leurs déplacements au strict minimum. Veillez donc à ne pas déranger la faune sauvage,

Ci-dessus : empreintes d'un lièvre variable. *Photo YL.*
À gauche : *photo NV.*

Les drapeaux à prières flottent au-dessus des sentiers népalais. *Photo TB.*

d'autant que la moyenne montagne constitue pour elle une zone de refuge. Laissez de préférence votre chien à la maison, évitez les incursions dans les sous-bois et les fourrés, observez les traces des animaux, sans vouloir les suivre.

RANDONNER EN ALTITUDE

Quel randonneur n'a pas rêvé de partir pour l'Himalaya ou de parcourir les Andes ? De se lancer à l'assaut des plus hautes montagnes du globe, les yeux dans le bleu profond du ciel, tranchant avec le blanc surréaliste des sommets ? Dans ces régions du monde, l'univers de la montagne commence à l'altitude où nos montagnes d'Europe culminent : le marcheur y franchit des cols à plus de 4 000 m, voire 5 000 m, au sommet desquels flotte un drapeau à prières : parvenir jusque-là signifie aussi pénétrer un univers empreint de légendes, et plonger au plus profond d'une culture. La difficulté de marcher dans ces hautes montagnes ne sera pas tant la neige, passagèrement présente au détour d'un col plus élevé, que les effets de l'altitude. Réaliser un trek en haute altitude implique d'abord d'être prêt à accomplir un effort physique considérable, et à se dépasser.

• Se doter d'un matériel irréprochable

En altitude, l'équipement doit être à la fois technique et simple, léger et compact, et d'une parfaite solidité. Un sac à dos de grande contenance (environ 80 l) conviendra si vous êtes en autonomie, un sac marin et un sac à dos d'environ 40 l pour une journée suffiront, si vous avez recours au portage. La randonnée en altitude nécessite d'investir dans du matériel confortable et de qualité : chaussures à tige haute avec membrane Sympatex® ou Gore-tex®, sous-vêtements chauds, polaire et veste imperméable respirante, un bon bonnet et une paire de gants pour les coups de froid, un duvet prévu pour des températures

Un shorten est un monument d'inspiration bouddhique que l'on trouve sur les sentier népalais. *Photo YL.*

inférieures ou égales à - 20 °C – le soir, le thermomètre peut chuter considérablement.

Pour chauffer les aliments, inutile de compter sur du bois à ces altitudes : le réchaud est indispensable. Il faudra choisir entre les différents types de carburants. Le plus simple, l'alcool, a pour inconvénient de manquer de puissance. Le gaz, au contraire très puissant, peut geler à basse

Les grands treks en altitude, ici en Amérique du sud, exigent un matériel irréprochable. *Photo TB.*

température, et les cartouches de rechange sont parfois difficiles à trouver sur place, alors que leur transport par avion est interdit. Enfin les réchauds à base de dérivés pétroliers (essence, gazole, naphtaline, kérosène) demandent un certain coup de main et des précautions de transport et d'emploi, mais fonctionnent dans toutes les conditions, avec un carburant disponible partout.

• S'acclimater à l'altitude et progresser raisonnablement

L'homme n'est pas fait pour vivre en haute altitude, et la randonnée à plus de 5 000 m exige une très bonne condition physique et morale préalable, une acclimatation sérieuse et progressive, et une bonne écoute de son corps. Faute de cela, elle peut s'avérer réellement dangereuse.

Nous l'avons vu (voir p. 84 : « Les effets physiologiques de l'altitude »), le manque d'oxygène – à 5 000 m, il y a deux fois moins d'oxygène qu'au niveau de la mer – est compensé dans un premier temps par une hyper ventilation, remplacée au bout de quelques jours par une production plus importante de globules rouges. En cas de mauvaise acclimatation, on risque d'être victime du mal aigu des montagnes. Si théoriquement ce mal peut apparaître dès 2 500 m, il est réellement à craindre au-delà de 3 500 m, pouvant entraîner des œdèmes pulmonaires, cérébraux, le coma, voire la mort. Aucune préparation ne permet d'éviter ces problèmes et, avoir déjà franchi des cols sans souci, ne peut en aucun cas être une garantie pour la suite. L'acclimatation graduelle est donc le seul moyen de s'en préserver. Pour cela il est impératif de ne pas dépasser 500 m de dénivelée par jour et de veiller à son hydratation.

LE MAL AIGU DES MONTAGNES

Les troubles peuvent apparaître après quelques heures seulement, passées en altitude. Selon les individus, ils se traduisent par des maux de tête plus ou moins violents, des vertiges, des bourdonnements d'oreille, des nausées, voire des insomnies, associés parfois à un essoufflement inhabituel et des palpitations.

Savoir décrypter ces premiers symptômes du mal aigu des montagnes peut sauver une vie. Pour cela il existe un classement simple à base de points, permettant de juger au mieux d'une situation. Les symptômes sont classés en trois catégories : maux de tête, manque d'appétit, insomnie et vertiges valent 1 point ; vomissements et maux de tête résistants à l'aspirine valent 2 points ; essoufflement au repos et diminution de la diurèse valent, quant à eux, 3 points.

Un bilan global compris entre 1 et 3 requiert une prise de paracétamol, le ralentissement de la progression, voire une journée de repos à la même altitude. Un total compris entre 4 et 6 demande un arrêt dans la progression. Dans les deux cas, s'il n'y pas d'amélioration dans les 24 heures, il faut perdre de l'altitude, descendre de 500 à 1 000 m peut suffire.

Pour un total supérieur à 6, il devient impératif de descendre sans attendre.

Chacun présente des prédispositions différentes à l'acclimatation et au mal aigu des montagnes, mais le risque de déclenchement semble favorisé par une montée trop rapide, un état de fatigue ou d'anxiété. Mieux vaut prendre son temps pour prendre de l'altitude, au besoin échelonner la progression sur plusieurs jours.

En cas de problème grave, l'utilisation d'un caisson hyperbare (Certec®) permet de sauver une vie.
Photo YL.

À altitude égale, il faut savoir que la pression atmosphérique, et donc la quantité d'oxygène, diminue de façon sensiblement plus rapide au niveau des pôles. Inversement cette diminution est moins marquée au niveau de l'équateur. Cette différence est liée à l'inégale épaisseur de la troposphère qui enveloppe le globe, 18 km à l'équateur, et 7 km à la hauteur des pôles. Mieux vaut faire votre premier 5 000 m près de l'équateur qu'en Antarctique !

Photo YL.

Questions d'éthique

Partir pendant plusieurs jours ou plusieurs semaines en haute montagne suppose souvent de prévoir une autonomie complète en nourriture, et donc l'utilisation de moyens de portage. Mulets et chevaux sont capables de supporter de lourdes charges, mais ils résistent assez mal à l'altitude, au froid et à la neige. Yacks et lamas sont, quant à eux, de véritables animaux d'altitude, mais certains sentiers ne sont pas suffisamment larges, ou sont trop escarpés, pour permettre leur passage. Dans certaines régions, on utilise alors le portage à dos d'homme. Faire porter plus de 30 kg par un autre homme pour ses propres loisirs pose inévitablement des questions d'ordre éthique : il n'existe pas de réponse satisfaisante et la réflexion appartient à chacun. Toutefois, avant de décider si oui ou non, vous utiliserez des porteurs, sachez que ces hommes sont le plus souvent correctement payés, par rapport aux normes locales. Il n'est pas rare, également, que le portage s'inscrive dans une tradition culturelle, comme au Népal. Le portage par des enfants, fréquent, aiguise les interrogations et les cas de conscience : faut-il refuser cette exploitation d'une main-d'œuvre à coût minime, ou accepter que cela soit l'unique source de revenu pour des enfants habitant des vallées isolées ? Quoi qu'il en soit, toujours respecter les règles et les lois locales relatives au portage : poids maximal des charges, âge minimal des porteurs, prix du kilo transporté, etc. Si vous décidez de faire

Selon le pays et les habitudes locales, le portage se fait à dos de mulets, chevaux, lamas, chameaux, yacks, ou à dos d'homme. *Photo TB.*

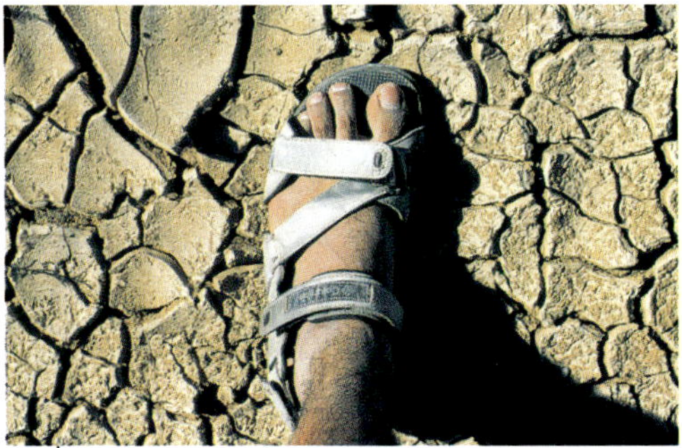

Photo TB.

appel à des porteurs, intégrez-les d'entrée à votre voyage. Vous partagerez leur quotidien, et cette expérience n'en sera que plus sympathique pour tous.

RANDONNER DANS LE DÉSERT

Il n'existe pas un, mais des déserts – de sable, de dunes ou de pierres… Tous présentent pour caractéristiques communes l'isolement et une population extrêmement réduite, regroupée autour des points d'eau. Les niveaux de difficulté liés à la randonnée peuvent différer profondément selon les régions : en fonction de la topographie, du degré d'éloignement, et du type d'infrastructures existantes – pistes, oasis. Mais une fois le virus contracté, il devient difficile de ne pas répondre à l'appel du désert.

Les modes de randonnée dans le désert

• La randonnée chamelière est la formule la plus simple, le randonneur marchant tout au long de l'itinéraire alors que ses bagages sont transportés à dos de chameau. Ces périples d'une ou deux semaines ne demandent pas de condition physique exceptionnelle, même si certains itinéraires sont un peu plus engagés que d'autres.

• La méharée : ce mode de randonnée s'inspire directement de la tradition de la caravane, le randonneur alternant marche à pied et monte sur le chameau. Les dis-

Mauritanie : mise au point de l'itinéraire par le guide et le chef chamelier. *Photo TB.*

tances journalières parcourues étant relativement longues (environ 30 km), il est recommandé d'être un tant soit peu entraîné et en bonne forme physique ; car même si vous décidez de rester toute la journée sur le dos du chameau, la fatigue se fait très vite ressentir.

La méharée alterne la marche à pied et la progression à dos de chameau. *Photo TB.*

• Les grandes traversées : très proche de la logistique d'expédition, l'engagement y sera à la fois physique et mental. La plus connue reste la mythique traversée Tamanrasset-Djanet, en six semaines.

• Enfin, certaines zones trop arides (désert de pierres, bordures de massif), exemptes de pâturages, empêchent la présence des chameaux. Des véhicules 4 x 4 sont employés pour assurer la logistique.

Un rythme particulier

La randonnée saharienne fonctionne selon une organisation horaire qui lui est propre : lever matinal pour commencer la progression avant les grosses chaleurs, arrêt entre 11 h et 15 h pour un repos – si possible à l'ombre –, puis reprise de la marche jusqu'à la tombée de la nuit. Les soirées autour du bivouac constituent les moments majeurs de ce type de randonnée. Un plaisir indescriptible et inoubliable : celui de rentrer au plus profond de son sac de couchage et d'ouvrir grand les yeux pour observer la voûte céleste au-dessus de soi ! Une expérience à vivre absolument. Le jour, la randonnée peut paraître un peu répétitive, mais c'est aussi ça, l'esprit des grands méharistes : perdre un peu de ses repères au milieu des étendues de sable.

Un équipement double

Léger, léger, et encore léger, voilà la qualité essentielle que vous devez rechercher dans le choix de votre équipement : privilégier les textiles respirants au séchage rapide ; vos chaussures doivent pouvoir évacuer la transpiration, prévoyez aussi des sandales de marche, très agréables par temps chaud. Attention, le soir, l'air fraîchit sérieusement et il n'est pas rare que le thermomètre frôle les 0 °C la nuit ! Prévoyez donc des affaires chaudes pour le bivouac.

Se protéger de la lumière et s'hydrater

Les déserts chauds font partie des milieux les plus sains qui soient. En effet, la faible densité de population et, l'absence de cours d'eau et d'animaux pouvant véhiculer des maladies, font du désert un havre de paix microbien. Cependant, s'armer de protections efficaces contre la chaleur et le rayonnement solaire est obligatoire : crème solaire, lunettes et chapeaux sont de rigueur ! Sous ces climats, les besoins en eau de l'organisme sont considérablement augmentés : pour une bonne hydratation, on estime qu'il faut boire environ 4 à 5 l d'eau par jour. L'eau ne pose pas de problème particulier, mais il est préférable de la traiter chimiquement.

Préserver les paysages désertiques

Ici comme ailleurs, la question est à la fois simple et délicate : comment faire pour ne pas laisser de trace de son passage, alors qu'après une ou deux semaines de marche, les déchets s'accumulent immanquablement ? Une seule solution pour tendre vers un impact zéro : le traitement systématique des ordures. Tout ce qui peut être brûlé devra l'être – en prenant soin de ne pas faire de feu tous les jours, pour ne pas consommer trop de bois. Ce qui ne peut être détruit par le feu devra être compacté au maximum – ce qui devrait ne pas prendre plus de place que deux gros sacspoubelle – et rapporté en ville. Les objets en métaux lourds, comme les piles, doivent impérativement être conservés avec soi jusqu'au retour en France, peu de pays étant équipés pour leur traitement. Enfin, pour que certains endroits passablement fréquentés ne ressemblent pas à des toilettes mal entretenues, il est impératif de brûler son papier hygiénique après utilisation.

Les repas seront préparés au réchaud, toujours pour éviter de brûler le peu de bois présent.

RANDONNER DANS LE GRAND NORD ET LES RÉGIONS POLAIRES

Au niveau du cercle polaire, au-delà de 75 ° de latitude nord, il n'existe quasiment que deux vastes périodes saisonnières : l'été et l'hiver, le jour et la nuit.

L'hiver, une neige immaculée recouvre les terres, les températures tombent bien en dessous de zéro, le blizzard fait son office et ronge les congères. Il est alors quasiment impossible de randonner, même à ski. À la sortie de l'hiver, lorsque la glace commence à libérer les fjords, il devient concevable de découvrir ces régions du Grand Nord, version « manteau blanc », – et les ombres fantomatiques des aurores boréales – avec des traîneaux à chiens ou des skis de raid – conçus pour la randonnée nordique.

L'été, la neige fond, la toundra ressurgit des glaces, les forêts se peuplent d'oiseaux migrateurs, le sol s'imprègne d'eau. Cette période, si elle est la plus favorable en terme de climat, n'en est pas moins malaisée. La boue remplace la glace et, avec elle, les déplacements deviennent difficiles, les ruisseaux gorgés d'eau se dressent en murs infranchissables. Les mouches noires et les moustiques, aux redoutables piqûres, occupent intensément le terrain. En revanche, les couleurs sont extraordinaires, les dégradés

Dans les régions polaires, les températures peuvent atteindre - 40 °C : s'équiper de vêtements isolants et d'accessoires de protection contre le soleil et la réverbération. *Photos TB.*

de verts se mêlant aux jaunes des lichens. Tout n'est qu'immensité, forêts, lacs, toundra.

Moins peuplé que le Sahara, le Grand Nord est le territoire le plus sauvage au monde, où subsiste une faune unique : renards des neiges, caribous, élans, cerfs, ours blancs, phoques et baleines, qui ne fuient pas l'homme.

Indispensable : un équipement performant

En conditions extrêmes, la qualité du matériel conditionne la survie. On a toujours tendance à craindre le froid ; or le vent et l'humidité, comme il en existe dans ces régions froides, se montrent bien plus redoutables. Les vêtements isolants d'aujourd'hui apportent aux randonneurs confort et sécurité par des températures pouvant atteindre les - 40 °C, mais les frileux n'ont que peu de chances d'apprécier la randonnée nordique.

De plus en plus d'agences proposent des randonnées à skis de raid en Scandinavie, où le portage est assuré sur des traineaux tirés par des chiens. *Photos TB.*

Les couches doivent donc se multiplier : sous-vêtements thermiques, veste polaire, veste coupe-vent ou « doudoune », double paire de chaussettes et chaussures nordiques. Sous-gants en soie, moufles… Masque de ski et lunettes solaires complètent l'attirail. Les chaufferettes peuvent donner un gain de chaleur très appréciable au moment où l'on se glisse dans son sac de couchage. Pour gagner quelques degrés sous une tente, il est conseillé de creuser dans la neige, dans l'abside, une petite « fosse à froid ». L'air le plus froid de l'habitacle va s'accumuler dans la fosse, laissant l'air plus chaud au niveau du corps.

D'une manière générale, tout dans le matériel doit être simplifié : les fermetures doivent être grosses et solides, les sangles des vestes et des sacs facilement préhensiles avec des gants. L'orientation peut s'avérer complexe dans ces étendues planes et sans repère. Le GPS est alors le meilleur moyen de ne pas perdre le nord. Enfin, une balise de sécurité et/ou un téléphone satellite sont indispensables à votre sécurité.

Se préparer à l'environnement

Pas de problèmes microbiens : par - 30 °C, les microbes sont morts depuis longtemps ! L'eau à boire provient de la neige montée à ébullition, donc pas de problème de bactéries non plus !

Les soucis les plus fréquents sont plutôt les gelures et brûlures et les affections inflammatoires de l'œil – l'ophtalmie des neiges – dues à la réverbération du soleil sur la neige et la glace. En milieu enneigé, l'indice de protection des verres de lunettes doit être au moins de niveau 3, le niveau 4 étant préférable.

Photo TB.

L'isolement, l'autonomie et le manque de repères peuvent être des facteurs psychologiques difficiles à supporter pour certains. En toutes circonstances, autant reconnaître ses limites et modérer ses ambitions, qu'entreprendre une expédition susceptible de générer l'angoisse et donc peut-être l'accident. Un autre phénomène vient du bouleversement de notre horloge interne, de notre rythme, de nos habitudes : l'heure n'existe pas sous ces latitudes, et le jour – comme la nuit – peut être permanent, ce qui autorise la marche indifféremment à midi ou à minuit. Ceux qui n'arrivent à dormir, que lorsqu'il fait sombre, auront parfois du mal les premiers jours.

Respecter les espaces vierges

C'est le maître mot de ces voyages. Il existe au Canada des territoires considérés comme des réserves mondiales, dans lesquelles il est interdit de pénétrer, pour leur conserver leur biosphère loin de toute présence humaine. De même, les glaces du Spitzberg, au nord-est du Groenland, renferment des informations primordiales pour les scientifiques, qu'il est impératif de ne pas altérer.

Dans les régions polaires, le randonneur doit savoir que l'observation des animaux se fait dans un cadre réglementé. La plupart des espèces nordiques n'ont pas peur de l'homme, mais il est conseillé de ne pas s'approcher trop près pour ne pas les habituer à notre présence. Il est notamment interdit d'aller à la rencontre des ours.

RANDONNER EN MILIEU ÉQUATORIAL ET TROPICAL

Le milieu équatorial est certainement le moins fréquenté par les randonneurs. Souvent définie comme un « enfer vert », cette jungle mystérieuse qui abrite quantité d'animaux, rampants, volants et sifflants, n'attire pas les foules.

Il est vrai qu'avant de partir là-bas, il vaut mieux avoir une idée précise des difficultés du milieu, pour ne pas se tromper de voyage et pour mieux accepter, une fois sur place, les différentes contraintes. Sans parler d'entraînement vraiment spécifique, une bonne condition physique et un mental d'acier sont requis, notamment pour pouvoir dormir dans toutes les situations.

Le maki est un lémurien endémique de Mayotte. *Photo DG.*

Et pourtant, au-delà de ces clichés, marcher sous le couvert de la végétation équatoriale est une expérience rare, et d'abord une découverte « écologique ». Impossible de ne pas penser à la déforestation, à l'extermination de nombreuses espèces animales et végétales, ou de ne pas évoquer l'effet de serre...

Milieu tropical : fougères arborescentes à La Réunion (Grand Étang). *Photo DG.*

La forêt constitue aussi l'un des rares milieux naturels à posséder une véritable acoustique, où sont toujours clairement audibles un souffle de vent faisant frémir les arbres, le sifflement d'un oiseau, ou le cri d'un singe à travers la quiétude de la nuit. Très vite, on ne fait plus qu'un avec l'environnement, avec cette nature omniprésente.

Les parcours sont très peu fréquentés, souvent originaux, associant découverte ornithologique du milieu et ethnographie. Le marcheur évolue au sein de labyrinthes de plantes et d'arbres, parfois gigantesques, dont les troncs peuvent atteindre plusieurs mètres de circonférence. Les itinéraires n'ont généralement que très peu de dénivelées, sauf sur certaines îles volcaniques où la marche se transforme vite en escalade. La machette est obligatoire dans ces sentiers étroits, très vite recouverts par la végétation.

Liaison en pirogue pour accéder au sentier (Guyane). *Photo YL.*

Il est souvent plus facile de se déplacer en pirogue sur les cours d'eau qui strient la forêt, qu'en marchant dans la forêt elle-même. On découvre alors la splendeur de la mangrove, surprenant au détour d'un bras d'eau les animaux qui viennent s'abreuver. De nombreux peuples considèrent d'ailleurs la pirogue comme le moyen naturel de se déplacer, et la marche comme un mode de transport.

S'équiper pour marcher en milieu humide

• L'équipement se constituera essentiellement de vêtements légers, amples, à haute respirabilité pour faciliter l'aération du corps, et clairs pour réfléchir la lumière. Sachant que certaines espèces végétales tachent fréquemment si l'on s'y frotte de trop près, prévoir des tee-shirts de rechange. Le randonneur devra aussi prendre des vêtements de pluie pratiques et, selon la région parcourue, des vêtements adaptés à l'altitude. Les sentiers de La Réunion grimpent jusqu'à 3 069 m !

La démesure des baobabs à Mayotte, une île tropicale. *Photo DG.*

• La chaussure doit être à la fois légère, tenant bien la cheville, avec des semelles crantées en bon état, et imperméable pour se protéger de la boue. Pour cela il est conseillé d'opter pour un modèle à membrane de type Sympatex® ou Gore-Tex®. Elle doit avoir la propriété de sécher rapidement : traversée de zones humides ou franchissement de ruisseaux, un lavage quasi quotidien est rendu nécessaire du fait du parcours. Ne marchez surtout pas en sandales, ou pieds nus, à cause de la présence au sol de vers microscopiques. L'imperméabilité totale n'existe que dans les bottes en caoutchouc, mais ce n'est pas ce qu'il y a de plus confortable pour marcher. Pensez à une housse de protection pour le sac à dos, un couvre-chef large et efficace, des gourdes ou bouteilles d'une contenance d'au moins 2 à 3 l par personne, pour une journée, des lunettes de soleil de bonne qualité, une trousse à pharmacie bien étudiée qui contiendra : crème solaire, pommade contre les coups de soleil et brûlures,

Panorama sur Mafate, depuis la canalisation de Sans-Souci à La Réunion. *Photo DG.*

spray anti-moustiques, désinfectant, y compris pour l'eau, traitement pour les diarrhées, etc…

• Une moustiquaire est indispensable : en plus de l'abri physique qu'elle procure, elle est une sorte de rempart psychologique pour des nuits sereines. Un hamac permet, quant à lui, de limiter les attaques des insectes rampants.

Vaccins et traitements spécifiques

On trouve sur le marché des appareils performants permettant de filtrer l'eau pour la rendre propre à la consommation. *Photo TB.*

Dans le domaine sanitaire, en milieu équatorial, la jungle est incontestablement la zone la plus critique que le randonneur puisse rencontrer. On pense souvent aux serpents, aux araignées, mais ils sont la plupart du temps inoffensifs et trop craintifs pour que vous puissiez les croiser. Il est beaucoup plus opportun de se méfier des moustiques et des parasites. Les vaccins contre la polio, le tétanos et la fièvre jaune sont recommandés. De nombreuses forêts équatoriales et tropicales se situent dans des zones actives de paludisme. Une chimioprophylaxie, parfois contraignante, est alors indispensable. Toutes les régions sont spécifiques, et seul un médecin est à même de vous délivrer le traitement préventif adéquat.

L'eau, la plupart du temps impropre à la consommation, nécessite un traitement systématique, pour éradiquer les nombreuses bactéries ou les virus, guardia ou protozoaires. Si la plupart des virus n'entraînent que des diarrhées bénignes, certains s'avèrent extrêmement dangereux pour l'organisme. La solution la plus efficace pour se débarrasser de ces intrus est de faire bouillir l'eau durant 5 à 6 minutes avant consommation. La deuxième solution consiste à filtrer l'eau. Des appareils très performants (MSR®, Katadyn®, Sweet Water®), à base de filtres en céramique et charbon, permettent d'obtenir d'excellents résultats, mais ne parviennent pas toujours à éliminer les virus les plus petits. Pour cela, une désinfection chimique permet de se débarrasser pratiquement à 100 % de ces organismes parasites (se renseigner en pharmacie).

Les occasions de s'écorcher aux branchages ne manquent pas et il faut savoir que la cicatrisation en zone humide est assez longue : prendre soin de toutes les petites blessures, en les désinfectant systématiquement à l'alcool, est une habitude à prendre.

En milieu équatorial et tropical, l'hydratation est primordiale. Si la chaleur n'est jamais extrême – les arbres offrent suffisamment d'ombre pour que le mercure ne dépasse que rarement les 30 °C – l'humidité relative de l'air, parfois proche des 90 %, accentue énormément la déshydratation. Il est donc raisonnable de boire beaucoup, à fréquences régulières.

Le problème psychologique le plus fréquent réside dans la phobie des insectes et des serpents. Pourtant, ces peurs « animales » sont souvent injustifiées. La première cause d'accidents en forêts équatoriale et tropicale n'est pas due aux morsures en tous genres, mais à la chute des branches et des arbres, ces géants n'ayant souvent que des racines très superficielles pour s'ancrer au sol. Une certaine claustrophobie peut être ressentie. Il est en effet impossible de s'écarter, ne serait-ce que de quelques mètres, du sentier, la végétation formant de part et d'autre un mur infranchissable. Généralement, il suffit de quelques heures pour s'habituer. Un guide, habile et fin connaisseur de la forêt, saura vous mettre en confiance.

En milieu équatorial ou tropical, la phobie des petites bêtes est souvent injustifiée. *Photos DG.*

OÙ ET COMMENT RANDONNER

Choisir sa destination

LES RANDONNÉES EN FRANCE

De par la richesse et la variété de ses espaces naturels et de ses paysages, et grâce notamment au travail engagé par la FFRP, dès les années 1940, la France recèle aujourd'hui une quantité d'itinéraires étonnante et difficile à égaler. De la Picardie à la Touraine, des Ardennes à la Gironde, il n'existe pas de région ou de département qui n'ait développé l'activité pédestre et augmenté la création du nombre de ses circuits, accessibles au plus grand nombre. Autre atout majeur : la randonnée bénéficie en France d'une organisation complète

Marche en famille sur la côte vendéenne. *Photo YL.*

et d'infrastructures remarquables : la plupart des chemins et sentiers sont entretenus et balisés ; pour beaucoup, les descriptifs et tracés sont publiés dans des topoguides® ; les tracés des itinéraires les plus longs (GR® et GRP®) se trouvent reproduits sur des cartes topographiques ; il existe de multiples structures d'accueil et d'hébergements ; enfin, de nombreuses associations dynamiques renseignent le public, programment des sorties, et maintiennent sur le terrain la pérennité des sentiers. Comparativement à d'autres pays d'Europe occidentale, où l'urbanisation s'est davantage dispersée, l'espace français offre, de plus, des territoires encore sauvages, peu fréquentés ou aménagés.

◄ Égypte. *Photo TB.*

De haut en bas : *photo DG et photo PL.*

Une journée ou 3 semaines : quelques idées de parcours

Randonnée d'un jour ou randonnée d'un week-end, l'offre est abondante et couvre la majorité des pays, des départements et le pourtour des grandes agglomérations. Les randonneurs parisiens le savent bien, qui passent leurs dimanches dans la forêt de Hallate, entre les rochers de Fontainebleau ou dans les vallons du Vexin. En région parisienne, le maillage du réseau SNCF permet d'innombrables balades en forêt ou dans la campagne, et des circuits de week-end, notamment en empruntant le GR® 11. La petite randonnée – de 2 à 6 heures de marche, selon les possibilités et les capacités de chacun – est à la portée de tous : pour le plaisir de passer une journée en pleine nature, pour se préparer à un itinéraire plus long en s'entraînant, pour initier les plus jeunes au goût de la marche et de la découverte. La gamme des topoguides PR® – *Les Monts du Beaujolais et du Lyonnais à pied®*, *Le Mans et ses environs à pied®*, *les Yvelines à pied®*, *Le Pays de Brocéliande à pied®* – compte plus de 110 titres !

Décider de partir plus longtemps, de suivre une boucle de plusieurs jours ou de rallier un point à un autre, c'est déjà la joie de l'aventure et la promesse du dépaysement. Toutes les régions de France possèdent leurs atouts propres et originaux. Le Queyras, le Jura, le Vercors, les Vosges et le Mercantour misent sur l'aspect sauvage de leurs territoires. L'Ardèche, la Lozère ou les Cévennes sur la solitude de leurs sentiers. Selon que l'on préfère les reliefs montagneux, les paysages vallonnés, ou les bords de mer, le choix se portera sur le tour de l'Oisans, le tour des monts d'Aubrac, ou le sentier côtier du Cotentin. Viennent ensuite les traversées classiques : le GR® 20 en Corse, un des plus grandioses – et peut-être l'un des plus

En Lozère, à Bédouès, sur le GR® 70. *Photo NV.*

rudes itinéraires d'Europe – où la beauté sauvage des montagnes n'a guère d'équivalent, le GR® 34 en Bretagne, aux côtes sinueuses et aux odeurs atlantiques, le GR® 51, de Menton à Toulon, pour découvrir les balcons méditerranéens, le GR® 5 qui franchit le massif des Alpes du nord au sud, la grande traversée des Pyrénées (GR® 10), le tour du Mont-Blanc ou la jonction Chamonix-Zermatt, pour les amoureux d'altitude.

La tour de la Madeloc surplombe la Côte Vermeille. Le GR® 10 relie, à travers les Pyrénées, Hendaye à Banyuls-sur-mer. *Photo DG.*

Le sentier par excellence, chargé d'histoire et de symboles, restera toujours le chemin – ou plutôt les voies – de Saint-Jacques-de-Compostelle. Composé de quatre voies principales en France, l'une venant de Tours, l'autre de Vézelay, la troisième du Puy (le GR® 65, à travers Quercy, Béarn et pays Basque) et la quatrième d'Arles – qui se croisent ou convergent pour des étapes communes à différents carrefours, à partir des Pyrénées espagnoles – le chemin de Compostelle attire chaque année près de 18 000 pèlerins et marcheurs. Plus de 1 700 km séparent Vézelay de Saint-Jacques.

Toutes les informations concernant le catalogue des publications des topo-guides® de la FFRP sont accessibles sur internet (www.ffrp.asso.fr). Vous pourrez obtenir de plus amples informations et des conseils en téléphonant ou en vous rendant au centre d'information de la FFRP : 14 rue Riquet ; 75019 Paris. Tél. 01 44 89 93 93. Ouvert du lundi au samedi de 10 h à 18 h.

Un GR® et 4 balades en boucle ont été aménagés à Mayotte. *Photo DG.*

RANDONNER DANS LES DOM-TOM

Atout majeur du tourisme vert, la randonnée pédestre se devait de poser le pied dans les Dom-Tom. Si La Réunion reste l'exemple dans l'aménagement, l'organisation et l'animation de l'activité, Antilles et Nouvelle-Calédonie cherchent un second souffle, tandis que la Guyane, la Polynésie et Mayotte bâtissent, depuis peu, des projets intéressants. Ainsi un tourisme actif, en premier lieu à travers la randonnée, bouscule progressivement l'image de carte postale des îles tropicales : plages de sable blanc, cocotiers, épices et senteurs... La grande richesse des milieux naturels et de l'histoire locale, l'authenticité et l'ambiance, font de ces lieux uniques des terres bénies pour le marcheur. Ce tableau idyllique ne doit pas faire oublier l'exigence d'une préparation spécifique.

En effet, trois éléments influent sur la préparation d'une randonnée sous les tropiques.

• **Le sol :** le plus souvent d'origine volcanique, il reste fragile en bien des endroits et exige qu'il soit foulé avec précaution. Sa structure variée et variable demande au randonneur un équipement adapté pour marcher sur des sentiers qui nécessitent beaucoup d'aménagements et d'entretien.

• **Le climat tropical** : selon la période choisie, la pratique de la randonnée sera plus favorable. Compte tenu de la chaleur, et des formes de précipitations notamment, la gestion à la fois des itinéraires et des horaires sera très importante pour la sécurité et le plaisir de l'activité.

• **L'isolement** : la plupart des itinéraires, sillonnant les îles, réclament de l'anticipation quant au problème de ravitaillement ou d'hébergement, comme aux éventuels besoins de secours.

Aussi, pour bien randonner sous les tropiques, il faudra prévoir un équipement particulier (voir p. 111 : « S'équiper pour marcher en milieu humide »).

Si vous devez céder à la tentation de l'île, partez avec des accompagnateurs bénévoles ou des professionnels locaux. Ils vous apporteront plus de sécurité et de connaissances à partager. L'émerveillement n'en sera que plus grand !

Qui veut mes fruits ? (Martinique)
Photo TB.

Paysage volcanique à La Réunion.
Photo DG.

En Belgique dans les fagnes (hauts plateaux), sur l'axe Hollande-Méditerranée, en suivant le GR® 5. *Photo MFH.*

EN EUROPE

Le dépaysement et la sécurité

À moins de trois heures d'avion de Paris, d'autres pays d'Europe ont, eux-aussi, constitué d'importants réseaux de circuits pédestres. D'une manière générale, au-delà de la diversité des destinations – relief et paysages, cultures, climats –, les itinéraires européens sont élaborés dans un souci de confort et de sécurité : les sentiers sont bien entretenus, la cartographie est de bonne qualité, et les structures d'hébergement se révèlent plutôt confortables. Il est tout à fait possible, pour des randonneurs un tant soit peu avertis, d'organiser eux-mêmes leur périple, et de partir sans faire appel à un accompagnement professionnel. La tendance actuelle de la randonnée est indéniablement à la diversification des destinations, aussi les sentiers du vieux monde connaissent-ils un succès croissant.

Végétations du pourtour méditerranéen : dattier et figuier de barbarie. *Photos NV.*

Quelques idées

Autour de la Méditerranée, l'Espagne, l'Italie et la Grèce comptent parmi les destinations les plus séduisantes : des vignobles de Castille jusqu'aux paysages grandioses des Météores, le choix est vaste. Outre la variété des paysages et la qualité des sentiers, le randonneur évolue dans un environnement chargé d'histoire, que les spécialités gastronomiques ou les traditions locales ne trahissent en rien. Un peu plus loin, d'autres pays, moins touristiques, offrent aussi des possibilités de parcours passionnants. Le coup de cœur du moment est incontestablement la Croatie, qui a su préserver une côte sauvage, tout en reconstruisant un pays détruit par dix ans de guerre.

Pour les randonnées en milieu montagnard, il existe tout un réseau d'itinéraires valorisé par la via Alpina à travers les Alpes, de Monaco à la Slovénie. (Renseignements sur le site : www.via-alpina.com). Les autres principaux massifs sont à découvrir, bien sûr, comme les Pyrénées espagnoles – aux paysages sauvages – mais aussi le Rila et le Pirin en Bulgarie, le Rhodope en Grèce, les volcans italiens et islandais, sont des destinations de choix.

Pour qui souhaite des paysages plus verts, la découverte à pied de l'Irlande (Connemara, ring of Kerry) ou des Highlands écossais réserve des moments inoubliables.

Les pays, anciennement dits de l'Est (Bulgarie, Pologne, Roumanie, Russie…), proposent de superbes itinéraires de moyenne montagne. Ils sont dotés d'excellentes infrastructures touristiques (refuges, hôtels de classe moyenne, sentiers entretenus), et sont très intéressants en terme de coût.

Les randonneurs désireux de goûter à l'ambiance Grand Nord se rendront en Suède (ski de fond, randonnée nordique), en Norvège (fjords, randonnée nordique, chiens de traîneaux), au Spitzberg (pour ceux qui aiment les grands froids d'hiver et le kayak en été), ou en Islande (fjords, volcans, geysers).

Auberge au pied du mont Viso, aux sources du Pô, en Italie. *Photo MFH.*

Randonnée à ski de raid au Spitzberg.
Photo TB.

Les sentiers européens de grande randonnée

Différents sentiers nationaux ont été reliés entre eux pour constituer un maillage d'itinéraires continus à travers toute l'Europe. En voici quelques-uns, qui font rêver :

ITINÉRAIRE	AXE	PAYS	LONGUEUR
Le plus direct : E 1	Nord/Sud	Suède Danemark Allemagne Suisse Italie	4 900 km
Le plus international : E 3	Mer Noire / Espagne	Bulgarie Roumanie Hongrie Slovaquie Pologne République tchèque Allemagne Luxembourg Belgique France Espagne	6 950 km
Le plus long : E 4	Arc méditerranéen	Espagne France Suisse Autriche Hongrie Bulgarie Grèce	10 450 km
Le plus dépaysant : E 6	Scandinavie / Dardanelles	Finlande Suède Danemark Allemagne Autriche Slovénie Grèce	5 200 km
Le plus court : E 11	Ouest/Est	Pays-Bas Allemagne Pologne	2 070 km

La Fédération européenne de randonnée pédestre (FERP), regroupant plus de 50 organismes de 25 pays, constitue une excellente source d'informations sur tout ce qui a trait à la randonnée en Europe : itinéraires, adresses et sites des fédérations et clubs dans chaque pays (www.era-ewv-ferp.org).

LES GRANDS TREKS DANS LE MONDE

ek au Niger. *Photo TB.*

Les déserts

• Le Sahara attire, depuis plusieurs décennies, les adeptes du trekking du monde entier. L'Algérie fut le premier pays à s'ouvrir à cette forme de randonnée (Tassili du Hoggar ou des Ajjer, Atakor, Assekrem). Après une récente période de délaissement, le désert algérien revient à la mode, notamment du fait des voyages aériens à prix cassés, avec en corollaire un risque réel de sur-fréquentation et de pollution.

Photo YL. |

• Le sud du Maroc, la Mauritanie (Adrar, Tagant, Erg Makteîr) et la Tunisie (Grand Erg oriental) font office de destinations initiatiques avec des circuits relativement courts et sans grande difficulté ; également l'Égypte (désert Blanc, Sinaï), et le Mali (Adrar des Iforas).

• Le Niger, le Tchad (Ennedi, Tibesti) et le Soudan (Darfur) proposent des randonnées dans des secteurs bien plus isolés, qu'il est préférable d'aborder après un ou deux voyages en milieu désertique. En marge du Sahara, le Maroc représente, lui aussi, une belle

D'OÙ VIENT LE MOT « TREK » ?

Dans sa signification actuelle, le mot trek apparaît en 1936, dans une œuvre de Paul Claudel. Vulgarisé dans les années 1970, lors de l'engouement pour le tourisme de grande randonnée, notamment au Népal, il s'est formé à partir du verbe anglais *to trek* : avancer, acheminer. Ce mot anglais, apparu à la fin du XIXe siècle, s'est lui-même formé à partir d'un mot emprunté au dialecte que parlaient les Boers (dont les descendants sont aujourd'hui les Afrikaners), ces paysans néerlandais d'Afrique du Sud. *Trekken* signifiait alors quitter ses terres et sa ferme, emmener sa famille et son bétail, pour aller droit devant soi vers des pays inconnus : en 1834, les colons néerlandais, fuyant l'oppression et la colonisation de l'empire britannique, entamèrent un exode sanglant qu'on appela le « Grand Trek ». Ils émigrèrent vers les terres nouvelles du nord-est de l'Afrique du Sud, semant la terreur parmi les populations indigènes et livrant bataille à l'ennemi anglais. On le voit, sauf le désir de fuite et d'espace, il n'y a rien de commun entre le trekker du XXIe siècle et le colon boer du XIXe siècle.

De la Colombie au Chili, la cordillère des Andes réserve aux randonneurs des sites exceptionnels. *Photos TB.*

destination, attachante et accessible, avec de grands treks comme la traversée de l'Atlas.

• Moins connus, d'autres déserts sont à découvrir en Iran, en Mongolie, en Chine, au Mexique, en Australie, en Namibie, en Afrique du Sud, au Chili, aux États-Unis.

La cordillère des Andes

La cordillère des Andes s'étire du nord au sud de l'Amérique du Sud, de la Colombie au Chili, sur des milliers de kilomètres, égrenant des sites d'un étonnante diversité, de moindre altitude que l'Himalaya, et toujours superbes : les tours et les lacs du Paine, le vent et les ventisqueros flottants sur les eaux de la Patagonie argentine, la blancheur du Salar d'Uyuni, les geysers du désert d'Atacama au Chili, le lac Titicaca aux îles de roseaux et les sommets de la cordillère Blanche en Bolivie, le chemin de l'Inca vers le grandiose site du Macchu Picchu et la cordillère Huayhuash au Pérou, les volcans Chimborazo et Cotopaxi en Équateur…

L'Himalaya bien sûr

Berceau historique de la vague du trekking, le Népal attire toujours quantité de marcheurs sur ses itinéraires les plus connus, dont le mythique tour des Annapurna, la vallée du Khumbu qui mène au camp de base de l'Everest, les tours du Dhaulagiri et du Manaslu, les régions du Dolpo ou du Mustang. Au nord, le Tibet et ses montagnes sacrées (le tour du Kailash étant le plus facile d'accès), au sud, l'Inde avec les régions du Ladakh et du Zanskar, ou le Pakistan, offrent également la possibilité de suivre des itinéraires de grande ampleur, de l'ordre de plusieurs semaines de marche.

Tout ces itinéraires se situent à des altitudes élevées, à plus de 3 500 m, et franchissent des cols à plus de 5 000 m. Ils nécessitent une bonne préparation physique et mentale.

Le Népal est le berceau historique de la vague du trekking. De haut en bas : *photo YL et photo TB.*

Photo YL.

Et ailleurs

Comment ne pas également citer le Kilimandjaro dont la calotte glaciaire trône, pour encore quelques dizaines d'années seulement, au-dessus de la savane ? Les déserts blancs en Égypte, les façades de pierres de Pétra en Jordanie, les steppes sans fin de la Mongolie et ses nomades au large sourire, les univers touffus et bruissants des forêts tropicales d'Indonésie, du Cambodge, de la Thaïlande, du Laos, mais aussi du Brésil, de la Guinée-Équatoriale, du Rwanda ?

Patrimoine marocain.
Photo DG.

RÉGIONS	PAYS	PÉRIODE FAVORABLE
Sahara	Mauritanie, Maroc, Niger, Mali, Libye, Tunisie, Tchad, Égypte, Soudan, Algérie	De novembre à février
Moyen Orient	Égypte Jordanie, Yémen Turquie	De novembre à février D'octobre à avril D'avril à octobre
Amérique du Nord	États-Unis, Canada	D'avril à octobre
Amérique latine	Équateur, Pérou Bolivie, Chili, Argentine	Toute l'année D'avril à octobre
Afrique australe	Madagascar, Namibie, Zambie, Botswana, Afrique du Sud La Réunion Tanzanie	D'avril à septembre Toute l'année De juillet à septembre et de janvier à février
Asie centrale	Kirghizie Iran Mongolie, Ouzbékistan, Russie	D'avril à octobre D'octobre à avril De juin à septembre
Himalaya	Inde, Népal Tibet, Ladakh, Mustang, Dolpo, Bhoutan Pakistan	Printemps et automne De juin à septembre Printemps et automne
Asie et Océanie	Australie, Indonésie Nouvelle-Zélande Asie du Sud-Est	De juin à septembre De février à avril Printemps, automne et hiver
Europe	Méditerranée, Nord, Centre France	D'avril à octobre Toute l'année
Amérique centrale	Martinique, Guadeloupe, Dominique, Cuba, Panama, Costa Rica	D'octobre à mai

Marcher avec des enfants implique un rythme plus lent et des arrêts fréquents. De gauche à droite : *photo FK et photo DG.*

AVEC QUI PARTIR ?

En famille ou avec des amis

La randonnée, ou plus simplement la promenade ou l'excursion à la journée, s'avère souvent un moment privilégié pour se retrouver entre générations, partager des émotions et bavarder, loin de toute sollicitation, comme le téléphone, les tâches quotidiennes, la télévision... Pour un bon déroulement de la balade, il faut veiller à choisir un itinéraire compatible avec les capacités de chacun. Quant aux enfants, ils apprécieront toujours qu'on invite les petits amis ou les cousins, ils n'en marcheront que mieux.

Partir marcher avec des amis offre de nombreux avantages – objectifs communs, rythme similaire, stimulation réciproque. Il faut cependant éviter de partir pour une sortie difficile avec des coéquipiers sans bien les connaître, autrement dit sans les avoir « testés » au cours d'une balade plus courte : chacun peut en effet avoir des motivations et des habitudes spécifiques – des pauses plus ou moins longues et fréquentes, par exemple –, et des décalages peuvent apparaître, créant des tensions désagréables au sein du groupe. Cette expérience préalable commune est d'autant plus importante qu'on envisage une sortie de plusieurs jours. Vérifier, par exemple, que tout le monde a bien compris quel type d'hébergement est prévu – un gîte d'étape ou un hôtel – et sait précisément les affaires qu'il doit emporter, est une précaution profitable. Avec l'expérience, chacun trouvera sa place dans l'organisation et le déroulement des sorties, l'un « assurant » parfaitement les questions de cartographie et d'itinéraire, l'autre préférant faire des photos ou se charger de la trousse de secours. Au-delà de 10 ou 12 personnes, il

Les adolescents marcheront mieux, accompagnés de leurs copains. *Photo FK.*

Photo NV.

est certain que les groupes sont obligatoirement plus bruyants, moins mobiles et plus difficiles à gérer. En fonction de son tempérament et de ses aspirations, chacun trouvera ce qui lui convient mieux.

Pour les randonneurs préférant marcher sans accompagnement, la formule « Randonnée en liberté » peut constituer une bonne solution : l'agence s'occupe de toute la logistique, réserve les hébergements, fournit les guides, s'occupe du transport des bagages d'une étape à une autre, et les randonneurs marchent sans accompagnement. Ce type de randonnée, proposé de plus en plus couramment, concerne d'abord la France, et s'adresse à des marcheurs ayant l'habitude de randonner de façon autonome.

Rejoindre une association

La marche se pratique également volontiers en groupes organisés, en premier lieu au sein des clubs de randonnée. En France, 2 800 associations sont affiliées à la Fédération française de randonnée pédestre, sans compter les nombreux autres clubs de sports ou de loisirs qui proposent aussi des randonnées.

La plupart des associations de randonnée établit un programme, en début d'année ou de trimestre, qui précise le calendrier des sorties, la longueur ou la difficulté des itinéraires. Certaines organisations privilégient les sorties en semaine, tandis que d'autres choisissent les dimanches. Le principe du covoiturage, pratique pour rejoindre le point de départ, est souvent adopté pour les trajets. Certaines associations organisent aussi des

Photo YL.

week-ends de randonnée ou des circuits itinérants de plusieurs jours durant les vacances scolaires. Les adhérents à ce type de groupe trouvent là convivialité, régularité des sorties, et une certaine sécurité (voir aussi p. 215 : « La vie associative »).

Ou tout seul ?

Des randonneurs s'adonnent parfois à la marche en solitaire, par goût ou par commodité. Marcher seul implique de prendre certaines précautions comme celle de choisir un itinéraire aisé et dénué de danger, de partir tôt et de se renseigner sur les prévisions météorologiques, de se méfier en période de chasse car un marcheur seul est silencieux. En montagne en revanche, il est vraiment déconseillé de partir seul.

Tout seul, entre amis ou dans le cadre d'une association, chaque randonneur trouvera la solution qui lui convient le mieux. *Photo NV.*

Même si la randonnée est une activité peu dangereuse, un marcheur seul n'a aucun recours en cas de problème – malaise, blessure ou erreur d'orientation. Une petite chute, une simple entorse, dans un site un peu isolé, peut alors devenir grave de conséquences, notamment en hiver ou par mauvais temps. Le téléphone portable n'est pas toujours d'un secours absolu : en montagne ou en relief vallonné, de nombreuses zones sont inaccessibles aux réseaux de téléphone portable, et le meilleur appareil du monde ne vous met pas à l'abri d'une mauvaise chute, vous laissant à la limite de l'évanouissement. Le plus prudent reste d'informer un proche ou un voisin de son projet et d'une heure probable de retour.

PENSER AU TRAIN

Train et randonnée pédestre ont longtemps fait bon ménage : une bonne partie des sentiers (comme le GRP® de la ceinture verte d'Île-de-France) étaient même tracés en linéaire d'une gare à une autre. L'explosion des transports individuels automobiles a ensuite entraîné le développement des sentiers en boucle. Malgré une longue période de désaffection des voies secondaires, le train est resté un mode de transport intéressant pour le randonneur, souvent économique, peu polluant et offrant parfois des points de vue splendides ou très pittoresques. Il peut être utile d'y penser au moment de concevoir sa randonnée, d'autant que les lignes de desserte à but touristique et les TER (trains express régionaux) se sont améliorés.

• Les randonneurs de la région parisienne connaissent bien les lignes desservant les massifs forestiers situés autour de la capitale (Fontainebleau, Compiègne...).

• En Alsace, les TER-Nature et la « navette des cimes » s'adressent explicitement aux randonneurs et amateurs de loisirs de nature. Le Club vosgien a édité un guide spécifique : *Randonner avec les TER*.

• En Corse, un train absolument hors normes brinquebale entre Bastia et Ajaccio, traversant la montagne à travers des tunnels, empruntant ponts et viaducs, pour desservir des haltes improbables en pleine nature. Quatre heures sont nécessaires pour franchir les 158 km entre les deux villes...

• D'autres trains desservent de beaux sites de randonnée : le train Jaune dans les Pyrénées-Orientales, le train des gorges de l'Allier, le train des Alpes entre Grenoble et Veynes, le train des Merveilles...

Pour en savoir plus : www.ter-sncf.com

• Si vous êtes un inconditionnel du mariage train et randonnée, contacter l'association touristique des cheminots, dont les clubs locaux, ouverts à tous, organisent des balades à la journée avec départ et retour en train. Adresses des clubs auprès de l'ATC, 6 place du 8 mai 1945, 92594 Levallois Perret Cedex.
Tél. 01 46 88 80 16.
www.-routesdumonde.com

En France, comme en Suisse, de nombreux petits tortillards vous conduiront à travers des sites inattendus ou inaccessibles. Ici, au pied de la Jungfrau. *Photo MFH.*

ORGANISER UN TREK DE FAÇON AUTONOME

Pour randonner en France et suivre des itinéraires de plusieurs jours ou plusieurs semaines, la plupart des marcheurs s'organise de façon autonome : collecte des informations et choix du parcours, découpage de l'itinéraire par étapes, réservation des hébergements. Dès qu'il s'agit en revanche de partir randonner à l'étranger, la majorité préfère passer par une agence. Il faut savoir que les prestations des agences locales se sont réellement améliorées ces dernières années et qu'il n'est pas si difficile de préparer soi-même son voyage : tout est question d'organisation. Le montage du projet fait aussi partie du voyage et la phase de préparation en France est évidemment primordiale. L'adaptation sur le terrain viendra ensuite…

Avant le départ

• Déterminer l'itinéraire

Un trek réussi exige en amont une bonne préparation, sérieuse et documentée. Il faut compter environ six mois pour mettre au point, sans se presser, un trek de plusieurs semaines. Tout va dépendre de la destination choisie et de l'itinéraire retenu : s'il fait partie des « classiques », il est alors assez facile d'en connaître les différentes étapes, usuelles ou incontournables, et d'obtenir les informations nécessaires à sa réalisation ; si l'itinéraire est inédit ou peu fréquenté, la réussite du voyage reposera principalement sur un bon découpage des étapes au préalable. Internet offre aujourd'hui un merveilleux outil de dialogue pour se renseigner, voire bénéfier de l'expérience de personnes ayant déjà suivi ce même itinéraire. Les guides de randonnée restent encore peu nombreux pour les circuits à l'étranger : il existe une très bonne librairie de voyage sur Internet, www.itineraires.com, où vous trouverez une bonne partie de la production éditoriale consacré au secteur « randonnée ». Pour la cartographie, le magasin l'Astrolabe à Paris reste une référence (tél : 01 42 85 42 95).

• Penser vaccinations et formalités

Avant même d'acheter les billets d'avion, la première démarche consiste à se renseigner sur les formalités d'entrée dans le, ou les pays, où l'on souhaite aller. Pour cela, le site du Quai d'Orsay, www.diplomatie.fr et sa rubrique « Conseils aux voyageurs » sont extrêmement complets. Attention, les formalités peuvent également être sanitaires et certains vaccins demandent plusieurs semaines avant d'être efficaces ! (Voir p. 164 : « Vaccination »).

• L'achat du billet d'avion

Vient ensuite le délicat moment d'acheter son billet d'avion, avec un système de réservation international qui est devenu de plus en plus sophistiqué. Si votre budget

Photo TB.

PARTAGER SON EXPÉRIENCE

De nombreux sites permettent aux voyageurs de faire part de leurs témoignages et de leurs observations, notamment les sites des revues de voyages et découverte, dont *Trek Magazine*, des guides touristiques comme *Le Routard* ou *Lonely Planet*, des associations de voyageurs telle qu'*Aventure du bout du monde* (voir les sites en fin d'ouvrage). À défaut d'y dénicher le descriptif précis de l'itinéraire, on y trouve nombre de tuyaux ou conseils souvent pertinents et à jour, sur la destination, les prix, les transports intérieurs, les us et coutumes. Grâce aux forums, si vous déclarez rechercher un renseignement précis, votre appel restera rarement sans réponse.

Scène de danse à Mayotte.
Photo DG.

est suffisamment large pour vous permettre de ne pas trop regarder à la dépense, le plus simple reste alors de s'adresser directement à une agence de voyages, laquelle vous proposera différentes solutions (dates, compagnies, escales, tarifs).

Si votre objectif est de voyager au meilleur prix, deux solutions s'offrent à vous : la première consiste à réserver un billet très longtemps à l'avance (au moins 5 mois avant le départ) sur une compagnie aérienne standard. Vous obtiendrez alors environ 25 % de réduction sur le prix du billet, auquel il est néanmoins conseillé d'ajouter le coût d'un contrat d'assurance annulation (maladie, accident). L'autre solution consiste à attendre le dernier moment pour obtenir ce que l'on appelle des billets dégriffés. Ces billets sont en fait des invendus que les compagnies de transport bradent à la dernière minute (www.degriftour.com, www.lastminute.com, www.sncf.fr). Les prix peuvent chuter jusqu'à 60 % moins cher que leur valeur initiale. Le problème est que vous n'êtes pas sûr de trouver un billet et donc de partir, et si vous êtes plusieurs, le risque en est bien évidemment multiplié.

Concernant l'aérien, il est bon de se rappeler qu'il faut confirmer son vol retour environ 72 heures avant le départ. Attention aussi aux excédents de poids, ils peuvent coûter cher (la plupart des compagnies tolèrent jusqu'à 20 kg par personne).

Indiens Woonans au Panama.
Photo TB.

• Bien s'assurer

Lorsqu'on part en individuel, il est indispensable de se pourvoir d'une excellente assurance pour l'activité envisagée. Attention, marcher sur les sentiers népalais est considéré comme une activité à risque ! En cas de problème, la première solution consiste à faire jouer l'assurance traditionnellement incluse avec sa carte de crédit ou bien celle de sa responsabilité civile. Or ce type de contrat ne couvre pas tout ; aussi est-il prudent de prendre une assurance complémentaire spécifique. Certaines compagnies proposent des contrats à durée limitée, élaborés sur mesure, en fonction de chaque voyage (voir aussi p. 165 : « Avoir une assurance adaptée »).

• Prévoir son budget

Il est alors temps de prévoir le budget qui sera consacré au trek sur place. Bien sûr, cela dépend de la destination – l'Asie étant le secteur le moins cher, l'Afrique et l'Amérique du Sud venant ensuite –, de la durée du séjour et du type de prestation souhaitée. Pour un trek complet avec porteurs, guide et cuisiniers, il faut compter 50 à 100 euros par jour.

Pendant le trek

• Le choix de l'agence locale

Photo TB.

Contacter une ou plusieurs agences locales durant la phase de préparation en France peut donner déjà un certain nombre d'indications, mais ce n'est pas une obligation : l'organisation du trek peut très bien être finalisée sur place. Il n'existe pas de moyen sûr pour estimer la compétence d'une agence, sauf que celles qui n'offrent pas toutes les garanties ne durent pas. Une agence ancienne est donc un premier gage de qualité. Ensuite, tout est affaire de contact et de point de vue. Discuter de l'itinéraire, questionner sur l'organisation, sont encore les meilleurs moyens de mesurer l'expérience des agents et des guides locaux. Enfin, ne pas hésiter à faire confiance, vous ne serez que rarement déçu.

• Choisir les prestations

Les agences de trek à l'étranger proposent en général trois niveaux de prestations. Pour le portage fait à dos d'homme, la constitution de l'équipe de porteurs peut se faire dans le village de départ de votre itinéraire. Si le recours à un guide local est prévu, c'est alors lui qui se chargera d'embaucher l'équipe pour le portage. Choisir un guide n'est pas toujours facile : outre son bon contact et ses qualités d'organisation, il faut qu'il connaisse bien

Photo TB.

la route, le secteur visé, et le cas échéant le milieu de la montagne. Ne jamais partir sans avoir discuté précisément avec lui de l'itinéraire, des étapes, afin que tout le déroulement du trek soit bien calé. Enfin, la formule « luxe » consiste à engager, en plus du guide et des porteurs, un cuisinier.

Le paiement se fait en liquide à la fin du circuit (quelquefois une avance est demandée, ne jamais dépasser 25 % du prix total). C'est à vous de payer les porteurs, le guide et le cuisinier. En plus de ce salaire, dont vous aurez discuté le montant avant le départ, prévoyez un pourboire (environ une journée de salaire par personne pour chaque semaine de trek).

PORTER OU FAIRE PORTER SES AFFAIRES ?

Certains randonneurs préfèrent porter eux-mêmes leurs affaires et ne pas bénéficier de ce type de prestation. Ce choix est respectable, mais il n'est pas forcément judicieux. Il faut reconnaître qu'il est plus simple et moins fatiguant – surtout en altitude – de ne porter qu'un petit sac, nécessaire à la journée. Si le portage est assuré par des marcheurs locaux, c'est aussi l'occasion d'échanger davantage et de mieux comprendre une autre culture. Un guide vous aidera à découvrir un pays qu'il connaît bien, et votre voyage n'en sera que plus intéressant et riche.

Photo YL.

Randonner avec des professionnels

VOYAGE ORGANISÉ, MAIS À LA CARTE !

Cela se fait de plus en plus : quelle que soit l'importance de votre groupe, il est toujours possible de demander à un tour-opérateur de construire votre randonnée à la carte. Les dates, le programme précis, le niveau de prestation, le type d'hébergement seront définis d'un commun accord, sur la base d'un cahier des charges qui devra être le plus précis possible. Cette formule facilite par exemple les randonnées en famille, par la prise en compte de la présence des enfants dans le découpage des étapes, le choix des hébergements ou la programmation de journées de repos. L'avantage est de partir entre soi, avec des amis, avec un objectif précis ou lors d'une occasion particulière.

Si vous n'avez pas une idée précise de votre destination, vous pouvez laisser carte blanche au voyagiste pour vous faire des propositions un peu inédites ou originales, à condition que tout soit très clairement exprimé : les attentes et les capacités des clients, et le contenu et modalités du trek proposé.

Les randonnées à la carte permettent d'établir des programmes adaptés : ici un trek en famille au Maroc. *Photo FK.*

CHOISIR UNE AGENCE ET UN SÉJOUR

Le mieux est incontestablement de s'adresser à une agence spécialisée dans la randonnée et/ou le trekking. Les tours opérateurs généralistes ont eux-aussi intégré quelques circuits de randonnée à leurs catalogues, mais ils se cantonnent bien souvent à des offres très classiques et ne possèdent pas forcément le savoir-faire nécessaire, en matière de conseil notamment, pour le choix du séjour.

Gros, moyens, petits, les tours opérateurs spécialisés ne manquent pas en France (voir p. 238 : « Se préparer pour randonner ») et la concurrence est rude. Chacun essaie d'affirmer sa spécificité : les uns tablent sur l'attraction de prix très étudiés, d'autres cultivent plutôt les séjours aventure, d'autres encore se sont spécialisés dans des thématiques (naturalistes, culturelles…) ou encore dans des destinations (déserts, régions polaires…).

En consultant les catalogues ou les sites internet de ces agences, on se rend compte qu'une partie des offres se ressemble inévitablement, correspondant aux treks classiques et aux secteurs à la mode. Constater que l'agence a inscrit à son catalogue des itinéraires plus inédits, construits de façon originale, démontrera indirectement son savoir-faire. Les candidats au départ devront vérifier que

Le Népal est l'une des destinations classiques proposées par les agences. *Photo YL.*

les dates de séjour correspondent bien aux périodes recommandées pour ces pays – saison, climat – que le nombre de personnes maximal et minimum pour chaque groupe n'est pas trop important, que le délai d'annulation du voyage par le tour-opérateur, en cas d'inscriptions insuffisamment nombreuses, n'est pas trop court, que les conditions de portage des bagages sont bien celles souhaitées.

Les fiches techniques des produits qui vous intéressent, à demander à l'agence, vous en diront plus sur le programme du séjour, l'hébergement, les étapes… Le degré de difficulté et le niveau d'entraînement requis pour chaque randonnée sont signalés : l'intérêt des agences n'étant pas de dissuader inutilement un client, ni à l'inverse, d'entraîner un client dans une « galère », le mieux est de tenir compte de ces indications, pour éviter de s'ennuyer dans un trek, ou pire, d'être en difficulté faute d'entraînement ou d'expérience.

Guide touareg dans les dunes du Tadrart. *Photo TB.*

POUR UNE ÉTHIQUE DE LA RANDONNÉE

Pour un plus grand respect des régions d'accueil, des tour-opérateurs se sont engagés sur la base de chartes d'éthique ou environnementale. La Charte éthique du voyageur (CEV), quant à elle, comprend une série de conseils de conduite dont voici des extraits :

• « les tenues trop moulantes, trop dénudées, trop décontractées sont susceptibles de choquer sous certains cieux.

• Une bonne photo se fait avec son sujet, pas contre lui. Demander l'autorisation de filmer ou de photographier.

• Dons et cadeaux ne sont pas des gestes innocents. Ils peuvent parfois prendre une connotation condescendante, méprisante ou déplacée. Certains dons peuvent s'avérer dangereux s'ils sont distribués au hasard, notamment les médicaments. Un appareil photo ou simplement une paire de chaussures peuvent être l'équivalent de plusieurs mois ou années de salaires aux standards du pays visité.

• Limiter, dans ses bagages, les emballages qui devront être laissés sur place. Rapporter avec soi les déchets non destructibles (sacs, plastiques, batteries, piles), après un voyage dans un pays ne disposant pas d'infrastructures d'élimination des déchets.

• L'eau potable est parfois une denrée rare qu'il faut utiliser avec parcimonie et éviter de polluer. Obtenir l'autorisation pour utiliser le puits ou la pompe d'un village. »

Pionnière en la matière, cette charte du voyageur est le fruit d'une action concertée du voyagiste *Atalante*, l'éditeur de guides *Lonely Planet*, et des revues *Grands Reportages* et *Trek Magazine*.

Parallèlement, plusieurs voyagistes se sont engagés sur des codes de conduite relatifs aux conditions de rémunération des personnels sur place, à la formation de cadres locaux, à la réduction des impacts environnementaux sur les milieux naturels : renoncement à l'utilisation du bois pour la cuisine, fourniture d'équipements chauds pour les porteurs, charge maximum de 35 kg par porteur, prise en charge de l'alimentation de ces équipes…

Pour s'y retrouver dans la relative confusion des définitions de tourisme équitable, solidaire, alternatif, écotourisme, voir le guide *D'autres voyages, du tourisme à l'échange*, édité par l'Union nationale des associations de tourisme (UNAT).

www.unat.asso.fr

Les accompagnateurs en montagne vous feront apprécier la nature et reconnaître les différentes espèces. Ci-dessus : *photo DG*, ci-dessous : *photo NV*.

GUIDES ET ACCOMPAGNATEURS

En France, l'encadrement professionnel de la randonnée pédestre, dans sa spécificité, est réservé, dans le seul espace rural montagnard, aux personnes titulaires d'un brevet d'État, le diplôme d'accompagnateur en moyenne montagne (AMM) ou le diplôme de guide de montagne, du moins pour tout encadrement contre rémunération.

• Les accompagnateurs en montagne

Formés surtout pour l'activité de la randonnées pédestre, ces professionnels ne sont pas habilités à emmener des clients sur les falaises ou parois, les glaciers, et de façon générale sur tous les terrains qui nécessitent l'utilisation de matériels ou de techniques d'alpinisme (corde, baudriers). Moyennant une formation spécifique, ils peuvent encadrer des activités VTT et raquettes à neige.

Une escale réconfortante sur le GR® 5. *Photo DG.*

Outre leurs compétences techniques, les accompagnateurs sont formés à la découverte des milieux naturels et humains, faune, flore, géologie, architecture rurale, traditions et cultures locales, etc. Chaque accompagnateur possède souvent un domaine de prédilection, parfois très pointu ou surprenant, des plantes médicinales à la peinture animalière, dans lequel il se révélera intarissable avec ses clients.

• Les guides de montagne

Les guides de montagnes sont techniquement plus polyvalents, pouvant passer de l'alpinisme au canyoning ou au ski de randonnée, et à la randonnée pédestre bien sûr. Leur terrain d'exercice, qui était traditionnellement la haute montagne, s'élargit de plus en plus à tous les espaces d'aventure et de nature, et au trekking.

• À leur compte ou dans une structure de voyage

Guides et accompagnateurs sont souvent employés par les agences de trek ou de randonnée. Mais la majorité travaille de façon indépendante. Dans ce cas, ils sont souvent organisés au sein des bureaux des guides ou des accompagnateurs implantés dans chaque massif de montagne. Enfin, ils peuvent monter et vendre leurs propres séjours de randonnée, en France ou à l'étranger, s'ils possèdent l'habilitation « tourisme » délivrée par le préfet.

ET À L'ÉTRANGER ?

Les réglementations sur l'encadrement professionnel de la randonnée varient d'un État à un autre, même à l'intérieur de l'Europe.

Maintenant, la profession d'accompagnateur en montagne, à l'origine spécifiquement française, apparaît progressivement dans d'autres pays, mais de nombreux États, notamment non européens, n'imposent pas de qualifications particulières pour encadrer la randonnée sur leur territoire.

En montant vers le lac de Marinet (Haute Ubaye). *Photo DG.*

www.sympatex.com
RESPIREZ...
SYMPATEX

SE PRÉPARER POUR RANDONNER

S'équiper pour marcher

Réputée peu technique, la randonnée requiert toutefois une certaine condition physique, surtout sur des itinéraires difficiles ou longs. Elle suppose également un minimum d'équipement et de préparation. La qualité et la pertinence du choix du matériel en fonction du type de randonnée projetée dicteront en grande partie le confort de la marche et la sécurité des personnes, dans un cadre naturel qui ne saurait être complètement exempt d'écueils.

Pour s'équiper, les randonneurs doivent parfois affronter l'embarras d'un choix difficile, tant l'offre est devenue abondante, toujours plus technique et segmentée. Les critères de sélection d'un matériel reposent en partie sur le type de randonnée pratiquée. Ils dépendent aussi du constant compromis à faire entre l'utilité d'un produit, ses qualités, et… le poids du sac ! Car en randonnée, il faut presque toujours tout porter…

PEUT-ON RANDONNER EN CHAUSSURES DE TENNIS ?

Oui, on peut toujours... à condition d'apprécier de marcher la cheville non tenue dans des pierriers, de glisser dès qu'il y a une pente, d'avoir les pieds trempés par temps humide ou pluvieux, de pouvoir compter, au bout d'une heure de marche, tous les cailloux du chemin sous la plante des pieds, de transpirer abondamment... En résumé, la marche en chaussures de tennis ne peut excéder de courtes promenades.

D'ABORD LES PIEDS !

Les chaussures

De bonnes chaussures de marche constituent incontestablement l'achat prioritaire… De la juste estimation de l'usage prévu (forme de randonnée, nature du terrain traversé, conditions climatiques probables) découlera, dans un premier temps, le choix du type de chaussure le mieux adapté. Il est évident que selon le but poursuivi – petites randonnées sportives d'une journée en plaine, ou longues randonnées itinérantes en altitude, par exemple – le choix ne se portera pas sur la même gamme de produits.

- Les chaussures de promenade et petite randonnée privilégient le confort, avec leur tige basse ou mi-haute, leur relative légèreté. Elles sont généralement en toile épaisse, plus rarement en cuir. Certaines sont dotées de membranes intérieures imperméables et « respirantes », autrement dit qui évacuent la transpiration.

haussure de grande randonnée homme. *Dessin NL.*

◀ Québec. *Photo TB.*

COMMENT BIEN ESSAYER SES CHAUSSURES ?

• Les essayages sont à effectuer de préférence en fin de journée, lorsque les pieds sont un peu gonflés, fatigués et sensibles, autrement dit dans une situation proche des conditions réelles de randonnée.

• Ne pas hésiter à tester plusieurs marques pour trouver le « chaussant » qui vous conviendra : tout n'est pas qu'une question de pointure !

• Le pied droit et le pied gauche étant rarement identiques, il est indispensable d'essayer les deux chaussures ensemble.

• Quelques trucs pour choisir la bonne pointure :

◇ Commencer par enfiler des chaussettes de randonnée à bouclettes.

◇ Glisser le pied le plus en avant possible dans la chaussure délacée, jusqu'à ce que les orteils touchent le bout. L'espace libéré derrière le talon doit correspondre à la largeur d'un doigt.

◇ Une fois la chaussure correctement ajustée et lacée, s'assurer que les talons sont bien maintenus, sous peine d'ampoules et d'irritations.

◇ Les orteils doivent être à l'aise, ne pas être compressés ni buter contre le bout avant de la chaussure, même dans les mouvements simulant une descente.

• Chaussures aux pieds, se promener dans le magasin en variant les mouvements : monter et descendre un escalier, grimper sur un banc ou sur un tabouret, etc.

• Une fois fait le bon choix, ne jamais partir en longue randonnée avec ses chaussures neuves, mais prendre le temps de les « casser », c'est-à-dire de les faire à son pied, en les portant chez soi, dans le jardin, puis durant de courtes promenades.

Les chaussures de randonnée ont bien changé depuis les années 1950.
© *FFRP-CDRP 49, coll. JC.*

• Pour le tout-terrain et le trek, des chaussures à tige haute, tout cuir ou mélange toile et cuir, à semelles plus épaisses et amortissantes, sont recommandées.

• Pour les randonnées en montagne, en milieu humide ou parfois enneigé, l'attention doit être portée sur des chaussures à tige haute, très imperméables, aux rebords conçus pour la fixation de crampons.

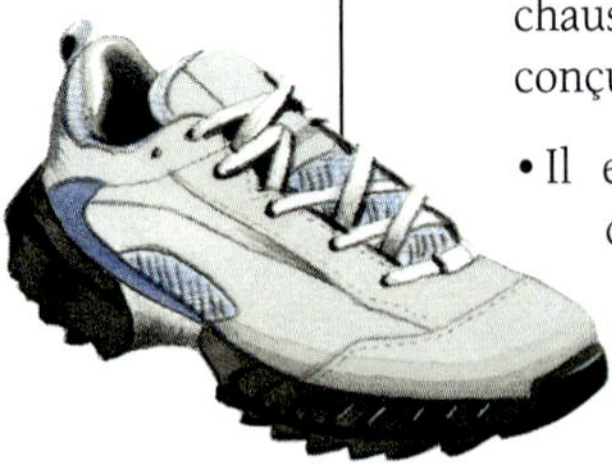

Chaussures type raid aventure pour femmes. *Dessin NL.*

• Il existe des chaussures spécifiques pour les pays chauds. Très légères, elles ne conviennent cependant pas pour de longues randonnées.

Quels que soient l'objectif et les options retenues, il faudra veiller, lors de l'achat, à ce que les chaussures présentent les qualités essentielles suivantes :

Sandale homme pour marcher l'été ou en milieu désertique. *Dessin NL.*

• Assurer une bonne adhérence au sol

Fondamentale pour la sécurité du randonneur, cette fonction d'adhérence est remplie par le crantage, plus ou moins marqué, dessiné sous les semelles. En terrain varié, accidenté ou pentu, une semelle de qualité évitera au randonneur de glisser sur des cailloux ou dans l'herbe mouillée.

• Garantir un bon maintien du pied et de la cheville

En assurant une plus ou moins grande rigidité, plusieurs facteurs contribuent à stabiliser latéralement le pied : la hauteur de la chaussure sur la cheville (tige basse, demi-haute ou haute), le matériau employé, le type de montage de la chaussure. Dans une descente surtout, mais aussi déjà sur terrain plat, le pied et la cheville du randonneur sont soumis aux inégalités du sol et à des tensions brutales. Le maintien de la cheville devient d'autant plus nécessaire que le terrain est accidenté. Certaines chaussures sont équipées pour offrir un laçage rapide et autobloquant sur le cou-de-pied, ce qui permet d'ajuster et de sécuriser le serrage. En terrain rocheux, dans les pierriers, une protection des malléoles contre les chocs est aussi appréciable.

• Être imperméables ou du moins protéger contre l'humidité

Non seulement marcher longtemps les pieds mouillés est inconfortable et peut provoquer un rhume ou de la fièvre, mais cela augmente aussi les risques de petites blessures au pied et de gelures en montagne. Un soin particulier devra être porté aux éléments suivants :

◇ La nature de la tige extérieure : si les matières synthétiques sont de plus en plus utilisées (toile en cordura par exemple), un cuir suffisamment épais, bien entretenu, demeurera toujours très efficace. Seul inconvénient du cuir : sa lenteur à sécher. Très imperméable, mais rigide, la coque plastique est plutôt utilisée en terrains neigeux et glaciaire.

ENTRETENIR SES CHAUSSURES

Un bon entretien des chaussures prolonge leur imperméabilité et leur durée de vie. Chaque matériau ayant ses caractéristiques, suivre les conseils d'entretien du fabricant. Se rappeler que les cuirs souples ne doivent jamais être graissés : ce qui les rendrait poreux et détériorerait les coutures. Prendre la peine de réimperméabiliser périodiquement les lacets n'est pas une précaution inutile : à la longue, ils pourraient mouiller la chaussure par capillarité.

Les chaussures mouillées doivent toujours être séchées loin des sources de chaleur vive, sous peine de durcir, de se déformer et de perdre une partie de leurs qualités. Un vieux truc pour éviter qu'elles ne déforment durant le séchage consiste à les bourrer de papier journal froissé. Si elles sont très humides, changer le papier au moins une fois.

Conserver des chaussures imperméables nécessite un minimum d'entretien (île de La Dominique, dans les Caraïbes. *Photo DG.*

◇ La qualité de la doublure intérieure : ultime rempart contre l'humidité, elle sera en cuir fin ou composée de membranes microporeuses et respirantes de type Sympatex®, Gore-Tex® ou Novadry®, qui empêchent le passage de l'humidité.

◇ Les coutures : c'est le point faible des chaussures, moins il y a de coutures, mieux c'est.

◇ La présence de renforts de caoutchouc : fixés sur l'avant, le côté et l'arrière de la chaussure, ces renforts freinent les infiltrations et l'humidité sur les parties les plus exposées.

Pas d'illusion toutefois, aucune chaussure de randonnée ne restera imperméable au-delà d'une heure de marche en terrain trempé.

• Évacuer au mieux la transpiration du pied
Fabriquée en cuir fin ou en membranes microporeuses, la doublure intérieure favorise la circulation de l'air. Elle évite, en cas de transpiration importante, que les pieds soient durablement mouillés.

• Absorber les chocs et amortir les inégalités du sol
De l'épaisseur et de la qualité de la semelle extérieure, notamment du talon – en caoutchouc ou en synthétique – dépendra la qualité de l'amorti. Les semelles modernes tendent à être de plus en plus légères et adhérentes, mais plus tendres et moins durables. Un plus pour certains produits : la possibilité de faire ressemeler au moins une fois ses chaussures. Dans la conception

Le choix des chaussures dépend de la nature du terrain traversé et du climat probable. *Photo DG.*

Photo DG.

de la semelle, la présence de couches intercalaires peut améliorer l'amortissement. Il est également possible d'ajouter des semelles ou des talonnettes intérieures antichocs, de type Sorbothane®, visant à stabiliser le pied et à améliorer le confort en absorbant une partie des chocs liés à la marche. Ces semelles supplémentaires peuvent soulager les personnes sujettes aux tendinites. Différents modèles, standards ou adaptables à la morphologie du pied, sont disponibles sur le marché.

• Être solides et durer quelques années

Les points faibles d'une chaussure seront :

◇ La tige extérieure : les matériaux à base de polyester sont plus fragiles à l'abrasion, le cuir et les coques plastiques étant les plus costauds.

◇ Les coutures : choisir des chaussures dont les coutures sont extérieures et apparentes, elles se révèlent les plus robustes ; les coutures intérieures ont tendance à être corrodées par la sueur.

◇ La durabilité moyenne des chaussures a diminué. Exceptés quelques modèles, il faut savoir qu'on n'achète plus une paire de chaussures pour vingt ans, mais pour quelques années.

• Être confortables et agréables

À qualité égale, c'est le point principal. Cela dépend de la morphologie du pied et du chaussant de la chaussure. À ce niveau, il n'y a pas de mauvaise ou bonne chaussure, mais une chaussure qui vous convient, ou pas. Les modèles dits féminins, dotés notamment d'une échancrure marquée au niveau du tendon d'Achille, d'un support plantaire plus élevé, d'un talon compensé et d'un chaussant plus étroit, correspondent à de véritables différences morphologiques.

Les chaussettes

Loin d'être secondaire, le choix de bonnes chaussettes de randonnée a son importance. En effet, malgré de bonnes chaussures, le fait de marcher avec des chaussettes standards ou inadaptées peut s'avérer très vite handicapant, avec notamment l'apparition d'ampoules ou de gênes spécifiques. Parmi les modèles à éviter, on peut citer les chaussettes dites de sport bas de gamme, ou sans talon préformé, en acrylique, ou encore les modèles à côtes, souvent irritantes à terme. Privilégier la bouclette… Pour la pratique de la randonnée, le haut de la chaussette doit être ajusté au mollet, sans comprimer la circulation sanguine.

La composition sera choisie en fonction de l'usage prévu, de la commodité et du confort souhaités :

◇ Le coton apporte douceur et résistance à l'usage. Il a pour inconvénient de mal évacuer l'humidité et de sécher lentement, ce qui peut être gênant en randonnée de plusieurs jours.

◇ Les nouvelles fibres synthétiques à base de polyester évacuent efficacement l'humidité et sèchent rapidement, ce qui est un facteur non négligeable pour une randonnée itinérante. Bien adaptées aux chaussures dotées de membranes intérieures dites respirantes, certaines comportent d'autres fibres de type Élasthanne®, Lycra®, etc. qui améliorent leur souplesse et leur maintien.

◇ La laine est chaude, mais a le désavantage de garder l'humidité.

◇ Les mélanges coton/fibres polyester ou laine/fibres polyester, en associant différentes qualités, représentent un bon compromis.

D'autres types de chaussettes existent : agréables pour leur confort, les chaussettes doubles risquent cependant de sécher lentement et de s'abîmer plus facilement. D'autres produits valent la peine d'être essayés comme les chaussettes anatomiques droite et gauche, les chaussettes ayant subi un traitement antibactérien pour les pieds ayant tendance à transpirer !

Tour du cirque de Mafate à La Réunion. *Photo DG.* ▶

CHOISIR SON SAC À DOS

Les sacs à dos de nos parents ! *Photo © FFRP-CDRP 49, coll. JC.*

Le volume

La question du volume est le premier critère à considérer pour orienter son choix. Quantifiée en litres, la contenance d'un sac est directement liée à l'emploi que l'on souhaite en faire : un sac de 30 à 40 l conviendra pour des sorties à la journée ; pour des randonnées de quelques jours, qui nécessitent davantage d'autonomie, un sac de 50 à 60 l pour une femme, 60 à 70 l pour un homme sera approprié. Les sacs de très grand volume sont utiles pour le trek ou des randonnées itinérantes de 10 jours et plus.

Attention ! Plus on choisit une grande contenance, plus on a tendance à charger le sac. Il ne faut pas oublier de prendre en compte le poids du sac à vide qui s'ajoute à la charge.

La conception du sac

À partir de 35 l (45 l selon les marques), tous les sacs à dos suivent les mêmes principes de fabrication : soutenus par une armature interne, ils sont équipés de bretelles rembourrées ergonomiques, d'une ceinture matelassée, de sangles de rappel de charge et d'une ceinture ventrale. Sur la plupart d'entre eux, la hauteur de dos est réglable.

Les différences entre les sacs portent essentiellement sur la qualité des matériaux et sur l'aspect pratique et différencié des aménagements de rangement et de portage. Outre le confort, ce sont la bonne répartition des charges et la facilité d'organisation et d'accès qu'il faudra privilégier : poches latérales, poche filet frontale, poches de rabat extérieures et intérieures. Certains modèles offrent une séparation intérieure amovible, qui permet d'avoir au choix un ou deux compartiments principaux. Un accès direct au compartiment inférieur est possible grâce à une fermeture à glissière située en bas du sac. Le porte piolet sera utile pour des randonnées glaciaires.

Un sac étant presque aussi souvent à terre que sur le dos du randonneur, il est soumis à de nombreuses manipulations. Aussi est-il indispensable de vérifier la solidité des attaches de bretelles ainsi que l'épaisseur du fond.

L'essayage

Au-delà de ses qualités pratiques et techniques, un sac à dos est comme un vêtement : il convient – ou ne convient pas – à la morphologie de chacun, en fonction de sa taille et de son ergonomie. Il faut donc essayer plusieurs modèles et procéder soigneusement aux réglages nécessaires, avec l'aide du vendeur si vous n'avez pas l'habitude. D'une conception légèrement différente, les sacs à dos féminins sont dotés d'un dos plus court, d'une large ceinture ventrale et de bretelles adaptées, ne gênant pas la poitrine.

Un petit sac à dos de 20 l suffit aux randonnées de quelques heures. *Photo NV.*

Dessin NL.

• **P**our régler le sac à dos, ajuster la hauteur du dos et la longueur des bretelles. Il vaut mieux égaliser les bretelles avant de charger le sac car cette opération est rendue plus difficile par le poids du sac.

• Le haut du sac, y compris le rabat, ne doit gêner les mouvements de la nuque.

• Le bas du sac doit se caller naturellement au niveau du bassin. Un sac trop grand va battre au niveau des fesses, gênant considérablement la marche, et rendre impossible le renvoi du poids du sac sur le bassin. Un sac trop court, empêchera le bassin de jouer son rôle, au détriment des épaules et de la colonne vertébrale.

• La sangle ventrale doit être ajustée au niveau de l'os iliaque, et ne pas serrer l'abdomen.

• Les petites sangles de rappel de charge et la sangle de poitrine, qui permettent d'équilibrer la répartition du poids, seront activées au début et au cours de la marche, en fonction de la charge et du terrain. Dans les montées, soulager un peu le bassin et charger un peu plus les épaules. Dans les descentes au contraire, où l'objectif est d'avoir le centre de gravité le plus bas possible pour être bien stable, abaisser le poids du sac au niveau du bassin et ajuster la ceinture ventrale et la sangle de poitrine pour éviter le ballant.

LES VÊTEMENTS

Depuis quelques années, la mode s'est emparée de l'activité nature/randonnée et l'offre dans les rayons s'est multipliée, s'affichant partout, à la campagne comme en ville. Il ne faut cependant pas tout confondre, et savoir distinguer la tenue confortable et décontractée, de l'équipement pratique et polyvalent. Pour la randonnée, vous gagnerez un réel confort en choisissant des vêtements dotés d'un minimum de technicité, choisis dans la gamme dite des vêtements de montagne.

Le corps du randonneur a deux ennemis : lui-même – sa propre chaleur et l'humidité dégagées lors de l'effort – et les conditions climatiques extérieures. On peut être aussi bien trempé par sa propre transpiration que par une bruine persistante ou une violente averse. Les fibres synthétiques modernes sont maintenant véritablement performantes : elles permettent de conserver la chaleur tout en évacuant l'humidité. Elles sont imperméables et respirantes, légères et robustes…

A: Tenue légère de marche; B: Tenue légère de camp; C: Tenue hivernale; D: Tenue avec jupe amovible.

Illustrations extraites du guide *Camping et voyage à pied* de Jean Loiseau, 1944.

Le système dit des 3 couches

Devenu fondamental dans l'habillement pour la pratique des activités de nature, ce principe multicouche se déclinera selon les conditions climatiques dans lesquelles on se trouve.

• Le sous-vêtement porté sur la peau (important) a pour fonction d'offrir une certaine protection thermique et surtout d'absorber et d'évacuer la transpiration. Tout cela est rendu possible aujourd'hui par les chemises ou tee-shirts en fibres synthétiques qui présentent aussi l'avantage de sécher rapidement. Il vaut mieux renoncer aux sous-vêtements de coton qui respirent mal et gardent la sueur.

• La deuxième couche conserve la chaleur : pull, sweat ou veste polaire. Comparativement à la laine, les fibres polaires sont plus respirantes, légères et d'un séchage facile. En revanche, sauf conception spécifique, elles sont inefficaces face au vent et ne sont pas imperméables. Elles sont plus ou moins chaudes selon leur grammage, de 100 g/m² à 300 g/m².

Le système dit des 3 couches assure confort et protection. *Photo NV.*

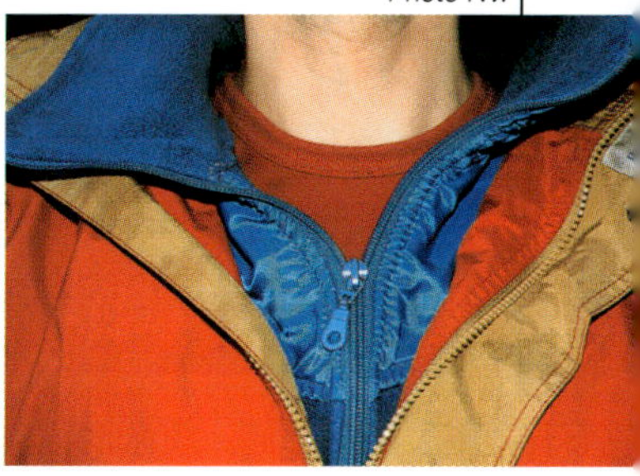

• Le vêtement imperméable et coupe-vent constitue la troisième couche. Quoique économique et léger, le classique coupe-vent de type K-Way® ne convient pas pour la randonnée : il ne restera imperméable sous la pluie que durant une demi-heure au maximum, et se révélera vite un vrai sauna dans l'effort car il n'est pas respirant. Les coupes-vent avec enduction (enduits) sont un peu plus performants et solides, et des renforts aux épaules peuvent améliorer leur imperméabilité.

Photo FK.

CAPES DE PLUIE ET GUÊTRES

Les capes de pluie – ou poncho – constituent une solution tentante en cas d'intempéries, protégeant l'ensemble du corps et du sac à dos. Leur longueur peut toutefois s'avérer gênante sur des sentiers abrupts ou herbus. Elles peuvent aussi devenir encombrantes en cas de vent, et surtout provoquer un ruissellement permanent sur les jambes ou les chaussures par forte pluie. Les guêtres (ou stop-tout) sont alors recommandées, et certains randonneurs choisissent de garder leur pantalon au sec et de marcher en short sous la cape. Destinées avant tout à protéger le haut et la tige de la chaussure de l'eau et de l'humidité qui pourrait y pénétrer – rosée matinale ou milieu enneigé – les guêtres sont également appréciables pour se protéger du sable et de la poussière, dans les pierriers par exemple ou sur des sentiers côtiers.

Une vraie protection sera apportée par les vestes comportant une membrane de type Sympatex® ou Gore-Tex® ou d'autres membranes comparables, à la fois imperméables et respirantes. De type ultra léger, ou 2 couches, ou 3 couches, les produits diffèrent par leur poids, leur solidité, leur performance, leur compressibilité, et leur prix. Le principal inconvénient de ce type de veste réside dans son prix élevé (150 € en entrée de gamme) et dans sa relative fragilité. Un peu de soin, ajouté d'un entretien spécifique, est requis.

Pour obtenir une bonne imperméabilité, il faut aussi examiner certains détails :

Les guêtres constituent une bonne protection contre le sable et l'humidité. Photo NV.

- Les coutures (le point faible) peuvent être rendues étanches par thermosoudage, notamment aux épaules.
- Un double rabat de protection sur la fermeture glissière de la veste est un plus.
- La capuche tempête doit être à la fois enveloppante et bien ajustable.
- Des poignets réglables évitent la pénétration de l'eau.

Le degré de confort sera fonction des matières utilisées, plus ou moins souples, de la coupe, des manches préformées, de la conception des poches, des repose-mains, etc.

Les pantalons

- Pour les randonnées en plaine ou en faible altitude, les modèles à jambes amovibles offrent deux produits en un : short et pantalon. Confortables, bien coupés, parfois extensibles, ils ont bien oublié leurs défauts de jeunesse, mais ils demeurent trop légers et fragiles pour la randonnée en montagne.
- Pour les marches en altitude, il est préférable de se

munir de pantalons en élasthanne, renforcés aux fesses et aux genoux, et « déperlants », pour résister aux premières gouttes de pluie.

• Pour les longs parcours, un surpantalon imperméable peut s'avérer utile.

Quel que soit le type de randonnée, le « jean » est à éviter : trop lourd, il gêne les mouvements de la marche et sèche très lentement.

Séchoir improvisé sur le Toubkal au Maroc, sommet qui culmine à 4 165 m. *Photo TB.*

LES AUTRES ÉQUIPEMENTS INDIVIDUELS

Les lunettes

Loin d'être un gadget, la paire de lunettes est indispensable, été comme hiver, notamment en montagne, pour protéger les yeux des UV A et UV B. Les lunettes de catégorie 3 ou 4 assurent une protection maximale. Les modèles de montagne comportent en général des protections latérales.

Pour la marche en milieu enneigé, des lunettes de glacier de catégorie 3 ou 4 sont recommandées. *Photo NV.*

Le choix du couvre-chef

Les bobs classiques sont légers et bon marché, mais protègent mal, laissant le visage et la nuque exposés aux rayons du soleil. Les chapeaux à large bord procurent une bonne protection, mais sont moins pratiques : difficiles à ranger, ils peuvent aussi s'envoler. Le choix le plus fonctionnel est celui des casquettes dotées d'un protège nuque, amovible ou incorporé.

Photo FK.

La gourde, sinon rien !

Indispensable, la gourde existe maintenant sous deux formes. La gourde traditionnelle rigide, en aluminium ou en plastique isolant, est robuste, facile à nettoyer et peut contenir tous les types

Prévoir un minimum de 1,5 l d'eau par personne et par jour. *Photo NV.*

Sur certains terrains, les bâtons de marche facilitent la progression. *Photo YL.*

de boissons, chaudes ou froides. L'inconvénient est qu'il faut s'arrêter pour la sortir du sac et boire, aussi souvent que l'on a soif ! L'autre type de gourde se présente sous la forme d'une poche plastique souple, prolongée par un tuyau et une pipette qui facilite une bonne hydratation par la possibilité de boire tout en marchant. Mais elle est plus chère, fragile et d'entretien moins facile.

Les bâtons de marche

Les bâtons contribuent à soulager les jambes à la montée – et plus encore à la descente – à amortir les chocs et à faire participer activement les bras au mouvement cadencé de la marche. La plupart sont télescopiques (d'où l'importance, dans le choix du matériel, de la fiabilité du système de serrage) et dotés de rondelles interchangeables en fonction du terrain, ce qui les rend utilisables pour la pratique de la raquette à neige. Privilégier les modèles équipés d'amortisseurs de choc améliore le confort de la marche (voir aussi p. 182 « Les bâtons toujours ? »).

Un rien peut transformer un enfant en petit explorateur.
Au-delà des balades occasionnelles, il est préférable d'équiper correctement les jeunes randonneurs.
Ci-dessus : *photo DG*,
ci-desous : *photo FK*.

ÉQUIPER LES ENFANTS

Les enfants grandissant vite et marchant relativement peu, on peut avoir la tentation de ne pas les équiper spécifiquement pour la randonnée. Une paire de bonnes tennis, à la semelle assez épaisse et crantée pourra effectivement suffir pour marcher épisodiquement une heure sur de bons chemins. Au-delà, il vaut mieux équiper l'enfant de véritables chaussures de marche et d'un vrai sac à dos avec un dos rembourré et une sangle ventrale. Il aura aussi besoin de vêtements de protection efficaces contre le froid et la pluie et de bonnes lunettes de soleil.

L'équipement pour la randonnée en autonomie

Photo TB.

Pour partir vraiment léger en complète autonomie, il existe des alternatives à la tente classique, d'un confort évidemment plus sommaire :

• la tente spéciale raid/-orientation (1,5 kg pour deux personnes),

• l'abri de bivouac (700 à 900 g pour une personne),

• et pour ceux qui préfèrent dormir à la belle étoile, le sursac, à choisir impérativement en matériau limitant la condensation (Sympatex® ou équivalent).

Photo TB.

LA TENTE

Le premier critère de sélection d'une tente pour la randonnée est son poids, qui ne devra pas excéder 1,5 kg par place.

Tunnels ou igloo ? Les deux modèles ont leurs adeptes. Pour résumer, les tentes dites tunnels sont légères et rapides à monter ; les modèles de forme géodésique (dites tentes igloo) ont une meilleure stabilité et résistance au vent.

Pour camper plusieurs nuits, ou en cas de mauvais temps, les tentes comprenant une ou deux absides offrent un confort complémentaire : l'espace de l'abside peut être mis à profit pour entreposer ses affaires et son sac, se changer, au besoin faire la cuisine. Certaines tentes sont remarquablement légères et bien adaptées à une randonnée rapide ou en solitaire, mais au détriment du confort et parfois de la solidité. D'autres présentent l'intérêt de pouvoir être montées d'abord par le double toit, ce qui est appréciable en cas de montage (ou démontage) sous la pluie.

Dans une gamme de produits devenue très complète, les points à vérifier seront les suivants :

• l'efficacité de la ventilation et la qualité respirante de la toile – la condensation peut tremper entièrement l'intérieur d'une tente ;

• l'imperméabilité et la résistance du tapis de sol ;

• l'étanchéité des coutures du toit et du double toit ;

• la solidité des arceaux – l'aluminium est plus léger et résistant au gel que la fibre.

Selon la destination choisie et les conditions climatiques attendues, vérifier ou non la présence de larges moustiquaires et celle d'un tapis de sol « cuvette » – ou de toile à pourrir – protégeant bien de l'eau ruisselant sur le sol…

LES SACS DE COUCHAGE

Pour la randonnée, mieux vaut adopter un sac de couchage de forme sarcophage qui, à poids égal, tiendra plus chaud qu'un sac de forme couverture.

L'attention portera surtout sur le matériau de garnissage – plume ou fibres synthétiques – en fonction de l'utilisation prévue. Le duvet, d'oie de préférence, est plus compressible et plus chaud. À performances thermiques équivalentes, par exemple pour des températures ambiantes allant de - 1 à - 16 °C, un sac de couchage en duvet pèsera environ 1,1 kg contre 1,8 kg pour un sac en synthétique. Et le duvet demeure inégalé pour les grands froids. Mais le gain de poids et le confort douillet ont un prix, le sac en duvet coûtant en moyenne le double d'un sac en synthétique.

Plus abordables, les fibres synthétiques ont fait de spectaculaires progrès en terme de compressibilité et de performance thermique. Elles absorbent moins l'humidité et sèchent plus vite, ce qui constitue un avantage non négligeable pour randonner plusieurs jours dans des milieux humides.

Quelle que soit la nature du matériau, les performances thermiques varient d'un modèle à l'autre. Les conditions d'utilisation optimales de chaque modèle sont en principe indiquées par le fabricant, mais souvent de façon un peu optimiste : un sac conçu pour des températures allant de - 3 à - 16 °C sera en fait efficace jusqu'à - 5 ou - 6 °C.

UN DRAP, POURQUOI PAS ?

Le drap intérieur (appelé familièrement sac à viande) assure une meilleure hygiène en cas d'usage prolongé ou répété du sac de couchage. Il est utile pour dormir en gîte ou en refuge. Enfin, s'il est en fibre polaire, il permet de gagner quelques degrés, précieux en cas de froid nocturne.

Il faut compter environ 1 heure, pour plier la tente et être prêt à partir. *Photo YL.*

LE MATELAS

Extrait d'un catalogue de matériel de camping, 1938.

Le meilleur duvet sera inopérant si vous dormez à même la terre, ou sur le sol de tente. Dormir sur une surface froide entraîne un risque de condensation importante sous le corps, donc un risque de refroidissement. Le matelas est donc indispensable pour isoler du froid et de l'humidité. Assurant actuellement la meilleure isolation thermique, les matelas autogonflants ont aussi beaucoup progressé en légèreté et en solidité. Si vous souhaitez gagner en légèreté (mais en acceptant de perdre un peu en confort) les modèles de 1,20 m de longueur (500 g environ pour les plus légers) offrent un bon compromis. Pour les randonnées un peu longues, ce type d'équipement suppose d'emporter un kit de réparation. Plus rustiques, les matelas mousse classiques sont imbattables par leur prix : une poignée d'euros seulement !

LA POPOTE

La « popote » désigne tout l'attirail utile pour cuisiner et manger en randonnée.

L'élément le plus important concerne le choix du réchaud et de son combustible : pour randonner en France ou dans les pays proches, la solution la plus pratique est le réchaud se vissant directement sur la cartouche de gaz butane. Parmi les nombreux réchauds proposés dans le commerce, les différences significatives portent sur le poids – de 200 à 400 g – et sur la puissance de chauffe. Selon les modèles, le temps nécessaire pour porter un litre d'eau à ébullition variera de 3 à 7 minutes…

On compte usuellement une cartouche de gaz courante pour deux personnes, pour deux jours.

Les pares-vent se révèlent un accessoire efficace pour limiter la déperdition de chaleur liée au vent.

Plus ou moins complètes, les popotes sont en général en aluminium, un matériau léger mais sensible aux chocs. Pour une bonne efficacité de cuisson, vérifier que la forme de la popote soit bien compatible avec celle du réchaud. Ne pas oublier qu'un couvercle accroît considérablement la vitesse du chauffage. Certains détails sont pratiques : couvercle-passoire, jeux de poignées amovibles, casseroles encastrables…

Les équipements de sécurité

Photos NV.

L'ORIENTATION

La boussole

Les boussoles à plaquette simple sont facilement positionnables sur la carte, leur lecture est favorisée par une lentille loupe incorporée. La présence d'un miroir de visée simplifie grandement le repérage sur le terrain. Toutes comportent un réglage de la déclinaison magnétique. Les plus sophistiquées ont un cadre d'échelle internationale permettant le traçage sur carte, d'après les coordonnées UTM livrées par le GPS.

L'altimètre

Aux classiques modèles mécaniques à aiguilles se sont joints les modèles électroniques plus précis, aux multiples fonctionnalités, mais plus fragiles et sensiblement plus chers. Classique ou électronique, choisissez un modèle compensé en température et évitez les altimètres de début de gamme, limités à 4 000 m d'altitude. Si vous optez pour un modèle électronique, ne lésinez pas sur la qualité des piles, à retirer en période de non-utilisation.

Le GPS

le GPS a ses avantages et ses inconvénients ; il ne doit pas gommer une bonne connaissance de la carte et une bonne utilisation de la boussole, suffisantes pour la pratique habituelle de la randonnée.

Photo TB.

Les GPS sont conçus avec ou sans cartographie intégrée. Les randonneurs peuvent se contenter des seconds. La plupart des produits actuellement sur le marché se valent au niveau étanchéité, robustesse et poids (entre 150 et 300 g) et l'on peut toujours y ajouter une carte mémoire le cas échéant. Ce sont les fonctionnalités – et le prix – qui dicteront le choix.

CHOISIR SON GPS

Si on n'est pas encore familiarisé avec l'instrument, voici quelques critères pour choisir son premier GPS.

• Préférer un modèle à 12 canaux parallèles, pouvant recevoir simultanément 12 satellites, plutôt qu'un modèle séquentiel, ne recevant qu'un satellite à la fois.

• Un minimum de 500 waypoints est nécessaire pour pouvoir mémoriser suffisamment d'itinéraires ou de tracés.

• Nombre de routes : 20 routes minimum.

• Bases de données et cartographie : ne cherchez pas un GPS disposant d'une base de données intégrant les cartes au 1/25 000 ; cela n'existe pas. Les bases de données et cartographies intégrées visent plutôt des services connexes à la randonnée : cartes routières, plans des villes, hôtels et restaurants, calcul des périodes optimales de chasse et de pêche, périodes de pleine lune, etc.

• Autres fonctions parfois proposées : altimètre, boussole (ou compas électronique), téléphone avec WAP. Cela se discute : si l'appareil tombe en panne, tout tombe en panne…

• Autonomie : c'est un point important, et à l'heure actuelle, l'une des faiblesses du GPS. À quelques exceptions près, la plupart des modèles offrent entre 10 et 20 heures d'autonomie. Plus l'appareil dispose de fonctions, plus il consomme d'énergie. Si vous comptez partir loin, attention au standard des piles, dont certains sont introuvables hors de France ou d'Europe.

• Affichage : les cristaux liquides gèlent à partir de - 20 °C.

• Connexion : il serait dommage de ne pas pouvoir coupler son GPS avec un ordinateur.

• Pour ne pas manquer d'énergie, il existe des GPS avec panneaux solaires portables permettant de passer automatiquement en alimentation solaire lorsque le temps le permet, et donc d'économiser les piles. Moins perfectionné, plus rustique, mais toujours disponible : l'huile de coude ! Les chargeurs manuels de type gyroscopique permettent de faire fonctionner votre GPS ou votre téléphone portable durant quelques précieuses minutes. Il suffit de tirer vigoureusement la ficelle !

LA TROUSSE DE SECOURS

Une trousse de secours doit être conçue pour remédier aux incidents, et en cas de problème grave, pour faciliter l'attente des secours dans les meilleures conditions. Sauf exception (présence d'un médecin), elle n'a pas pour objectif l'accomplissement de gestes ou de prescriptions d'ordre médical. Si l'on part plusieurs jours, on peut lui ajouter une trousse à pharmacie contenant des médicaments que l'on utilisera uniquement sur avis médical. Il n'est pas indispensable que chacun porte une trousse complète, en prévoir une pour quatre personnes par exemple.

• les médicaments personnels

Outre une bonne crème solaire, chaque randonneur emportera dans son sac les médicaments qui lui ont été prescrits s'il est en cours de traitement d'une part, et ceux qui peuvent lui être utiles en cas de problème, ainsi que les ordonnances médicales correspondantes : un antihistaminique pour les allergiques, des produits spécifiques pour les asthmatiques, des comprimés à absorber par voie orale pour les personnes allergiques aux piqûres d'insectes – voire un kit injectable –, de l'insuline pour les diabétiques, etc. Les personnes sujettes aux cystites à répétition emporteront un antibiotique adapté.

Dans un groupe, une personne peut se charger de la trousse de secours. *Photo DG.*

La couverture de survie aura sa place dans chaque sac. Les couvertures plastifiées, épaisses, sont plus solides et polyvalentes (bâche…), mais plus lourdes (200 g). Les couvertures fines sont à usage unique, mais très légères (50 g).

VACCINATIONS

De façon générale et pour la pratique de toute activité sportive, il est bien entendu préférable de tenir à jour ses vaccinations. Penser notamment pour la randonnée à faire les rappels contre le tétanos, une maladie grave – parfois mortelle – qui peut être contractée à l'occasion d'une plaie, même modeste, souillée par de la terre, du métal rouillé ou des excréments d'animaux.

Toutes les informations concernant les vaccinations souhaitables ou obligatoires, en Europe et à l'étranger, sont accessibles sur le site portail de l'Administration française : www.service-public.fr ou sur celui de l'Institut Pasteur : www.pasteur.fr

LE CONTENU DE LA TROUSSE DE SECOURS

- Désinfectant incolore pour nettoyer une plaie souillée ;
- éosine aqueuse en dosette ;
- sérum physiologique en dosette pour laver les yeux ;
- lot de pansements prédécoupés de taille et de formes diverses, dont certains imperméables ;
- 5 compresses stériles de petit format ;
- 5 compresses stériles de grand format ;
- du sparadrap ;
- des petites bandes collantes de suture, du genre Stéristrip®, à employer sur une plaie désinfectée, et avant de la montrer à un médecin ;
- pansements contre les ampoules et protections de type « deuxième peau » ;
- de la bande collante élastique (type Élastoplast®), de 6 cm de large, qui servira à tout : protéger un pansement, réparer la bretelle d'un sac à dos...
- une bande collante non élastique (Strapal®) pour faire un strapping sur une entorse de cheville (Attention ! Il faut être au moins secouriste pour réaliser ce bandage.) ;
- une bande de type Velpeau® normale ;
- une paire de petits ciseaux bien coupants ;
- des épingles à nourrice ;
- une aiguille et une pince pour enlever des échardes ;
- une pommade apaisante contre les piqûres d'insectes (ou d'orties) ;
- une crème à l'arnica en cas de coups, un tube de granulés d'arnica ;
- des comprimés antalgiques à dissoudre dans la bouche, éviter l'aspirine qui peut être allergène ;
- quelques bonbons ou morceaux de sucre enveloppés individuellement.

Si vous partez plusieurs jours :

- de l'ultralevure contre les diarrhées ou vomissements ;
- un antibiotique à large spectre ;
- un collyre ;
- une pommade contre les coups de soleil et les brûlures ;
- un anti-inflammatoire.

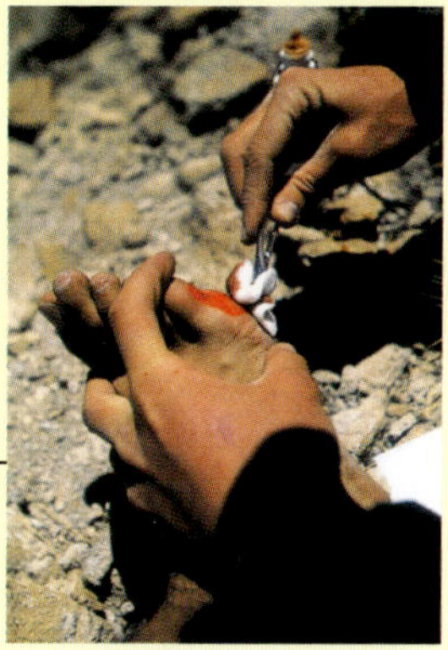

En randonnée, la moindre petite blessure peut devenir un handicap, aussi faut-il désinfecter et soigner la plaie rapidement. *Photo TB.*

Avoir une assurance adaptée

DE L'UTILITÉ D'ÊTRE BIEN ASSURÉ

Nul n'est à l'abri d'un incident ou d'un accident au cours d'une randonnée. Ainsi, durant l'été 2002, 1 675 interventions en montagne ont été enregistrées concernant les seuls randonneurs.

Depuis la loi du 27 février 2002, les frais de recherche et de secours – qui relevaient jusqu'ici de la solidarité nationale – peuvent incomber aux personnes secourues. Il faut savoir que de nombreuses communes ont adopté ce principe, pour alléger leur budget de fonctionnement d'une part, et pour responsabiliser les promeneurs – ou les skieurs – d'autre part. Sur la base de 20 à 45 € la minute d'hélicoptère, les coûts d'une opération de sauve-

tage grimpent très vite, sans compter les défraiements ou rémunérations dues aux secouristes.

S'assurer que son contrat prévoit bien l'assistance et le rapatriment sanitaire. *Photo YL.*

Pour les soins strictement médicaux relevant de la caisse maladie, leur remboursement est évidemment partiel, suivant les taux en vigueur. L'assurance ou la mutuelle prennent en charge tout ou partie du ticket modérateur.

Vous pouvez par ailleurs être reconnu responsable d'un incident causé à un tiers, sans même qu'il y ait faute de votre part, ce qui peut vous conduire à des débours financiers importants.

INTERROGER SON ASSUREUR OU PRENDRE UNE ASSURANCE SPÉCIFIQUE ?

La plupart des contrats multirisques habitation couvrent la responsabilité civile, mais la couverture des dommages individuels n'est pas systématique, et donne lieu, lorsqu'elle est prévue, à des indemnisations fort diverses selon les sociétés d'assurance.

Avant de partir en randonnée, il faut donc demander des précisions à son assureur et obtenir des réponses par écrit :

- vérifier que la randonnée pédestre, ou sa pratique en montagne, n'est pas exclue du champ de son contrat au titre des activités dites à risque,

- s'assurer que les frais d'assistance sont totalement pris en charge le cas échéant. Si ce n'est pas le cas, il est toujours possible de négocier un avenant à son contrat ou au pire, de changer de compagnie d'assurance.

Les assureurs proposent des formules adaptées aux treks à l'étranger. *Photo YL.*

La licence sportive FFRP, individuelle ou familiale, permet d'acquérir une assurance adaptée à la pratique de la randonnée pédestre, en responsabilité civile, accidents corporels et assistance. La FFRP propose également à ses adhérents la Randocarte, valable 1 an, qui garantit notamment une assistance 24 heures sur 24 et 7 jours sur 7, en France comme à l'étranger.

Les voyages, treks ou expéditions peuvent faire l'objet d'une démarche spécifique (voir p. 132 : « Organiser un trek de façon autonome »).

Les check-lists pour préparer son sac

POUR QUELQUES HEURES DE BALADE OU UNE JOURNÉE

Équipement personnel systématique

- Des lunettes de soleil,
- un tube de crème solaire,
- une casquette ou un chapeau,
- un vêtement de protection contre la pluie,
- un pull ou une veste en fibres polaires, fine ou épaisse, selon la saison et la température,
- des bâtons de marche le cas échéant,
- des vivres de course (pain d'épices, barres, fruits secs...),
- le pique-nique pour une sortie à la journée (quelques idées : morceaux de concombre, melon, tomates, ou carottes crues, ou bien salade préparée et soigneusement emballée, œufs durs, pain et fromage, ou sandwich au jambon, fruits, cake ou quatre quarts, etc.),
- de l'eau, minimum 1,5 l,
- une couverture de survie,
- un sifflet,
- du papier hygiénique,
- une paire de lacets de chaussures.

Emporter une paire de lacets de rechange est toujours utile : non seulement pour éviter de marcher avec une chaussure mal serrée si un lacet casse, mais aussi pour mille petits dépannages inattendus.

Pour le groupe

- Du fil et des aiguilles,
- un couteau pliant,
- un sac poubelle pour emporter les déchets,
- une trousse de secours,
- le topo-guide® FFRP, guide de randonnée ou descriptif de l'itinéraire,
- la carte au 1/25 000 avec, éventuellement, un protège carte en plastique,
- une boussole,
- des jumelles ou un appareil photo,
- du papier et un stylo,
- un téléphone portable,
- une lampe frontale (utile en cas de départ tardif en hiver ou de passage obscur – comme un ancien tunnel désaffecté par exemple).

Aigrette gazette. Photo NV.

Des jumelles rando-compactes, ou des jumelles d'ornithologie permettent d'assister à des spectacles inattendus. *Photo NV.*

Photo YL.

POUR PLUSIEURS JOURS AVEC HÉBERGEMENENT

À l'équipement de la journée, ajouter :

Photo NV.

- des vêtements et sous-vêtements de rechange,
- des sandales ou chaussures légères pour se détendre le soir,
- un poncho ou cape de pluie,
- un sur-pantalon,
- une pile de rechange pour la lampe frontale,
- un « sac à viande » ou un drap-housse,
- des bonnets et des gants pour le matin ou le soir selon la saison,
- une trousse de toilette,
- de la lecture,
- des vivres de course pour plusieurs jours,
- des cartes topographiques.

Photo NV.

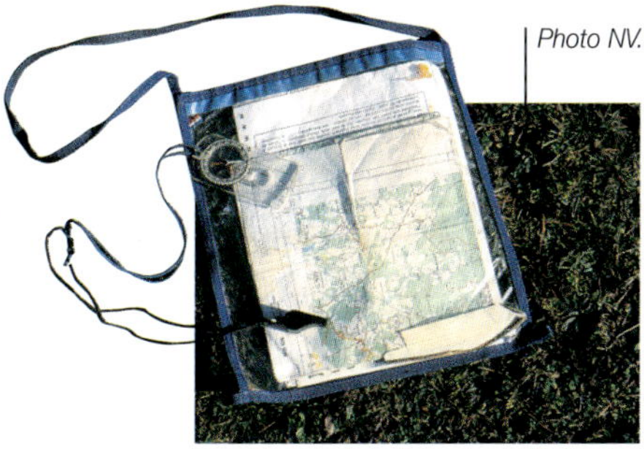

POUR PLUSIEURS JOURS EN AUTONOMIE

Aux listes précédentes, ajouter :

- la tente,
- le sac de couchage,
- le matelas,
- un briquet et des allumettes à l'abri de l'humidité,
- le réchaud et son combustible,
- la popote avec éponge et torchon,
- les provisions,
- plusieurs sacs poubelle,
- un rouleau de ficelle solide,
- une grande bâche plastique,
- des pastilles Micropur® ou Hydroclonazone®.

Les poussettes portables permettent d'emmener les plus petits en randonnée. *Photo DG.*

SI VOUS PARTEZ AVEC DES ENFANTS

Pensez à emporter un guide de découverte de la faune et de la flore, des vêtements de rechange, éventuellement quelques bonbons. Les jeunes enfants seront installés dans un porte-bébé, les plus grands seront fiers de porter eux-mêmes un petit sac à dos contenant une gourde d'eau et quelques gâteaux en étui individuel.

Photo DG.

PRÉVOIR SES REPAS POUR PLUSIEURS JOURS

Bivouac sur le tour du Mont-Blanc. *Photo YL.*

Si l'on souhaite préparer soi-même ses repas, la question du ravitaillement et du poids des provisions devient primordiale. Voici quelques conseils pour limiter l'encombrement et la charge :

• Vite prêtes, trouvables partout, les conserves sont pratiques et peuvent dépanner. En revanche elles sont lourdes, et créent des déchets parfois malodorants et désagréables à porter.

• Privilégier de préférence les aliments déshydratés ou contenant peu d'eau : lait demi-écrémé en poudre, soupes et purée en sachets, riz, pâtes... À la différence des plats lyophilisés, les légumes dits déshydratés doivent être cuits comme des légumes frais, 15 à 30 minutes dans l'eau bouillante.

• Attention donc aux temps de cuisson : le riz complet non précuit, par exemple, exige une longue cuisson et consomme par conséquent beaucoup de combustible.

• Prendre sans compter des sachets de thé, de tisanes et de soupes, qui réhydratent, réchauffent, désaltèrent. Penser au sucre pour agrémenter les boissons chaudes.

• Les plats lyophilisés offrent de nombreux avantages : très légers à porter (80 g pour un plat d'une personne), vite préparés (il suffit de rajouter de l'eau bouillante), ils constituent maintenant une gamme diversifiée (couscous, curry de volailles...). Leurs sachets de conditionnement, ultra résistants, servent même de bol pour manger. Mais ils restent d'un usage assez coûteux, et peuvent manquer de charme à la longue...

• Il existe maintenant des plats cuisinés auto-chauffants qui ne nécessitent aucun réchaud : le nec plus ultra pour ceux qui recherchent la légèreté à tout prix !

• Pour gagner du poids au moment de faire le sac, certains aliments peuvent être déconditionnés, c'est-à-dire dépouillés de tout ou partie de leurs emballages. Veiller toutefois à ce qu'ils ne puissent pas être écrasés ou se répandre dans le sac. Par temps chaud, il faudra éviter les aliments qui peuvent fondre, notamment le chocolat.

• La composition des menus et la façon de cuisiner peuvent avoir une incidence directe sur la corvée de vaisselle ! Laver à l'eau glacée du torrent une casserole, dans laquelle le plat a « attaché », peut prendre un certain temps...

QUEL POIDS PEUT-ON PORTER ?

Pour une randonnée itinérante, le poids maximum recommandé pour un sac à dos est de 20 % du poids du porteur : ainsi une femme de 55 kg peut porter un sac de 11 kg, un homme de 80 kg, un sac de 16 kg. Ce poids est suffisant pour une randonnée de quelques jours. Il est bien sûr excessif pour une simple journée de marche.

Porter davantage est toujours possible, jusqu'à un tiers de son poids, mais il vaut mieux l'éviter : outre le risque accru d'incident sur un terrain accidenté (chutes, entorses...), porter un sac trop lourd peut générer des pathologies à court et moyen terme : tendinites, usure des cartilages ou des disques intervertébraux.

COMMENT REMPLIR SON SAC À DOS ?

Organiser son sac à dos est tout un art ! Pour obtenir un bon portant, le principe de base est de répartir la charge principalement sur le bassin et un peu sur les épaules, sans la coller sur la colonne vertébrale ou sur les muscles du dos, et sans qu'elle ballotte non plus loin du corps ! Le poids doit donc être réparti de façon à ce que le centre de gravité du sac soit le plus près possible du corps, ni trop bas, ni trop haut. Ainsi, les objets lourds sont calés dans le sac, côté dos, et ce qui est plus léger (vêtements), côté extérieur du sac. Éviter les charges lourdes sur les reins, ou au sommet du sac, et gare aux bosses ou aux angles du réchaud ou de la gamelle pointant dans le dos du porteur. L'équilibre des charges pesant sur les parties latérales – dans les poches extérieures mais aussi à l'intérieur du sac – doit aussi être l'objet d'une grande attention.

Outre la répartition du poids assurant confort et sécurité de marche, l'aspect fonctionnel de l'organisation du sac est primordial : le sac de couchage et les vêtements de rechange seront rangés au fond du sac ; la gourde, les vivres de course, le chapeau et la crème solaire (ou les gants) resteront aisément accessibles, par exemple dans les poches latérales. Le guide de randonnée et la carte sont à portée de main, dans le rabat supérieur ; les vêtements de protection sont en haut du sac. Les objets précieux, tels que papiers et argent, sont à l'abri dans la pochette intérieure du rabat, protégés dans une pochette plastique zippée.

Photo NV.

Les vêtements et différentes affaires personnelles peuvent être rangés dans différents sacs plastiques ou en toile légère, ce qui facilite les manipulations et évite de chercher longuement la chaussette ayant glissé au fond du sac.

L'emplacement du matelas n'est jamais évident : on peut le mettre sous le rabat supérieur (enroulé éventuellement autour de la tente), l'attacher en bas du sac à dos, ou le glisser à l'intérieur

Photo YL.

même du sac, autour des affaires. S'ils sont à l'extérieur, matelas et tente doivent être protégés contre la pluie.

Si tout ne rentre pas dans le sac à dos, si vous ne pouvez pas le fermer, la solution ne consiste pas à transformer son sac en arbre de Noël, garni d'objets divers accrochés à droite et à gauche. Outre le risque de les perdre en route, ces affaires seraient exposées à la pluie et aux déchirures, et leur ballottement deviendrait vite très gênant pour la marche. Mieux vaut procéder à un examen critique du contenu du sac et revoir son organisation.

Un sac à dos n'est jamais totalement imperméable, l'eau finissant toujours par pénétrer à l'intérieur par les coutures et les fermetures. Une housse de protection extérieure imperméable peut être utile. On peut aussi préférer doubler l'intérieur du sac à dos d'un grand sac poubelle robuste de 80 ou 100 l.

SE FAIRE AUX RÉGLAGES

L'ajustement des bretelles étant rendu difficile par le poids des affaires, il est préférable de penser à les égaliser au mieux avant de charger le sac sur le dos (se reporter aux indications p. 154).

Photo YL.

UNE FOIS EN MARCHE

Règles et usages des chemins

Quels que soient les milieux ou la longueur de la randonnée, il existe des règles de base à suivre, pour marcher avec plaisir et sécurité.

Photo DG.

COMPRENDRE LES BALISAGES

L'essor de la randonnée pédestre s'est traduit par la multiplication des balisages, de toutes formes et de toutes couleurs. En outre, d'autres activités de nature se sont peu à peu structurées, générant sur le terrain d'autres formes de signalétique : de quoi perdre son latin de randonneur ! La Fédération française de randonnée pédestre a initié l'adoption d'une charte officielle visant à normaliser l'usage des formes et des couleurs, mais en raison des habitudes locales (Alsace, Lorraine) ou dans les espaces naturels protégés en particulier, il existe d'autres balisages.

Les balisages pédestres

Pour attirer l'attention du randonneur, les changements de direction et les directions à ne pas suivre sont souvent signalés par un balisage spécifique. La croix indique une mauvaise direction, la flèche prévient d'un changement (bientôt tourner à gauche, ou à droite). Lorsque plusieurs types d'itinéraires possèdent des tronçons communs, ce sont en général les marques blanc-rouge de GR® qui sont apposées, complétées par des panneaux directionnels aux carrefours.

Le jalonnement des sentiers consiste en marques de peinture sur les rochers, les arbres, les murs, les poteaux. Leur fréquence est fonction du terrain.

Les itinéraires de randonnée pédestre connus sous le nom de "GR", jalonnés de marques conformes au modèle reproduit ci-contre, sont une création de la FFRP-CNSGR. Ils sont protégés au titre du Code de la propriété intellectuelle. Les marques utilisées sont déposées à l'INPI. Nul ne peut en disposer sans autorisation expresse.
Sentier de Grande Randonnée, GR, GR Pays, PR, GR, GR PAYS, PR, «...à pied», «les environs de... à pied» sont des marques déposées ainsi que les marques de couleur blanc-rouge et jaune-rouge.

◀ Refuge Roger Carle dans les Alpes de Haute-Provence. *Photo DG.*

	LA CHARTE FFRP DU BALISAGE	TYPE DE RANDONNÉE	CODE COULEURS
GR®	Sentier de Grande Randonnée®	• plusieur jours • tracé linéaire d'un point à un autre	 double trait blanc et rouge
GRP®	Sentier de Grande Randonnée de Pays (GR Pays®)	• plusieurs jours • tracé en boucle à l'intérieur d'une région, d'un pays, d'un parc naturel	 double trait jaune et rouge
PR®	Sentier de Promenade et Randonnée®	• de 2 heures à 8 heures de marche • tracé en boucle en général	 trait jaune

En haut et au milieu : photos NV, en bas : photo DG.

Photos NV.

Hors de cette charte du balisage, il existe d'autres formes de marques, mises en place par l'ONF dans les massifs forestiers, par les parcs naturels nationaux et les parcs régionaux à l'intérieur de leurs territoires. Le Club vosgien possède son balisage propre, assez complexe.

Les balisages des autres activités de nature

À l'instar du ski alpin, les couleurs employées pour les circuits de ski de fond et de VTT varient selon la difficulté des parcours (vert, bleu, rouge et noir).

Les parcours équestres sont généralement de couleur orange, de même que les parcours de randonnée nordique.

Photo NV.

Bien d'autres balisages existent, mis en place par des structures intercommunales, des stations de montagne, etc. Ils sont parfois expliqués sur des panneaux apposés au début des sentiers, ou dans les descriptifs ou guides correspondants.

LES PRINCIPALES RÈGLES RELATIVES À L'USAGE DES CHEMINS

La notion de chemin n'est pas une entité juridique, ni les notions de GR®, de GRP® ou de PR®, qui sont des marques. Le droit s'appliquant aux chemins s'appuie sur d'autres notions : le distinguo entre domaine public et domaine privé, les notions de chemins ruraux, chemins d'exploitation, chemins privés individuels… Les règles régissant l'usage des chemins sont trop nombreuses et complexes pour être abordées ici (voir aussi p. 76 : « Randonner en forêt » et p. 240 : « Bibliographie »).

Nous rappellerons seulement quelques principes de bon sens :

• Randonner sur un itinéraire balisé, c'est être assuré que l'on emprunte des sentiers et des chemins autorisés, conçus et entretenus pour l'accueil du public.

Des cairns jalonnent les sentiers de Lozère.
Photo YL.

RECONNAÎTRE LES CAIRNS

Il existe une très ancienne pratique qui consiste à jalonner les itinéraires de pyramides de pierres, parfois imposantes et savamment assemblées, parfois plus proches du tas de pierre, appelés des cairns. Cette forme de balisage demeure fréquente en montagne et dans les régions du sud, ainsi que sur les sentiers suisses.

Implantés en rangs un peu serrés, les cairns jalonnent des passages propices à l'erreur d'orientation, notamment en cas de brouillard : larges cols, plateaux pierreux, pierriers…

La présence d'un cairn isolé peut avoir plusieurs significations : il peut marquer l'arrivée au sommet bien sûr, mais aussi une bifurcation, le départ d'un autre sentier, le début de l'itinéraire de descente, le départ d'une voie d'escalade, ou la proximité du refuge, caché derrière une butte…

Ne défaites pas les cairns en place, vous pouvez rajouter votre pierre à l'édifice ; ne créez pas de nouveaux cairns qui correspondraient à votre seul usage personnel.

BIEN SE GARER !

La promenade commençant souvent par le fait de garer sa voiture, veiller à ce que le véhicule en stationnement ne gêne pas le passage des engins forestiers ou agricoles, même le dimanche. Un tracteur mesure autour de 2,80 m de large, une moissonneuse-batteuse 4 m, et une voiture ordinaire 1,60 m. Il est interdit de stationner derrière les barrières de routes forestières : il s'agit d'un accès de sécurité, ou réservé pour la gestion de la forêt.

• La terre, les champs, les bois appartiennent toujours à quelqu'un. Des gestes apparemment anodins peuvent entraîner des conséquences importantes ou être très mal perçus, et le marcheur doit respecter une certaine discipline qui relève d'abord d'un savoir vivre élémentaire. Il faut donc, par exemple, laisser les fruits à leur propriétaire, même si cela paraît tentant de cueillir une pomme au passage. Loin d'être abandonnées, ces pommes amassées au pied d'un arbre seront utilisées pour le cidre, ou ces châtaignes tombées dans les feuilles seront récoltées prochainement. Ne traversez jamais un champ cultivé, ou un pré où sèchent les foins. D'une façon générale, respectez les propriétés traversées, les pâturages comme les exploitations agricoles ou forestières.

• Pour que bétail et randonneurs fassent bon ménage, toujours refermer les clôtures et barrières, même si aucune bête n'est à portée de vue. Si vous êtes amenés à côtoyer un troupeau, marchez tranquillement sans gestes brusques ni éclats de voix, veillez à ne pas séparer une mère de son petit, ne surprenez pas les bêtes par derrière.

Photos DG.

Photo NV.

SE PROMENER AVEC UN CHIEN ?

En règle générale rien n'oblige à tenir son chien en laisse, l'important étant d'avoir le contrôle permanent de son animal (par la voix), et que ce dernier ne s'éloigne pas de son propriétaire.

Rappelons cependant que les chiens sont interdits, même en laisse, dans les parcs nationaux et dans certains espaces naturels protégés. Afin de préserver le gibier, il est également interdit de laisser les chiens sortir des allées forestières du 15 avril au 15 juin, sauf s'ils sont tenus en laisse. L'obligation de tenir son chien, ou l'interdiction pure de l'amener, peut également être prescrite par les autorités locales, par exemple dans les zones où paissent les troupeaux.

D'autres règles de comportement relèvent de l'évident savoir-vivre : retenir son chien près de soi à proximité d'autres promeneurs, veiller à ce que le chien n'effraie pas les chevaux si vous croisez des cavaliers, ne pas gêner les cyclistes.

Il faut également vous interroger sur l'opportunité d'emmener systématiquement votre chien en randonnée. Un chien même en laisse et non bruyant demeure un prédateur potentiel aux yeux de la faune sauvage, et peut perturber notablement le comportement des bêtes sans que vous vous en aperceviez. Vous n'aurez donc guère la chance d'apercevoir mouflons ou chevreuils. Un chien peut aussi provoquer de belles paniques au sein d'un troupeau…

Photo NV.

Savoir marcher

UN PEU DE TECHNIQUE

La marche mobilisant tout le corps, de la pointe des pieds aux cervicales, une douleur ou une anomalie fonctionnelle se répercutera inévitablement à l'étage supérieur, car ce dernier aura tendance à compenser. Autrement dit, un pied (ou une cheville) raide peut entraîner des douleurs dans le genou ou le dos.

Ainsi, pour éviter les douleurs et pathologies liées à la marche, le randonneur doit bien dérouler le pied en marchant, aborder le sol par le talon, puis le bord externe, puis l'avant-pied et finir par l'impulsion du gros orteil. À chacun de trouver sa longueur de foulée pour marcher agréablement, sans se déhancher.

Dans les montées, éviter de monter sur la pointe des pieds mais poser tout le pied à plat. Ne pas se casser en avant, garder le dos droit en faisant travailler fessier et muscles de la cuisse, les abdominaux étant mobilisés.

La descente et la montée ne mobilisent pas les mêmes muscles et nécessitent un règlage des sangles du sac. *Photo de gauche : DG et photo de droite : FK.*

Dans les descentes, garder les genoux fléchis et souples, ne pas marcher jambe tendue. Ne pas se crisper et résister à la pente, mais essayer de profiter de l'élan donné par les lois de la gravité, pour allonger le pas sans prendre de vitesse. Les longues descentes sollicitent considérablement les genoux et les quadriceps, surtout si l'on est chargé. En cas de douleurs récurrentes aux genoux, ralentir le rythme, s'aider de bâtons de marche.

QUESTION DE RYTHME ET D'ALLURE

Partir tôt n'a que des avantages. Cela permet de randonner avant la grosse chaleur, de goûter l'ambiance du petit matin, de profiter des chemins avant l'affluence éven-

LES BÂTONS, TOUJOURS ?

D'après une étude menée sur un tapis roulant simulant différentes conditions de marche, « les bâtons optimisent le déplacement sur le plat et dans les montées, car ils permettent une meilleure répartition du travail musculaire […] », notamment en ménageant les genoux, très sollicités dans la marche. Enfin, « les bâtons sont également stabilisateurs et semblent très utiles à partir d'un certain âge pour limiter les blessures et les chutes. » Dans tous les cas, il est recommandé d'utiliser deux bâtons, et non pas un seul.

Il n'est toutefois pas opportun d'utiliser systématiquement les bâtons de marche durant la randonnée. Sur un sentier étroit et cerné par la végétation, les rondelles auront tendance à s'accrocher. Souvent mal tenus, les bâtons perdent de leur efficacité, et peuvent s'avérer gênants du fait de l'encombrement des mains. Leur utilisation est délicate en terrain rocheux, sur les pierriers, car les pointes glissent sur la roche. Enfin passer la dragonne au poignet se discute, car cela peut être dangereux en cas de chute.

Enfin, restent à inventer des bâtons silencieux, pour les amoureux du silence.

Photo TB.

tuelle, de marcher lorsque les enfants sont le plus en forme, de ne pas être pris par le temps, d'arriver tôt au refuge, ou d'avoir le temps d'installer le bivouac, etc. L'heure du départ doit bien sûr être modulée selon les circonstances, la saison, la durée de la sortie... Mais il serait irréaliste, voire dangereux, d'envisager des excursions dans le sud ou en Corse en été, ou de s'engager dans de longues étapes de GR® sans être prêt à se lever aux aurores.

Concrètement, l'heure du départ peut se situer entre 6 et 7 h en été, 8 et 9 h en mi-saison. Dans tous les cas, calculez les horaires pour être rentré ou arriver largement avant la nuit, surtout en hiver. En refuge, comptez environ 45 minutes entre le lever et le départ, et environ 1 heure et quart si vous campez.

On débute toujours une balade en allant tranquillement, en-deçà de son rythme de marche de croisière. Cela permet de se réveiller complètement, de prendre des nouvelles de ses compagnons, et surtout, d'échauffer les muscles et le système cardio-vasculaire. Un départ trop rapide se traduit souvent par un point de côté, ou un coup de barre un peu plus tard – les jambes molles –, surtout si la journée démarre par un bon raidillon. 20 à 30 minutes de marche à une allure modérée suffisent pour que le rendement musculaire devienne optimal.

À quelle allure marcher ensuite ? La réponse sera dictée par les circonstances : niveau d'entraînement des membres du groupe, dénivelée et longueur de l'étape, poids des sacs.

• Si le groupe est relativement homogène, il pourra garder un rythme régulier sans accélérations ou arrêts

photo DG.

L'INTÉRÊT DE SUIVRE LES SENTIERS

Photo NV.

Ne cédez pas à la tentation de couper les lacets des sentiers ou d'improviser un raccourci, pour gagner du temps ! Le tracé des sentiers, souvent très ancien, ne doit rien au hasard, mais correspond en général au meilleur rapport temps-fatigue-sécurité. Couper les lacets risque de casser votre rythme de marche.

De surcroît, l'emprunt mille fois répété des raccourcis dégrade considérablement le sentier principal en créant des ravinements. Vous rendriez inutiles les travaux de restauration des itinéraires, souvent fort coûteux, et réalisés par les collectivités publiques. Couper les lacets est passible d'amendes dans certains parcs nationaux.

intempestifs. Chacun marche à son pas, trouve son rythme dans les montées, tout en restant à vue du groupe. S'il le faut, des regroupements se feront aux petites pauses. Attention ! Il est important que chacun puisse boire quelques gorgées périodiquement, s'alimenter selon ses propres besoins. Il serait dommage de gâcher la balade par un incident d'hypoglycémie. À chacun donc de gérer comme il l'entend ses vivres de course glissés au fond des poches, avant le pique-nique convivial de midi. On peut aussi instaurer une courte pause toutes les heures pour l'ensemble du groupe.

Photo DG.

• Si le niveau d'entraînement du groupe est moins homogène, la règle d'or est de toujours s'adapter aux plus lents. Cela ne veut pas dire que tout le monde doit marcher au même pas, mais qu'une ou deux personnes, spontanément ou formellement désignées, décident de rester derrière les plus lents, en « serre-file », et que les plus rapides attendent régulièrement les autres aux pauses. Ces principes répondent à la fois à un souci de solidarité (pourquoi partir ensemble pour ne pas se voir ?), d'efficacité (les plus inexpérimentés, s'ils sont laissés en arrière, peuvent se démotiver et ralentir encore), et de sécurité (ne pas laisser quelqu'un tout seul derrière).

• Si les rythmes sont décidément trop hétérogènes, du fait de la présence de jeunes enfants ou de personnes gênées dans leur marche, on peut aussi choisir une randonnée présentant deux parcours différents, avec un regroupement à mi-journée. L'important est que chaque groupe soit autonome en boisson, nourriture et équipement, carte et guide, et comprenne au moins une personne expérimentée, ou formée à l'encadrement de l'activité.

Dans un groupe, chacun marche à son rythme et selon ses centres d'intérêt. L'essentiel est de marquer régulièrement des temps d'arrêts, afin d'attendre les retardataires. *Photo YL.*

PARTIR AVEC DES ENFANTS

Photo FK.

Savoir anticiper leurs besoins permet d'éviter bien des petits drames ! Les enfants épuisant leurs réserves et se déshydratant plus rapidement que les adultes, il est préférable de ne pas attendre qu'ils aient faim et soif pour agir : ainsi faut-il les inciter boire régulièrement, à manger un peu lors de petites pauses (biscuits, pain d'épices, fromages, fruits). Ils reprendront des forces et poursuivront avec enthousiasme. Quant aux bonbons, ils peuvent constituer un « plus » requinquant contre les petits maux ou le coup de fatigue.

Même sur des itinéraires relativement courts – 1 à 2 heures de marche – le sentiment d'ennui peut poindre, avec la fatigue et le désir de rentrer. Contre l'ennui, pensez aux histoires, aux jeux, aux chansons, qui détourneront leur attention. Faites leur observer les roches, les arbres… Dans la nature, les sources d'inspiration ne manquent pas !

Un enfant peut prendre peur devant un passage délicat, inhabituel ou impressionnant (passerelle, gué, pierrier). Le rôle de l'adulte n'est ni de le gronder, ni de le ridiculiser bien sûr, mais de le rassurer en lui faisant comprendre qu'il a le droit d'avoir peur, mais qu'il est aussi capable de surmonter son appréhension et de franchir l'obstacle.

En matière de sécurité et de respect de l'environnement, les enfants peuvent très vite apprendre certaines règles de base :

LE GUIDE PRATIQUE À PIED EN FAMILLE®

Au printemps 2002, la FFRP lance la collection À pied en famille®, une nouvelle série de guides de randonnées conçus spécialement pour toute la famille. Ces guides (13 titres parus en 2004), proposent une sélection de balades amusantes, faciles à suivre et accessibles à tous, jamais trop longues et toujours en sécurité. Venant compléter la collection, *Le Guide pratique À pied en famille* apporte des solutions concrètes pour la préparation et le bon déroulement des balades. S'appuyant sur l'expérience de parents marcheurs et de professionnels (médecins, accompagnateurs, psychologues, animateurs…), il donne des conseils, livre des petites astuces utiles pour le confort et la sécurité, propose des jeux…

Se méfier des fleurs dangereuses. Au-dessus : digitale pourpre et ci-contre : colchique. *Photos NV.*

- Prendre conscience des principaux dangers, et d'abord celui de la chute : rester sur le sentier, ne pas courir près du vide, ne pas se pencher, etc.
- Ne jamais jeter de cailloux, ni dans la pente, ni dans des fourrés, ni vers les personnes. Réserver les jets de pierres pour le lac.
- Épargner les fleurs, les plantes.
- Ne rien jeter par terre.
- Ne rien porter à la bouche, et ne pas toucher les champignons. On peut lui faire reconnaître les plantes ou les fruits dangereux les plus couramment rencontrés : colchiques, aconit digitale, muguet…
- Ne pas cueillir les petits fruits, même comestibles et très tentants, situés au ras du sol.
- Ne pas boire l'eau des ruisseaux ou des torrents.

Paysages et milieux naturels

RANDONNÉE ET POLLUTION

Même si elle est considérée comme une activité douce et non polluante, la randonnée peut générer des perturbations dans les milieux traversés. Les impacts de la fréquentation, très variés selon les milieux, ont déjà été évoqués en partie dans le chapitre II « Les différents milieux de la randonnée ». Vis-à-vis des milieux naturels, la règle d'or est de ne laisser aucune trace de son passage, ni plantes piétinées, ni branches cassées, ni déchets. Le principe est donc de ne rien abîmer de ce qui existe, et de n'abandonner aucun reste, pas même ceux réputés biodégradables. Casser l'extrémité d'un jeune arbre, par exemple, peut perturber durablement sa croissance ; sous les pierres d'un ruisseau se cachent des œufs d'espèces aquatiques ; certaines plantes des tourbières ou des landes, qui mettent des années à croître, peuvent être écrasées par le piétinement en une seconde… Il faut savoir par ailleurs que des épluchures, des coquilles d'œufs, ou des peaux d'orange, du reste peu appétissants, mettront des mois, au mieux, à disparaître.

La satisfaction des **besoins naturels** demande aussi certaines précautions. Vos traces seront plus discrètes et plus vite décomposées par les bactéries présentes dans le sol, si vous les déposez au fond d'un trou, que vous recouvrez ensuite de terre, sur plusieurs centimètres d'épaisseur. Pour que les bactéries d'origine fécale ne polluent pas les cours d'eau ou les plans d'eau voisins, veillez à rester hors de la zone de drainage et à une distance raisonnable de l'eau (50 m minimum). Pour éviter la concentration des souillures sur une même zone, (les sommets, les pourtours d'aires de pique-nique), il est recommandé d'instaurer des haltes hygiéniques en cours de chemin, et non pendant la pause. Les urines – à peu près stériles – posent plus un problème d'odeur que de pollution. Pour cela, évitez les zones rocheuses, d'éboulis ou de terre sèche, qui garderaient durablement les odeurs.

NATURE INTACTE : POURQUOI ÊTRE SI EXIGEANT ?

• L'expérience montre combien l'exemple influe sur le comportement de chacun : les ordures attirent les ordures, alors qu'un site laissé propre reste mieux respecté... Emporter ses déchets est un geste simple de citoyen, à enseigner aux plus jeunes.

• Les déchets sont durables, y compris ceux réputés biodégradables, et leur temps de décomposition se compte en mois, années ou siècles !

un trognon de pomme met de 4 à 6 mois pour se décomposer dans la nature, une coquille d'œuf 6 mois, une peau de banane 8 à 10 mois, une peau d'orange 2 à 4 ans, un papier de bonbon 4 à 5 ans, un mégot de cigarette 10 à 20 ans, une canette en aluminium 200 ans, une bouteille plastique 500 à 1 000 ans, du verre 4 000 ans !

REGARDS SUR LES PAYSAGES

La première récompense du marcheur est souvent la contemplation du paysage. Mais ce plaisir sensoriel peut s'accompagner d'une vision plus analytique, pour la satisfaction de comprendre ce qui compose un paysage et le fait évoluer. Au-delà de leurs dimensions esthétiques

Photo YL.

De gauche à droite : Colorado provençal, *photo DG* et forêt de Fontainebleau, *photo NV*.

(« le paysage est l'endroit où le ciel et la terre se rencontrent »), les paysages permettent une lecture de l'histoire de la Terre et des hommes qui ont façonné sa surface. Le paysage est ainsi le fruit d'une dynamique complexe entre de multiples composantes :

- physiques : rentrent en jeu la structure du sol (la géologie), la topographie (la forme du relief), la climatologie, l'hydrographie (l'action des cours d'eau, des lacs et océans) ;
- biologiques : végétale et animale ;
- humaines : en France, les paysages sont profondément marqués par l'occupation humaine, exceptés peut-être les territoires de haute montagne et les forêts tropicales des DOM-TOM.

Table d'orientation sur le mont d'Ayen. *Photo YL.*

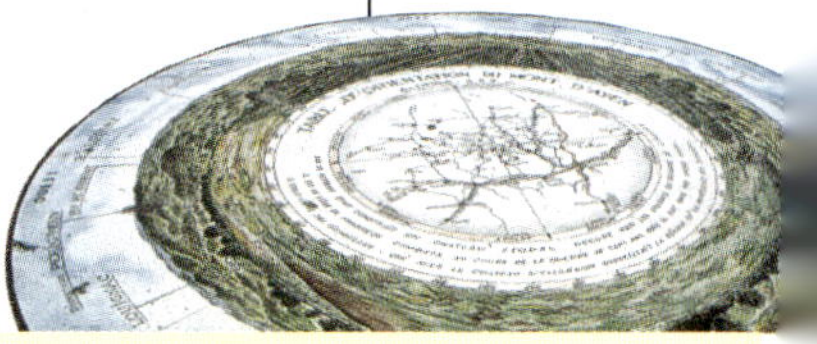

QU'EST-CE QU'UN BEAU PAYSAGE ?

Notre appréciation actuelle des paysages, le goût généralement exprimé pour les paysages dits naturels n'ont pas toujours existé. Il fut un temps, pas si lointain, où la montagne ou les côtes sauvages effrayaient, et où le paysage idéal était celui du « Jardin de la France », tranquille et domestiqué. C'est au XIXe siècle que la nature cessa d'être « hostile », pour devenir « admirable ». Aujourd'hui, le paysage, loin de constituer une notion consensuelle, constitue le champ de multiples débats, notamment à l'occasion de projets d'équipement (routes, éoliennes), et touchant souvent directement les randonneurs : que dire du paysage forestier actuel (la forêt française s'est accrue de 35 % depuis la fin de la Seconde Guerre mondiale), ou de la disparition progressive du paysage bocager ? Au-delà du contexte social, un paysage parle aussi à la sensibilité de celui qui le regarde, et chacun possède sa propre perception, forgée par son histoire personnelle, ses références, ses pratiques au sein de la nature. Par exemple, la haute montagne pourra être perçue comme très austère ou grandiose, un sentier côtier comme monotone ou au contraire très dégagé. Rien de plus subjectif donc, que la perception d'un paysage.

Panneau d'interprétation au lac d'Allos dans le Mercantour, *photo NV* .
Plan d'un oppidum, *photo DG*.

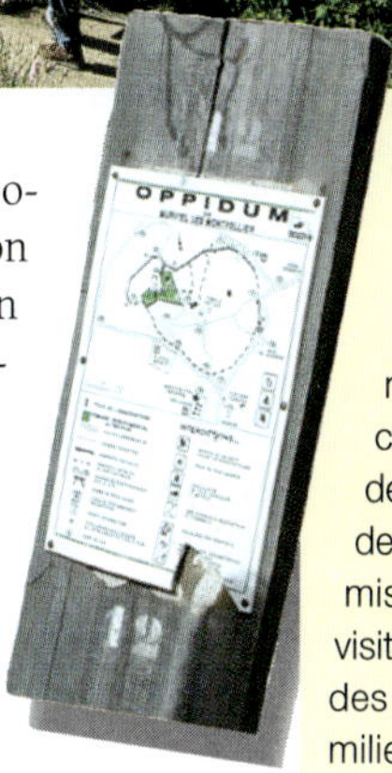

LA DÉMARCHE DE L'INTERPRÉTATION

Énoncée formellement en 1957, la démarche de l'interprétation s'est développée d'abord dans les parcs nationaux nord-américains. Elle tire son nom de la pratique des guides des parcs, qui avaient pour mission d'accueillir les visiteurs, et de leur donner des explications sur les milieux naturels, de les « interpréter ».

L'interprétation s'intéresse au tout, à la globalité des milieux et non à un seul aspect. La technique de l'interprétation est de faire appel à l'expérience et aux sensations vécues du visiteur, pour provoquer sa réflexion, plutôt que de lui apporter des informations reçues passivement.

Selon l'échelle d'observation, selon la topographie, selon la culture de chacun, on remarquera dans un paysage la végétation dominante, la part de l'homme ou du climat, ou encore le relief.

De nombreux moyens sont maintenant disponibles pour favoriser la connaissance des milieux naturels et aider à la compréhension des paysages : le randonneur trouvera de nombreux passages explicatifs dans les topo-guides® et les ouvrages de randonnée, sur les panneaux d'information fixés au départ des sentiers. Il existe désormais de plus en plus de sentiers pédagogiques – jalonnés de bornes d'interprétation – et la possibilité de suivre les visites guidées organisées par différents organismes dont les centres permanents d'initiatives pour l'environnement (CPIE).

Pyrénées orientales. *Photo DG.*

DAME GÉOLOGIE, MÈRE DU PAYSAGE

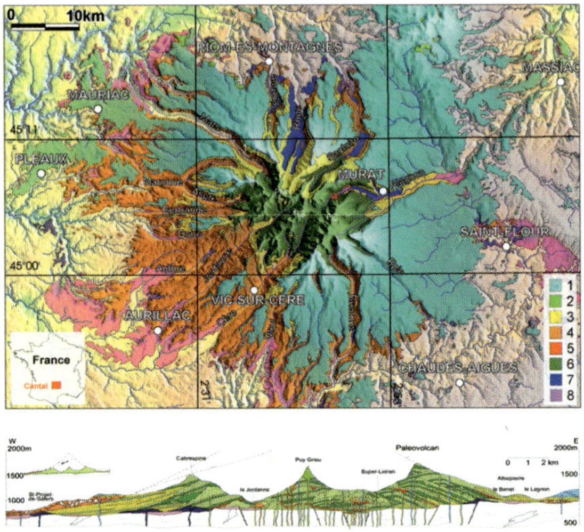

Bloc en perspective montrant un relief en coupe, *source BRGM* .

C'est la géologie qui structure les grandes lignes de paysage : plaines et plateaux, ou collines et montagnes, crêtes acérées et dénudées et gorges profondes, côtes basses et sableuses, ou falaises escarpées. Elle détermina en grande partie l'implantation humaine et le développement de l'habitat, conditionnant les matériaux de construction disponibles (grès, calcaire, granite), les ressources minières (charbon, fer…), les sources d'énergie (gaz…), voire les formes de culture (plaines à blés de la Beauce).

Dans les régions à la topographie accidentée, la géologie, alliée à l'érosion, est à la source de ces reliefs aux noms souvent évocateurs : arpon du Diable, téton de Vénus, brèche de Roland…

La mosaïque de paysages, qui caractérise tant le territoire français, est le résultat de processus géologiques souvent longs, où se conjuguent des forces profondes (courants de convection dans le manteau terrestre, à l'origine entre autres du volcanisme), des forces tangentielles (forces tectoniques qui construisent les montagnes) et des processus de surface (érosion par l'eau et la glace). La connaissance géologique que l'on en a commence à être meilleure, notamment grâce à la réalisation de la première couverture géologique de la France à l'échelle du 1/50 000, qui a permis de reconstruire l'histoire de ce puzzle.

Sans entrer dans les détails, la France métropolitaine est constituée de plusieurs ensembles géologiques et paysagers majeurs :

- des bassins sédimentaires (bassins parisien et aquitain, fossés de la Manche…) ;
- des grabens, c'est-à-dire des fossés d'effondrement (Limagnes, plaine d'Alsace) ;
- des montagnes récentes (Alpes, Pyrénées, Corse nord-orientale) ;
- des massifs où affleurent de vieilles chaînes de montagne érodées (Massif Armoricain, Massif Central, Vosges, Ardennes) ;
- des bassins marins profonds marqués par une océanisation récente (golfe de Gascogne, bassin liguro-provençal) .

L'image si commode de montagnes jeunes et de montagnes vieilles n'a plus lieu d'être : les vieux massifs Armoricain, Central et Vosgien, bien que constitués de roches aux histoires anciennes, ont été portés à leur altitude actuelle en même temps que les Alpes…

Le BRGM (Bureau des recherches géologiques et minières), spécialiste français du sol et du sous-sol, est chargé de l'acquisition, de la gestion et de la mise à disposition des informations sur le sous-sol. Ces informations sont contenues principalement dans les cartes géologiques et sont actuellement progressivement mises en ligne sur un serveur de données de façon à être à la disposition des utilisateurs.

Colorado provençal. *Photo DG.*

Prendre des photos en randonnée

Ce que l'œil transmet au cerveau est souvent fait de couleurs somptueuses, d'horizons infinis, de lignes et de plans successifs se découpant sur un fond bleu azur. Ajoutez un pommier en fleurs, ou une cascade, ou un marcheur à distance raisonnable, et voilà de quoi faire une photo de rêve. Mais avant d'y parvenir, que de pellicules gâchées !
Quelques conseils pour réussir ses photos :

Appareil photo reflex et narcisses. *Photos NV.*

• Le cadrage
la consigne est de prendre son temps. Examiner soigneusement l'image dans l'objectif. Quel premier plan ? Quel second plan ? Quel rapport entre les plans ? Est-ce le meilleur point de vue ? Suis-je au meilleur endroit ? Le sujet principal n'occupe pas forcément le centre…

• La vitesse d'obturation et l'ouverture du diaphragme
En option « automatique », l'appareil sélectionne des valeurs moyennes d'exposition et d'ouverture. Mais vous pouvez aussi conserver la maîtrise des réglages. Si les sujets bougent peu, sélectionner plutôt une vitesse lente qui permettra une bonne profondeur de champ. On peut aussi choisir une faible profondeur de champ en sélectionnant une vitesse plus élevée : une zone floue peut avantageusement masquer un premier plan indésirable (poteau, voiture). En règle générale, plus la vitesse choisie est lente, plus l'appareil emmagasine de lumière, mais plus il sera plus sensible au mouvement (les flous ne sont pas toujours artistiques !). Plus la vitesse est brève, moins il bénéficie de lumière, mais plus le mouvement sera saisi avec netteté (photographier un animal par exemple).

• La focale
Un objectif de 50 mm est un bon compromis. Il ne permettra pas toujours un angle suffisamment large. Un objectif de 35 mm, voire un 28 mm, peut paraître plus judicieux, mais l'impression de recul par rapport au sujet photographié en sera augmentée, et cela ne conviendra pas pour toutes les prises de vues, notamment les paysages.

Un téléobjectif (135 mm) est utile pour se rapprocher du sujet, faire un portrait par exemple ou donner du volume aux reliefs. Rappelez-vous cependant que le matériel photographique pèse lourd. Opter pour un zoom 35/135 laisse au photographe une grande liberté.

• Le choix de l'appareil

Le bon vieux 24 x 36 a encore de beaux jours devant lui. Les séances de projection de diapositives procureront toujours des moments magiques, et les tirages qu'on obtient de diapos sont le plus souvent de grande qualité. Une photo coûte cher, ce qui incite à vérifier l'intérêt de la prise de vue avant de déclencher. L'appareil photo numérique semble résoudre en partie cette hésitation, puisqu'il est possible de décider après déclenchement de conserver ou non le document. Ces appareils, qui proposent jusqu'à 6 millions de pixels, permettent aujourd'hui des agrandissements ultérieurs, au piqué irréprochable, jusqu'à des formats de 60 x 80 cm, voire plus. Mais le photographe dispose de moins de marge de manœuvre pour intervenir, à moins de disposer d'un appareil haut de gamme, qui reste assez cher aujourd'hui. Cela dit, le numérique s'impose

Appareil photo compact. *Photo NV.*

Coucher de soleil à Saint-Malo. *Photo TB.*

aujourd'hui de plus en plus. Lors de l'achat, prévoir l'ajout d'une carte mémoire de capacité suffisante, et ne pas oublier ensuite de recharger la batterie régulièrement.

• La macro photographie
C'est un des plaisirs de la randonnée : fleurs, détails d'écorces, insectes, plissements de roches. Pour réussir vos macros, n'hésitez pas à emporter un petit pied et un déclencheur souple permettant d'éviter les mouvements intempestifs provoqués par le déclenchement manuel direct.

• Les filtres
Certains objectifs sont aujourd'hui pourvus de filtres UV. Avec du matériel plus classique, il est toujours utile d'emporter ce type de filtre, surtout en altitude, en présence de névés ou de sommets enneigés proches.

Enfin, le choix des sujets est évidemment l'affaire des sensibilités personnelles. Si l'on peut éviter de répéter à l'infini les mêmes personnages triomphants ou rêveurs devant la plaine immense, il n'est évidemment pas interdit de se construire des souvenirs. Penser aussi au petit patrimoine rural des régions traversées : vieux chalet, moulin, fontaines, abreuvoir, croix forgées aux carrefours, abri de berger : il y a toujours de quoi caractériser une culture, celle du pays que l'on traverse.

Passer une nuit en pleine nature

TROUVER L'ENDROIT PROPICE

Le choix de l'emplacement de la tente demande toujours un soin particulier et donc un peu de temps. Aussi ne faut-il pas attendre que la nuit soit proche pour se préoccuper de trouver l'endroit approprié. Un emplacement mal choisi peut entraîner une nuit peu confortable, voire pas drôle du tout ! Cela peut aussi mettre en danger les campeurs.

• L'eau et l'humidité constituent l'ennemi n° 1 des campeurs. La mousse, une végétation abondante, des roseaux, sont autant de signes de l'humidité permanente du sol. Les cuvettes, les terrains magnifiquement plats, mais où poussent des hautes herbes, sont donc à proscrire, tout comme la proximité des cours d'eau. En cas de forte pluie ou d'orage en amont, la montée des eaux peut être brusque, spectaculaire et très dangereuse. De surcroît, les moustiques risquent de ne pas être loin.

• Ne pas s'installer au pied de parois ou de falaises, à cause du risque de chutes de pierres. Éviter les arbres isolés qui peuvent attirer la foudre, ainsi que les grands arbres dont les branches pourraient êtres cassées par un vent violent.

• Les terrains en pente, même faiblement, ou caillouteux, sont évidemment inconfortables.

• Si elles s'emmêlent les pattes dans les tendeurs, les vaches peuvent causer des dégâts importants. La proximité des troupeaux entraîne aussi la présence de mouches et de taons, mieux vaut trouver un autre emplacement.

• Les petites bêtes sont aussi gênantes : attention aux fourmilières, aux nids de guêpes. À la fin de l'été, les herbes abritent des aoûtats, ces minuscules larves qui occasionnent des fortes démangeaisons.

Photo NV.

S'INSTALLER POUR LA NUIT

Avant de monter la tente, les campeurs doivent procéder à un nettoyage minutieux du terrain, en ôtant tout ce qui pourrait gêner, créer des bosses inconfortables et abîmer les tapis de sol. Pierres, branches cassées, bogues de châtaignes, tiges de fougères, pommes de pins doivent être écartés. Recouvrir le sol d'un lit d'herbes ou de fougères sèches peut aussi contribuer à aplanir le terrain et à adoucir les petits creux et les bosses. On peut aussi étendre une couverture de survie plastifiée sous le tapis de sol de la tente pour mieux s'isoler du froid.

La première étape consiste à déplier la tente et à la disposer avec soin sur le sol, de façon à ce qu'elle soit bien tendue. En montant la tente, toujours veiller à éviter les plis ou les creux qui se transformeraient en gouttière en cas de pluie. L'ancrage est évidemment important, et en fonction du temps, on peut renforcer les piquets en calant de grosses pierres, ou accrocher les tendeurs à des arbres. En cas de vent, orienter la tente dos au vent et consolider l'ancrage.

Si vous souhaitez vous glisser dans un duvet mœlleux et « regonflé », sortez le de son sac bien avant d'aller vous coucher. Même s'il fait froid, ne gardez pas vos vêtements pour dormir, les vêtements de la journée sont toujours un peu humides. En outre, on transpire souvent dans un duvet. Certains glissent leurs vêtements, voire leurs chaussures, au fond du sac de couchage afin de pouvoir les enfiler tout chauds le lendemain matin. Une bonne aération de la tente pendant la nuit empêche la condensation. Le lendemain, avant de partir, jeter un coup d'œil sur le site : aucun objet, aucun déchet ne doit trahir votre passage.

L'AVANTAGE DU DOUBLE TOIT AMOVIBLE

Selon les modèles, le double toit est dissocié de la tente. En cas d'intempéries, cela permet aux randonneurs de le monter en premier, puis de dresser ensuite la tente, une fois qu'ils sont à l'abri. La même manœuvre est possible lors du démontage. Le matin, si le double toit est mouillé par la rosée ou par la pluie, le rouler à part, pour ne pas le mettre en contact avec la tente qui restera ainsi sèche.

Gérer l'aléatoire

D'ABORD UNE AFFAIRE DE COMPORTEMENT

La randonnée pédestre n'est pas considérée comme une activité à risque. Il n'en demeure pas moins que le pratiquant peut être confronté aux aléas des milieux naturels et aux conséquences de la pratique d'une activité physique, aussi « douce » soit-elle.

Le chapitre qui suit peut paraître alarmiste, mais il vise à décrire les incidents qui peuvent un jour survenir, et les moyens d'y faire face. Un marcheur averti en vaut…

On distingue les dangers **objectifs et subjectifs** :

• Les dangers objectifs sont issus des milieux naturels dans lesquels évolue le randonneur : chutes de pierres ou d'arbres, orages, mauvais temps, brouillard, torrent en crue, altitude…

L'ACCIDENTOLOGIE DES RANDONNEURS

S'il n'existe pas de statistiques globales et exhaustives sur les accidents survenant aux randonneurs, différentes données renseignent sur les risques auxquels ils sont exposés.

• La majorité des accidents corporels déclarés aux sociétés d'assurances surviennent en régions dites de plaine. Cela ne signifie pas que la randonnée est plus dangereuse en plaine, mais qu'on l'y pratique davantage. Les accidents les plus graves ont lieu en montagne.

• En toute logique, les femmes sont plus fréquemment accidentées : parce qu'elles sont plus nombreuses à randonner bien sûr, mais aussi pour des raisons physiologiques (après 60 ans, les risques de chutes et de fractures dus à la perte d'équilibre et à l'ostéoporose augmentent).

• Les lésions traumatiques, qui forment l'essentiel des blessures constatées, touchent alors majoritairement les chevilles, genoux et jambes.

• En montagne, au cours de l'été 2002, les randonneurs ont nécessité 1 675 interventions des secours, des accidents se traduisant par 79 blessés et 57 décès. La moitié de ces décès sont consécutifs, non pas à un traumatisme, mais à une crise cardiaque, ou à un œdème pulmonaire ou cérébral dû à l'altitude. (Source : Système national d'observation de la sécurité en montagne.)

Photo YL.

• Les dangers subjectifs sont liés au comportement des personnes : l'inexpérience, l'inattention, le manque d'équipement. Ils sont prépondérants dans le déclenchement des accidents. De trop nombreuses personnes encore ne suivent pas les principes de sécurité de la marche en montagne et s'exposent à des dangers qu'elles auraient pu éviter, comme par exemple celui de s'attarder en bas d'un couloir rendu dangereux par d'éventuelles chutes de pierre.

La sécurité relève d'abord du randonneur, de son discernement. *Photo FK.*

La sécurité relève d'abord du randonneur lui-même, de son discernement, et à tous les stades de la sortie.

• Au moment de la préparation : dans le choix de l'itinéraire, l'écoute des prévisions météorologiques, sa préparation physique, le choix de son équipement, etc.

• Au cours de la randonnée : dans sa vigilance, sa capacité à prendre des décisions.

• Lors d'un incident ou d'un accident : dans sa connaissance des bons gestes à faire, dans sa faculté à ne pas céder à la panique.

L'acquisition des réflexes de sécurité passe par une bonne connaissance des milieux (voir p. 69 : « Les différents milieux de la randonnée ») et des principes de base de la randonnée. Ceci est d'autant plus décisif en montagne que les risques encourus sont plus importants.

QUELQUES RISQUES INHÉRENTS AU MILIEU NATUREL EN FRANCE

Photo DG.

Les piqûres d'insectes

Les piqûres de guêpes, frelons ou abeilles constituent un risque fréquent en été, d'autant plus si l'on passe à proximité d'une ruche ou d'un nid, ou au moment du pique-nique, les guêpes étant très attirées par la nourriture. Des piqûres multiples ou un choc allergique peuvent avoir des conséquences très graves. Une piqûre de frelon équivaut à 30 piqûres de guêpes ou à 125 piqûres d'abeilles.

D'une manière générale, les odeurs, les produits parfumés et sucrés attirent les insectes : la nourriture emportée doit être bien emballée ou conditionnée et il est préférable d'éviter les boissons sucrées pour les enfants. Avant de boire ou de manger, chacun vérifiera prudemment qu'il n'y a pas d'insecte dans la gourde ou sur le morceau de melon. En cas d'attaque, fermer la bouche, s'éloigner sans gestes brusques. Si une personne est piquée, retirer doucement le dard s'il est resté, et chauffer le point de piqûre avec une cigarette ou tout autre source de chaleur, à un demi-centimètre de la peau en prenant garde aux brûlures : cela a pour but d'empêcher la diffusion du venin dans le sang.

Les morsures

En cas de morsure par un animal sauvage ou par un chien, nettoyer immédiatement la plaie à l'eau et au savon, puis avec un antiseptique. Si c'est un animal domestique, essayer de l'identifier pour lui faire subir les examens prévus par la loi. Et consulter un médecin.

Les accidents mortels dûs aux morsures de vipères sont rares en France et peuvent se compter sur les doigts de la main (de 3 à 10 décès par an). En cas de morsure, ne pas céder à l'affolement. La victime doit bouger le moins possible pour ne pas accélérer la propagation du venin, et rester allongée sur le côté, à l'ombre, en attendant d'être évacuée vers un hôpital. Il est inutile et nuisible de sucer ou d'inciser la plaie.

Les tiques

Ces parasites s'accrochent à la peau et se gorgent de sang. Affectionnant les fougères, les herbes hautes, les sous-bois, les tiques sont aussi fréquentes dans les régions de landes et de forêts en plaine que dans les massifs forestiers, notamment les Vosges, le Jura. Elles sont actives du printemps à l'automne.

Pour limiter les risques, porter des vêtements couvrant tout le corps, un chapeau ou un foulard, et s'appliquer des produits répulsifs contre les parasites. Au retour de balade, faire une inspection générale du corps et du cuir

SE MÉFIER DES TIQUES !

La morsure indolore de ces petits parasites peut transmettre des maladies non bénignes, comme la maladie de Lyme et la méningo-encéphalite à tiques.

Les premiers signes de la maladie de Lyme apparaissent après plusieurs jours d'incubation : éruptions cutanées, plaque rouge autour du point de morsure. Consulter un médecin sans attendre. Si la maladie n'est pas traitée rapidement par antibiotiques, elle peut évoluer ultérieurement vers des troubles neurologiques et cardiaques.

La méningo-encéphalite à tiques, maladie virale, entraîne des symptômes proches de ceux de la grippe (fièvre) et peut générer des complications sur le système nerveux central.

chevelu. Une tique ne doit pas être arrachée – ce qui risquerait de laisser la tête incrustée dans la peau – mais tuée avec de l'éther, puis retirée doucement à l'aide d'une pince à épiler en exerçant de petits mouvements de torsion. Des extracteurs à tiques en plastique sont vendus en pharmacie.

Cueillir les fruits situés en hauteur, à 1 m du sol. *Photo FK.*

Myrtilles et fraises des bois ?

Délicieux, oui, mais vraiment déconseillé, du fait du risque de l'échinococcose alvéolaire, cette maladie parasitaire que l'on commence à mieux connaître depuis une vingtaine d'années. Rare, mais très grave, la maladie est provoquée par le présence d'un parasite dans le foie qui, en se développant, détruit peu à peu l'organe de façon irréversible. Les symptômes peuvent apparaître 10 ou 15 ans après, ce qui rend tout traitement souvent impossible. Le parasite est transmissible à l'homme par le renard, d'où le danger que représente l'ingestion de fruits ou de végétaux souillés par les excréments de cet animal. On le trouve principalement dans les régions qui connaissent des hivers rigoureux : dans les Vosges, le Jura, les Alpes du nord et le Massif central en France, ainsi qu'en Europe centrale, en Suisse, en Autriche, etc.

Difficiles à éliminer par simple lavage, les œufs du parasite résistent à la congélation, mais sont détruits à haute température, au-delà de 70 °C.

Conclusion : ne pas manger crus les petits fruits pouvant avoir été souillés par un renard (un renard a la taille d'un chien moyen), ni les pissenlits ou les salades sauvages, et se laver les mains après avoir touché la terre ou des végétaux.

D'autres risques existent, beaucoup moins graves, et qui concernent presque exclusivement les enfants : il s'agit d'intoxications par les plantes et les fruits.

Problèmes de peau

Les chenilles processionnaires du pin peuvent déclencher de fortes réactions d'urticaire chez certains individus. Quant aux crapauds, leur peau sécrète une substance toxique.

LES MAUX ET BLESSURES DU RANDONNEUR

Profitez du repos à l'étape pour prendre soin de vos pieds. *Photo YL.*

• Dans la vie d'un randonneur, les **ampoules** au pied surviennent un jour ou l'autre. Si la cloque n'est pas percée, et si elle n'est pas trop volumineuse, la laisser telle quelle, car la peau reste à l'abri du risque d'infection, en la couvrant d'un pansement double peau spécial ampoules. Si l'ampoule est percée, nettoyer la plaie à l'eau et au savon, puis avec un antiseptique, appliquer une pommade cicatrisante et couvrir par le pansement spécial. Bénigne en soi, une ampoule négligée peut devenir handicapante par la douleur occasionnée, ou être source d'infections.

• **L'entorse**, c'est-à-dire l'étirement des ligaments d'une articulation, est l'accident le plus fréquent. Plus ou moins grave, elle se traduit par une douleur violente, avec parfois le bruit d'un craquement, puis le gonflement de l'articulation. Il peut aussi s'agir d'une luxation, d'une fracture, seul un examen médical permettra un diagnostic précis. Dans l'immédiat, refroidir la zone blessée avec de l'eau fraîche (ou de la neige, en évitant le contact direct de la neige avec la peau), pour atténuer la douleur et limiter l'œdème ; puis immobiliser l'articulation avec un bandage, ou mieux, une bande élastique du genre Élastoplast®.

• **Les coupures** et petites blessures sont à nettoyer, désinfecter et protéger pour limiter les risques d'infection.

• **Les coups de soleil** sont à calmer en appliquant une crème apaisante. S'ils sont trop importants, ils entraînent parfois l'apparition de fièvre. Dans ce cas-là, repos, hydratation et prise de médicaments contre la fièvre. Lorsque des cloques apparaissent, c'est une véritable brûlure qu'il faut soigner comme telle.

PERDUS !

Se perdre n'est pas toujours dangereux en soi. Il se peut simplement qu'on ait à marcher un peu (ou beaucoup) plus, qu'on rate le dernier train, qu'on parvienne à un village qui n'est pas situé sur l'itinéraire. En revanche, certaines conséquences peuvent être franchement hasardeuses et comportent des risques importants comme le fait de marcher sans repères dans des zones dangereuses (falaises, lit d'un torrent), dormir à la belle étoile par temps froid, mal équipé et en altitude, s'affoler et se disperser lorsque que l'on randonne en groupe.

Plus tôt on s'aperçoit qu'on est perdus, mieux c'est ! D'où l'intérêt de se situer périodiquement au cours de la randonnée. En prenant des points de repères sur la carte et en observant le terrain, il faut tenter de définir à peu près l'endroit où l'on se trouve. En général, il vaut mieux revenir sur ses pas pour trouver le sentier d'origine ou tout autre large chemin conduisant à une route ou à un village, même si cela demande de remonter toute une pente… Le principe est de ne pas scinder le groupe, de rester ensemble. Il est toujours possible d'envoyer deux personnes en éclaireurs pour explorer une direction ou pour tenter d'y voir plus clair sur l'autre versant d'un mamelon, mais à condition qu'elles restent à portée de vue, ou de voix.

Improviser un itinéraire hors sentier dans une direction que l'on croit bonne est à exclure : le risque est trop grand de se retrouver en perdition dans des barres rocheuses à peine discernables sous le couvert forestier, ou de s'enfoncer dans des secteurs en friche ou dénués de tout sentier, où la progression est difficile. Les recherches éventuelles seront de surcroît rendues plus compliquées.

Si la nuit est toute proche, on arrête tout, et l'on s'installe au mieux pour la nuit.

Prendre le temps de reporter régulièrement sa situation sur la carte permet d'éviter les erreurs d'orientation. *Photo YL.*

Grand duc d'Europe. *Photo NV.*

UN BIVOUAC NON PRÉVU

Là aussi, tout dépend des circonstances. Passer une nuit forcée à la belle étoile, compter les heures, et attendre le petit jour dans le froid en pensant à sa famille inquiète est une épreuve qui n'a rien de très agréable. Si de plus, on est pris par le mauvais temps, mal équipé ou épuisé, la mésaventure peut virer au cauchemar !

Pour se protéger contre l'humidité et se mettre en sécurité, tout est affaire de bon sens : choisir une zone sûre, sans risque de chute de pierres, de dévissage ou de crue ; si possible trouver ou aménager un abri, même relatif, pour se protéger du vent et du froid – derrière un muret, dans un creux, en se servant éventuellement de la cape de pluie ou de la couverture de survie comme toit de fortune. S'installer en utilisant le sac à dos comme sac de bivouac protégeant la partie inférieure du corps, et compléter pour le haut du corps par la couverture de survie et les vêtements de rechange.

Attention au froid provenant du sol ! Si se protéger (au mieux) du vent ou de la pluie paraît évident, il faut impérativement penser aussi à s'isoler du sol, qui représente une source très importante de refroidissement du corps : constituer un matelas d'herbes sèches, s'étendre sur le sac à dos sont des solutions possibles.

S'il fait très froid, lutter contre le sommeil et tenter de se réchauffer par tous les moyens possibles : faire du feu, chanter, danser, se frictionner le corps, se raconter des histoires. Garder le moral, car l'angoisse affaiblit les défenses du corps.

L'ORAGE

L'orage est un vrai danger, notamment en montagne. L'impact direct de la foudre est souvent fatal pour l'organisme. Il peut aussi projeter la personne à distance ou dans le vide, ou provoquer des lésions neurologiques se traduisant par la perte de conscience ou une syncope. Bon à savoir : le bruit d'abeilles qui bourdonnent aux oreilles annonce l'imminence de la foudre.

Si l'orage arrive :

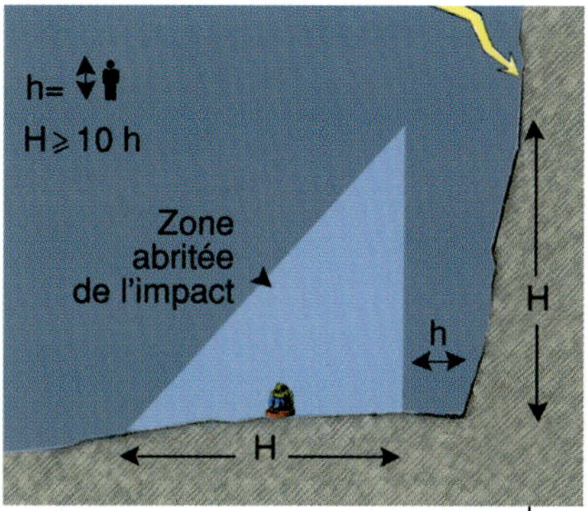

Dessins NL.

• La foudre étant attirée par tout ce qui dépasse, ne pas rester debout, ni sous un arbre ou un rocher, ni près d'une cabane. Les conifères attirent davantage la foudre que les feuillus.

• Éviter les crêtes, arêtes et sommets.

• Descendre le plus rapidement possible, en restant calme (oui !) et prudent, pour ne pas s'exposer à une chute ou une glissade, surtout sous la pluie.

• Se tenir loin de tout ce qui est métallique, s'éloigner des pylônes.

• S'éloigner des cours d'eau.

• Les parois rocheuses et l'eau peuvent être conductrices du courant électrique. Ne pas rester en contact avec la paroi, ni s'abriter sous un surplomb. Dans une grotte, reculer vers le fond de plusieurs mètres.

• S'accroupir ou s'asseoir sur ce qui peut être isolant : sac à dos, corde, si possible secs.

• Tenir les deux pieds bien serrés, pour éviter que les jambes ne forment un pont.

• Se protéger des risques de chutes de pierres, ou de branches cassées par le vent.

• Éviter de se réfugier dans une grange remplie de paille ou de foin.

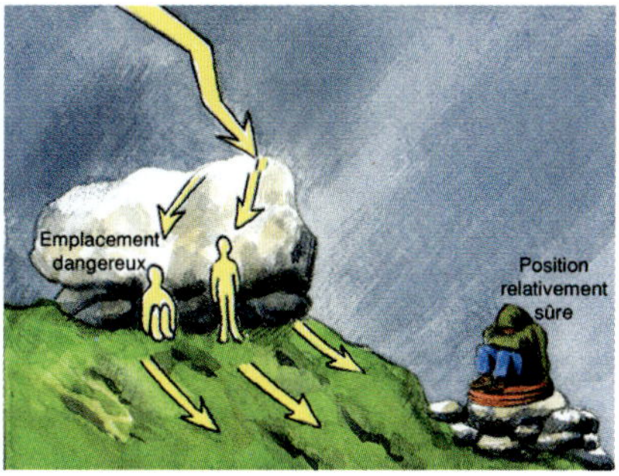

LE BROUILLARD

Par brouillard épais, la visibilité peut devenir quasi-nulle. Sur un terrain enneigé ou uniforme (plateau calcaire), il devient alors impossible de marcher droit ou dans une direction donnée sans l'aide d'instruments d'orientation. Parfois, on ne distingue même plus si l'on monte ou si l'on descend et s'il fait froid, le brouillard peut devenir givrant et rendre le terrain glissant.

Dès que le brouillard s'annonce, les randonneurs doivent anticiper la progression et prendre le maximum de repères sur la suite de l'itinéraire. Lorsque le brouillard survient, la règle est de ne jamais quitter le sentier. Si le chemin est peu marqué, si le terrain est dangereux (lapiaz, barres rocheuses…), si aucun des membres du groupe ne maîtrise la marche aux instruments d'orientation, mieux vaut s'arrêter et attendre le retour à une meilleure visibilité.

Dans certains cas de brouillard épais, il vaut mieux savoir s'arrêter et attendre de meilleures conditions météorologiques. *Photo FK.*

AIGLE
ANCOLIE Veste Femme en GORE-TEX® XCR, imperméable et trés respirante. Pratique, se plie dans sa capuche. Zip de ventilation sous les bras.
La gamme AIGLE ACTIMUM est spécialement conçue pour répondre à toutes les exigences de confort et de protection dans les situations les plus extrêmes.
AIGLE ACTimum
www.aigle.com

LE FROID, LE VENT ET LA NEIGE

Même si la température atmosphérique reste au-dessus de zéro, être exposé de façon prolongée aux précipitations et au vent sans protection efficace peut provoquer l'hypothermie, c'est-à-dire un refroidissement généralisé du corps, et favoriser des gelures si les températures deviennent négatives. Ces risques sont d'autant plus marqués que la personne est fatiguée, manque d'eau et de nourriture. Il faut savoir que les effets du froid sur l'organisme sont multipliés par 14 lorsque que le taux d'humidité de l'air est élevé, et par 10 lorsque soufflent des vents violents.

SIGNES APPARENTS DU VENT (D'APRÈS L'ÉCHELLE DITE DE BEAUFORT)	VITESSE DU VENT (KM/H)	TEMPÉRATURE EXTÉRIEURE MESURÉE SOUS ABRI (EN °C)						
		15	**10**	**5**	**0**	**- 5**	**- 10**	**- 15**
		TEMPÉRATURE APPARENTE AVEC L'EFFET DU VENT (EN °C) ***(Wind-Chill Index)***						
La fumée monte droit.	**0**	15	10	5	0	- 5	- 10	- 15
On sent le vent sur le visage.	**9**	14	- 9	3	- 2	- 7	- 12	- 18
Feuilles et brindilles bougent sans arrêt.	**16**	10	4	- 2	- 8	- 14	- 20	- 26
Les petites branches sont agitées.	**24**	8	- 2	- 4	- 11	- 18	- 25	- 32
Les petits arbres feuillus se balancent.	**35**	7	0	- 7	- 14	- 21	- 29	- 36
Les grosses branches sont agitées. L'usage du parapluie devient difficile.	**45**	5	- 2	- 9	- 17	- 24	- 32	- 39
Les arbres tout entiers s'agitent. La marche contre le vent devient difficile.	**56**	5	- 3	- 11	- 18	- 26	- 34	- 42
De petites branches cassent. La marche contre le vent devient presque impossible.	**69**	4	- 4	- 11	- 19	- 27	- 35	- 43
Le vent peut endommager les toitures.	**81**	4	- 4	- 12	- 20	- 28	- 36	- 44
À partir de 90 km/h, c'est la tempête : le vent déracine les arbres...								

Pour lire le tableau : lorsqu'il fait 0 °C à l'abri, et que le vent souffle à 16 km/h, la température perçue par le corps est de - 8 °C.

Un groupe de marcheurs pris dans le mauvais temps, doit tout faire pour se protéger du froid et des intempéries : sortir du sac les équipements spécifiques dès que le mauvais temps survient – cape, guêtres, gants –, se mettre à l'abri du vent, essayer de perdre de l'altitude s'il randonne en montagne, et surtout ne pas paniquer et rester ensemble, en faisant jouer la solidarité et en se réconfortant mutuellement. La solution est de bouger pour se réchauffer, de manger et de boire pour conserver bon moral et préserver les capacités de défense de l'organisme – ne jamais absorber d'alcool, qui accélère le refroidissement corporel.

Par grand froid, éviter l'engourdissement des extrémités, en veillant à ce que rien n'entrave la circulation sanguine : mieux vaut des onglées, pourtant si douloureuses, qu'un engourdissement insidieux. Si des gelures apparaissent, caractérisées par la perte de sensibilité, ne pas frictionner les tissus touchés, déjà très fragilisés. Il est fortement déconseillé d'enlever ses chaussures avant d'être définitivement à l'abri. Le réchauffement des zones soumises à des gelures doit se faire en milieu médical.

LA CHALEUR EXCESSIVE

Résultat d'une température anormalement élevée au niveau du crâne, l'insolation, ou « coup de chaleur », peut entraîner la perte de conscience, un état comateux, des lésions cérébrales graves, parfois mortelles.

Dans certains cas, les capacités de régulation de la chaleur de l'ensemble du corps deviennent insuffisantes. Cela peut se produire lorsque le corps génère beaucoup de chaleur du fait d'un effort intense et durable, et que les circonstances sont peu favorables à la ventilation et l'évaporation : fort ensoleillement, atmosphère humide, sans vent, par exemple lors d'une montée dans une combe encaissée en plein soleil. La température centrale du corps peut s'élever alors considérablement, jusqu'à dépasser 40 °C, seuil au-delà duquel on considère que la vie est en danger.

Outre les conditions climatiques, entrent en jeu le comportement du marcheur et sa capacité à gérer son l'effort.

L'INFLUENCE DU VENT SUR LA TEMPÉRATURE PERÇUE PAR LE CORPS

Le déplacement d'air dépouille les corps chauds de leur calories. En termes de refroidissement corporel, une température de + 5 °C avec un vent soufflant à 30 km/h équivaut à une température de -10 °C sans vent, si le corps n'est pas protégé.

Cette « nuance » – avec ou sans vent – est si importante que dans certains pays, comme au Canada, le bulletin météorologique mentionne systématiquement les deux types de température :

- la température objective, mesurée sous abri par le thermomètre ;
- la température apparente, c'est-à-dire la température ressentie par le corps, compte tenu du refroidissement lié au vent. Elle est calculée grâce à l'indice Wind-Chill Index comme le montre le tableau ci-contre, p. 206.

Ravitaillement à l'ombre lors d'une randonnée au Niger. *Photo TB.*

Une personne peu entraînée, mal hydratée, non protégée du soleil et fournissant un effort inhabituel s'exposera naturellement davantage à un coup de chaleur qu'une personne équipée d'un chapeau, progressant à son rythme. Se protéger la tête et le corps par des vêtements clairs est une évidence : boire souvent... et s'écouter : dès les premiers signes d'inconfort (maux de tête, nausées) il est indispensable de s'arrêter, de se mettre à l'ombre, et de boire frais (et non pas froid), à toutes petites gorgées.

LE RISQUE DES BAIGNADES

Se baigner dans une rivière ou dans un lac – surtout en altitude – n'est pas dénué de risques, même si l'on est bon nageur. Le danger principal réside dans le choc thermique provoqué par l'immersion dans une eau fraîche ou froide. L'hydrocution qui peut alors se produire se traduit par une syncope brutale, souvent fatale.

Prudence donc si vous souhaitez vous baigner dans une eau fraîche, inférieure à 20 °C, surtout après un effort ou

Photo YL.

par forte chaleur. En montagne, sous une couche en surface tiédie par le soleil, l'eau des lacs reste froide. Les précautions à prendre sont classiques mais vitales : entrer progressivement dans l'eau, se mouiller la nuque, etc.

Si l'un ou l'autre des symptômes suivants se manifestent dès votre entrée dans l'eau, il faut renoncer et sortir au plus vite :

• sensation anormale, plus ou moins brutale, de grande fatigue, de malaise, l'eau paraît glacée ;

• vertiges, douleurs brusques au front ou à la nuque, bourdonnements d'oreille, nausées ;

Attention au choc thermique que peuvent produire les baignades en eaux froides. *Photos YL.*

• crampes musculaires, douleurs articulaires ou abdominales ;

• sensation de chaleur à la face interne des cuisses, sur le ventre ou les bras avec démangeaisons ou rougeurs ;

• serrement thoracique et abdominal.

Les cours d'eau, torrents et rivières, offrent parfois de belles cuvettes bleues qui paraissent propices aux plongeons. Attention ! Une profondeur d'eau insuffisante ou la présence de rochers ou de troncs d'arbres cachés sous l'eau peuvent entraîner des accidents aux conséquences gravissimes, comme la tétraplégie. Avant de sauter ou de plonger, vérifier avec grand soin la nature et la profondeur des fonds.

MARCHER LE LONG D'UNE ROUTE

Mieux vaut marcher en colonne le long d'une route.
La nuit, et lorsque la visibilité est insuffisante, chaque colonne empruntant la chaussée doit être signalée :

• à l'avant par au moins un feu blanc ou jaune ;
• à l'arrière par au moins un feu rouge ;
• visible au minimum à 150 m par temps clair et placée du côté opposé au bord de la chaussée qu'elle longe.

Cette signalisation peut être complétée par un ou plusieurs feux latéraux de couleur orangée.

DISPOSITIONS SPÉCIALES APPLICABLES À LA CIRCULATION DES PIÉTONS

(Titre VII - Paragraphe 1er du code de la route – extraits)

Art. R.217 :

Lorsqu'une chaussée est bordée d'emplacements réservés aux piétons ou normalement praticables par eux, tels que trottoirs ou accotements, les piétons sont tenus de les utiliser à l'exclusion de la chaussée.

Art. R.218 :

Par exception aux dispositions de l'article précédent, lorsqu'il ne leur est pas possible d'utiliser les emplacements qui leur sont réservés ou en l'absence de ceux-ci, les piétons peuvent emprunter les autres parties de la route en prenant les précautions nécessaires.

Art. R.218-1 :

Lorsqu'ils empruntent la chaussée, les piétons doivent circuler près de l'un de ses bords.

En dehors des agglomérations et sauf si cela est de nature à compromettre leur sécurité ou sauf circonstances particulières, ils doivent se tenir près du bord gauche de la chaussée dans le sens de leur marche.

Les dispositions qui précèdentes concernent également les groupements organisés de piétons.

Art. R.219-4 :

Les prescriptions du présent paragraphe ne sont pas applicables aux cortèges, convois ou processions qui doivent se tenir sur la droite de la chaussée, dans le sens de leur marche, de manière à laisser libre au moins toute la moitié gauche.

Les dispositions qui précèdent concernent également les troupes militaires, les forces de police en formation de marche et les groupements organisés de piétons. Toutefois, lorsqu'ils marchent en colonne par un, ils doivent, en dehors des agglomérations, se tenir sur le bord gauche de la chaussée dans le sens de leur marche, sauf si cela est de nature à compromettre leur sécurité ou sauf circonstances particulières.

Les formations et groupements visés à l'alinéa précédent sont astreints, sauf lorsqu'ils marchent en colonne par un, à ne pas comporter d'éléments de colonne supérieure à 20 mètres. Ces éléments doivent être distants les uns des autres d'au moins 50 mètres.

Attention ! Même les petites routes de campagne ne sont pas sans danger. *Photo YL.*

En cas d'accident

ESTIMER LA GRAVITÉ DE LA SITUATION

Une chute, un malaise… L'accident s'est produit et l'un des membres de la famille ou du groupe est blessé ou malade. Une fois le choc passé, chacun doit tenter de maîtriser ses émotions, de garder son calme, tant vis-à-vis des autres que vis-à-vis du blessé. Le bon réflexe est de se mettre d'abord à l'abri pour éviter tout incident supplémentaire : glissade, chute de pierres, collision avec un véhicule.

Si le blessé ou le malade peut rejoindre un lieu de secours avec l'aide du groupe, donner alors des premiers soins, et achever au mieux la randonnée en adaptant l'allure et l'itinéraire. En cas de doute, mieux vaut pécher par excès de prudence. Une perte de conscience, même de courte durée, doit être prise au sérieux. Et une plaie, même en l'absence d'hémorragie, doit être considérée comme grave si elle couvre une surface supérieure à celle de la paume de la main. Si elle est profonde, manifestement souillée, il se peut qu'un corps étranger y ait pénétré. Hypothermie, gelures, coup de chaleur exigent également une intervention médicalisée rapide.

ALERTER LES SECOURS

Si la victime est intransportable, le premier recours pour appeler les secours est évidemment le téléphone portable. Le numéro à retenir, quoi qu'il arrive, est le 112, numéro de secours européen.

LES NUMÉROS D'URGENCE

Secours depuis un portable	112
Pompiers	18
SAMU	15
Gendarmerie et police	17

Dès le début de la communication, indiquer la localisation précise du blessé puis la nature de l'accident. Si la communication venait à être interrompue inopinément, les secours auraient ainsi des premières indications. Préciser ensuite les informations utiles : votre nom, le numéro de téléphone auquel vous rappeler, l'heure et les circonstances de l'accident, le nombre de blessés et l'état de chacun, les moyens d'accès : route, pistes, zone d'atterrissage d'hélicoptère, les conditions météorologiques sur place.

Si le téléphone portable ne fonctionne pas, il faut alors aller prévenir les secours en cherchant un lieu fréquenté : route, refuge, hôtel. Si le groupe est assez nombreux, partir à deux, mais sans jamais bien sûr laisser le blessé seul.

Utiliser, si besoin, les signaux conventionnels de détresse à distance.

LES SIGNAUX CONVENTIONNELS

Demande de secours

- Position : se tenir debout, immobile, les deux bras levés.
- Sifflet : 6 coups par minute.
- Lampes : 6 éclats par minute.

Nous avons besoin de secours.

Tout va bien

- Position : se tenir débout, immobile, un seul bras levé.
- Sifflet : 3 coups par minute.
- Lampes : 3 éclats par minute.

Nous n'avons besoin de rien.

FACILITER L'ARRIVÉE DES SECOURS

Signaler votre présence aux secours terrestres par des coups de sifflet ou des éclats de lumière, selon le code usuel (voir encadré page précédente).

Si des équipes de secours doivent arriver par hélicoptère, simplifier leur le repérage en disposant en évidence un grand tissu ou un vêtement de couleur vive. Si possible, baliser un terrain d'atterrissage pour l'hélicoptère de 4 m sur 4 minimum, en disposant des objets de couleur aux angles. Choisir un terrain dégagé, plutôt sur un point haut. Ne jamais laisser des objets traîner à proximité, qui pourraient être projetés ou s'envoler. À l'approche de l'engin, une seule personne aide le pilote à se diriger, en restant immobile face à l'appareil, les bras en V, le vent dans le dos. Tout le monde s'accroupit et reste immobile durant l'atterrissage. Suivre ensuite les signes d'instruction de l'équipage, en gardant à l'esprit qu'un hélicoptère présente un vrai danger tant que les hélices sont en mouvement. Ne jamais approcher ni contourner l'appareil par-derrière, où le rotor est extrêmement dangereux. Se mettre de nouveau accroupi et immobile au décollage.

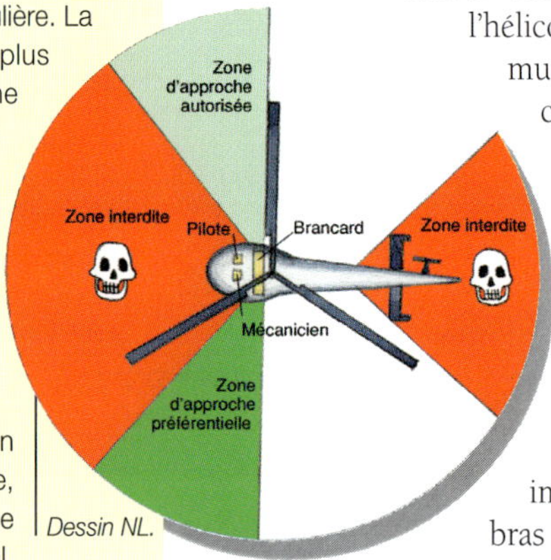

Dessin NL.

LES PREMIERS GESTES DE SECOURS

La venue des secours peut parfois être longue, si les secours sont déjà sollicités par ailleurs, ou si le mauvais temps ou la nuit empêchent le décollage de l'hélicoptère. En attendant, entourer la personne malade ou blessée, la protéger au maximum du froid, par les pulls ou les couvertures de survie de chacun.

Si parmi les randonneurs, une personne connaît les gestes de secourisme, elle pourra procurer les premiers soins adaptés. Dans tous les cas, et en l'absence de médecin, ne

POUR SE FORMER AUX PREMIERS GESTES DE SECOURS

La Croix-Rouge propose des sessions de formation sur les premiers secours, ouvertes à tous et ne requérant pas de formation préalable particulière. La formation la plus courte, d'une heure, constitue une première initiation aux attitudes et gestes élémentaires à connaître en cas d'accident. Une formation un peu plus longue, d'une dizaine d'heures au total, se conclue par la délivrance de l'attestation de formation aux premiers secours (AFPS). La Croix-Rouge édite également des ouvrages sur le secourisme et propose même une trousse de secours toute prête, spécialement conçue pour la randonnée.

www.croix-rouge.fr

D'autres organismes comme la Protection civile et les Sapeurs pompiers proposent également des cours de secourisme.

pas intervenir sans connaissances minimales, et attendre les secours. Quelques gestes sont toutefois à connaître :

• Si la personne est à la limite de l'inconscience, l'allonger, la réchauffer. Ne pas lui donner à boire (risque de vomissement).

• Si la personne est inconsciente, vérifier d'abord que rien ne gène sa respiration, en basculant prudemment sa tête en arrière pour dégager l'arrière-gorge, et en nettoyant l'intérieur de sa bouche avec les doigts ou un petit linge. L'installer ensuite sur le côté, tête vers le sol, dans la position qu'on appelle la position latérale de sécurité (PLS), avec un vêtement roulé sous la tête pour maintenir l'axe tête-cou-tronc.

• Si la personne saigne abondamment et si aucune fracture n'est à craindre, comprimer la plaie avec la main ou un tissu propre, ne jamais faire de garrot. Si le saignement continue ou si la plaie ne peut être touchée, essayer d'arrêter l'afflux de sang en comprimant fortement, avec votre main, l'artère située en amont de la blessure.

• L'hypothermie se manifeste par des frissons continus et violents, une grande pâleur, puis éventuellement la perte de conscience. Dans ce cas, couvrir la personne de vêtements chauds et secs, mais ne pas la réchauffer brutalement, ni la frictionner, ni mobiliser ses membres, pour ne pas provoquer un afflux sanguin à la périphérie, qui pourrait désamorcer la pompe cardiaque.

• En cas de coup de chaleur, marquée par une démarche titubante, ou un état comateux, une peau chaude et sèche, en général sans transpiration, mettre impérativement la personne à l'ombre, humidifier régulièrement sa peau, la rafraîchir en plaçant une gourde ou des objets froids sous les bras et sur les cuisses.

EN CAS D'INCENDIE

Autant que par ses flammes, un incendie est dangereux par son souffle brûlant, d'une température pouvant atteindre de 600 à 900 °C, susceptible de léser mortellement les poumons. Un incendie se propage d'autant plus rapidement que le vent est fort, risquant d'encercler ou d'isoler un piéton ou un véhicule.

En cas d'incendie :

• donner l'alerte ;

• se réfugier autant que possible dans un espace dégagé ;

• se rapprocher des voies de circulation ;

• rester habillé (se débarrasser en revanche des vestes ou vêtements en synthétique). Si possible, mouiller ses habits et utiliser un linge humidifié pour se protéger des fumées et de l'air chaud ;

• s'abriter du souffle brûlant, contre un rocher, une butte de terre, un mur.

Transport d'un blessé sur une civière, près du refuge Horombo au Kilimandjaro. *Photo YL.*

LA VIE ASSOCIATIVE AU CŒUR DE LA RANDONNÉE

La FFRP

Couvertures du journal *Camping plein air*, créé en 1922 (avril 1947 et décembre 1945). *Photos © FFRP.*

CARTE D'IDENTITÉ

Regroupant actuellement plus de 2 800 associations, la Fédération française de randonnée pédestre (FFRP) comptait quelque 165 000 adhérents en 2003. Elle remplace depuis 1978 le Comité national des sentiers de Grande Randonnée (CNSGR), qui, à partir de 1947, fut à l'origine du réseau de sentiers balisés en France et de la diffusion de topo-guides®. La Fédération est une association reconnue d'utilité publique, agréé par le ministère des Sports depuis 1969, puis par le ministère de l'Environnement en 1978 pour son rôle en matière de protection, de maintien des chemins et de sauvegarde de l'environnement naturel.

Elle fédère 120 comités départementaux et régionaux. Dans chaque département, le comité est l'interlocuteur des associations. Il anime, coordonne et assure le développement de la randonnée. Au sein de chaque comité, le suivi du réseau sentiers, y compris son entretien, est assuré par une commission Sentiers et Itinéraires.

Les baliseurs bénévoles au travail.
Photo ci-dessus I. G-P.
Photos © FFRP.

◀ Groupe de randonneurs sur les monts du Cantal. *Photo YL.*

Le centre d'information de la FFRP à Paris. *Photo © FFRP.*

La FFRP est la seule fédération à créer elle-même son stade : 180 000 km d'itinéraires ont été créés. Ils sont balisés et entretenus, en grande partie par ses quelque 6 000 baliseurs bénévoles.

La FFRP est le premier éditeur de randonnée en France, avec 220 titres publiés en 2003. Son catalogue propose :

- les topo-guides® GR® et GRP®,
- les topo-guides® PR®,
- les guides de randonnées citadines (villes à pied),
- la collection « À pied en famille ».

UN CADRE POUR RANDONNER ET SE FORMER

Un pôle d'information pour tous

Le centre national d'information de la FFRP est un outil précieux à connaître pour préparer ses randonnées, obtenir des informations précises, acheter des topo-guides® et documents utiles. Il est ouvert à tous, adhérents ou non, et répond aux demandes d'information par téléphone.

Centre d'information : 14, rue Riquet - Paris 75019. Tél. 01 44 89 93 93. Fax 01 40 35 85 67.

À consulter également, le site Internet de la FFRP : www.ffrp.asso.fr.

Photo YL.

Randonner quelques JOURS

Partir entre amis, en famille sur les sentiers balisés à la recherche des plus beaux paysages de France.

Les topo-guides des sentiers de Grande Randonnée ®de la FFRP sont indispensables pour bien choisir sa randonnée.

Ces guides vous feront découvrir la faune, la flore, les sites naturels merveilleux, un vrai régal pour les yeux.

Marcher, rien de tel pour se refaire une santé.

100 GUIDES

pour découvrir tous les GR® de France !

Où que vous soyez, où que vous alliez en France, vous trouverez un sentier qui vous fera découvrir d'extraordinaires paysages. Les topo-guides FFRP guideront vos pas vers ces lieux purs, naturels et revivifiants.

Papillon machaon.
Photo NV.

Des sorties et des animations

Pour randonner régulièrement au sein d'un club, il suffit d'en devenir adhérent et de régler sa part de cotisation annuelle (modique le plus souvent). Chaque club possède son fonctionnement propre : sorties le dimanche ou en semaine, organisation de randonnées de week-end et boucles de plusieurs jours. Certaines associations proposent des randonnées thématiques ou des sorties familiales. Les balades sont encadrées par des animateurs bénévoles compétents, souvent titulaires du brevet fédéral d'animateur de randonnée pédestre, délivré par la FFRP.

Différents systèmes d'adhésion

• Les adhérents à une association membre de la FFRP se voient délivrer, par le club, une licence fédérale lors de leur inscription. La licence comporte automatiquement la couverture par l'assurance fédérale, pour l'année civile de l'inscription.

• Ceux qui préfèrent randonner seuls peuvent adhérer à la FFRP et bénéficier de son assurance en prenant une Rando Carte annuelle, familiale ou individuelle.

• Enfin, pour une pratique très occasionnelle ou pour participer ponctuellement à des sorties, il est possible de choisir la Rando Carte Découverte. Cette forme d'adhésion comporte des avantages : l'envoi des mises à jour des topo-guides® sur demande, la construction d'itinéraires sur mesure, etc.

L'ASSURANCE DE LA FFRP

Elle couvre :

- la responsabilité civile du randonneur (les accidents et dommages dont il pourrait être responsable), sa défense et les recours devant les tribunaux,
- les frais de recherche et de sauvetage,
- les risques d'accidents corporels subis par le randonneur (décès, infirmité, frais médicaux, assistance dans le monde entier).

Cette assurance est valable dans le cadre :

- de la pratique de la randonnée à pied, à ski nordique et à raquettes,
- d'une pratique individuelle ou associative,
- d'une pratique avec ou sans animateur,
- sur tous les terrains, dans le monde entier et sans limitation d'altitude,
- en randonnée itinérante ou à la journée, avec ou sans hébergement.

D'autres pratiques peuvent être couvertes en option : cyclotourisme, VTT, descente de rivière, randonnée alpine, ski de piste.

Guidées et commentées par des spécialistes, les sorties thématiques conjuguent plein air et connaissance de l'environnement. *Photo YL.*

La formation pour progresser

Au-delà du plaisir de randonner en groupe, l'appartenance à un club affilié permet de se former, non seulement pour progresser, mais aussi pour acquérir les aptitudes nécessaires à l'encadrement de groupes et à la transmission des savoirs.

La FFRP fêtait à Paris son cinquantième anniversaire en 1997 ! *Photo © FFRP, I. G-P.*

200 stages sont ainsi organisés chaque année par la fédération pour ses licenciés. Selon les stages, de nombreuses thématiques sont abordées, suivant trois axes :

- améliorer ses compétences techniques pour la randonnée : techniques d'orientation, météorologie, connaissance des terrains spécifiques comme la montagne…
- améliorer sa connaissance des milieux naturels et humains,
- perfectionner ses capacités d'animer et développer la vie associative.

UN ACTEUR COLLECTIF POUR L'ENSEMBLE DU TERRITOIRE

Aménager, baliser, entretenir

La FFRP joue un rôle déterminant dans l'aménagement du réseau de sentiers.

Sur le terrain, ses équipes de bénévoles conçoivent, aménagent et balisent les itinéraires. Au niveau départemental, elle participe à l'élabora-

La presse spécialisée des années 1950. *Photo © FFRP.*

LA FÊTE DE LA RANDONNÉE DE LA FFRP

Chaque année, le 3e week-end de juin, a lieu la fête de la randonnée. Des milliers de sorties sont proposées dans toute la France, culturelles ou historiques (découverte de sites remarquables, du patrimoine naturel ou bâti), ludiques ou festives (balades aux lampions, bivouacs…), ou actives (démonstration de balisage…).

RANDONNÉES DE COMPÉTITION

Les Rando challenges, qu'on peut décrire comme étant des rallyes de randonneurs, sont apparus récemment. Les épreuves se déroulent par équipes et insistent sur la régularité d'un temps de parcours, le positionnement de bornes balises sur la carte, et la réponse à des questions. La randonnée vient donc à la compétition, mais elle ne figure pas encore au programme des Jeux Olympiques !

De nombreux citadins s'adonnent à la randonnée le dimanche.
Photo © FFRP, I. G-P.

tion des Plans départementaux d'itinéraires de promenade et de randonnée (PDIPR).

Défendre les randonneurs et les chemins

Au niveau national, la Fédération représente et défend les intérêts des randonneurs, en constante concertation avec les pouvoirs publics et les autres associations d'activité de nature.

Elle a, par exemple, conçu et publié la charte nationale du balisage, afin de fixer des règles qui soient applicables par tous les organismes créant des itinéraires, et pour rendre ainsi les balisages plus cohérents et compréhensibles par tous. Éditée en 1980, cette charte a été revue et complétée en 1995.

En collaboration avec différents partenaires, la Fédération anime, depuis 1994, une campagne permanente pour préserver et sauver les chemins de France. On estime communément qu'avant la guerre, le kilométrage des sentiers tournait autour d'un million. Aujourd'hui, quelque 200 000 km pourraient avoir disparu. La FFRP a obtenu notamment le classement des chemins de Saint-Jacques-de-Compostelle au patrimoine mondial de l'Unesco. Elle a su se positionner comme interlocuteur privilégié des ministères de l'Écologie et du Développement durable, du Tourisme, des Sports et de l'Agriculture pour tout ce qui touche l'organisation de la randonnée et la protection des chemins.

La Fédération a su également gagner aux causes qu'elle défend des soutiens financiers précieux, en premier lieu celui de la fondation d'entreprise Gaz de France, ainsi que d'autres partenariats avec les médias ou avec des sociétés d'équipement comme Sympatex®.

La FFRP a, entre autres vocations, de faire classer les chemins pour les rendre inaliénables.
Photo YL.

Les autres associations

Tout ne passe pas par les associations membres de la FFRP. D'autres fédérations sportives ou de loisirs comprennent des sections de randonnée au sein de leurs clubs.

Le succès de la randonnée est tel, que l'activité est présente dans l'ensemble des associations de loisirs, et associations à vocation multiactivités ou multisports : la Fédération française d'éducation physique et de gymnastique volontaire (FFEPGV), la Fédération française d'entraînement physique dans le monde moderne (FFEPMM), la Fédération française de la retraite sportive (FFRS), la Fédération sportive et gymnique du travail (FSGT), les Maisons des jeunes et de la culture (MJC), la Fédération des œuvres laïques d'éducation physique (UFOLEP), etc. Dans l'Est de la France, le Club vosgien, une des plus anciennes organisations de randonnée, demeure toujours très actif.

Naturellement, l'activité randonnée est également proposée par les deux fédérations d'activités de montagne existant en France, en marge de leurs activités principales.

• La Fédération des clubs alpins français (anciennement CAF) est directement concernée, puisqu'elle gère une bonne partie des refuges de haute et moyenne montagne.

• La Fédération française de la montagne et de l'escalade (FFME) organise aussi des raids sportifs ou des randonnées en montagne.

Des conventions existent entre la FCAF, la FFME et la FFRP.

ANNEXES

ADRESSES UTILES ET BIBLIOGRAPHIE

Adresses utiles et bibliographie

LA RANDONNÉE DE A À Z

Pour approfondir vos connaissances

BIBLIOGRAPHIE

- *Randonner en plaine et en montagne*, Jean-Marc Lamory, Libris.
- *La Randonnée en montagne*, Catherine Elzière, le Seuil.
- *Randonnée et Trekking*, Dominique Le Brun, Solar.
- *La Randonnée, 101 trucs et conseils*, Hugh Mc Manners, Mango.
- *Marcher et Randonner*, Roly Smith, Solar.
- *À pied en famille*, Françoise Kouchner, FFRP.
- *La Cuisine du campeur randonneur*, Michel Winthrop, Édisud.

Les sites sur la randonnée

Outre les sites des associations, des éditeurs, des magasins, des destinations touristiques, des parcs naturels… de très nombreux sites traitent de la randonnée et du trekking. En voici quelques-uns. Si vous surfez sur le web, attention aux dates de mise à jour des différents sites, les informations peuvent parfois être dépassées.

• **www.ffrp.asso.fr** Le principal, incontournable pour ses nombreuses rubriques : catalogue des topo-guides®, conseils pratiques et techniques, idées randos et liens divers.

• **www.rando-trekking.com** Des infos et des actualités sur les itinéraires, l'état des sentiers (émanant des randonneurs ou des gardiens de refuges), des extraits de presse, les nouveautés des fabricants, etc. Utile, notamment pour rechercher des coéquipiers.

• **www.gr-infos.com** Infos sur les sentiers GR®, petites annonces…

• **www.imarchapied.com** Infos sur les parcours, les clubs, les magasins spécialisés ; articles de presse, forum et questions.

• Se procurer le descriptif de balades (payant) sur le Net :
www.toutlemondeenbalade.com

• Et aussi **www.randonnee.net**, **www.rando.net** ou **www.nosrandonnees.com**, d'autres sites d'informations générales sur la randonnée (adresses, associations, bibliographies…).

◀ Pas de l'Aiguille dans le Vercors. *Photo NV.*

Les cartes

Les cartes de l'Institut géographique national (IGN)

• Site : www.ign.fr

• Photothèque nationale et cartothèque : 2-4, rue Pasteur - 94165 Saint-Mandé Cedex. Tél. 01 43 98 80 00.

• Autres lieux de vente : Espace IGN Paris, Espace IGN Dijon, 12 délégations régionales et le réseau des Géolibraires (adresses disponibles sur le site de l'IGN).

Les carto-guides transfrontaliers

Édités conjointement par le Club alpin français et le Club alpin italien, chaque volume est composé d'une carte au 1/25 000 et d'un guide détaillé bilingue. Site : www.clubalpin.com

Les autres cartes

Quelques-uns des éditeurs de guides de randonnée pédestre éditent également des cartes à différentes échelles (1/60 000, 1/25 000…), voir paragraphe ci-dessous.

BIBLIOGRAPHIE

Sur l'orientation et les instruments de navigation

• *S'orienter (carte, boussole, GPS)*, Jean-Marc Lamory, Libris,
• *Guide pratique du GPS*, Paul Correia, Eyrolles.
• *S'orienter avec un GPS*, R. Horaud, Édisud.
• *Apprendre à s'orienter*, Pierre Esclasse, Édisud.
• *Comment s'orienter*, René Cuenin, Ouest-France.
• *Guide pratique de l'orientation*, Jean-Daniel Giroux, Vo2 éditions.

Guides de randonnées et presse spécialisée

Les éditeurs de guides

• FFRP : www.ffrp.asso.fr
• Éditions Libris : www.libris.fr
• Club vosgien : www.club-vosgien.com
• Éditions Glénat : www.glenat.com
• Chamina : www.chamina.com
• Rando éditions : 4 rue Maye-Lane – 65421 Ibos. Tél. 05 62 90 09 90.
• Olizane (Suisse) : www.olizane.ch

LES REVUES

- Balades en France : www.balades-france.fr
- Alpinisme et Randonnée : www.glenatpresse.com
- Grands Reportages : www.grands-reportages.com
- Trek Magazine : www.trekmag.com
- Forêts Magazine : www.glenatpresse.com
- La Marche Magazine : 3 boulevard Richard-Lenoir, 75011 Paris (e-mail : lamarche@atn-presse.com).

Les prévisions météorologiques

MÉTÉO-FRANCE

- Un numéro à 4 chiffres, le 32 50 (0,34 € la minute), donne accès à tous les bulletins météorologiques (par département, météo en montagne, etc.).
- Accès direct aux bulletins départementaux : composer le 0 892 68 02 suivi du numéro du département (0,34 € la minute).
- Prévisions de Météo-France pour l'étranger : O8 92 70 08 08 (1,35 € l'appel, puis 0,34 € la minute).
- Site : www.meteo.fr
- Météo-France publie chaque année un petit document, *Le Guide montagne*, synthétique et gratuit.

MÉTÉOCONSULT

- Par téléphone en composant le 32 01 ou le 0 899 70 1234 (1,35 € l'appel puis 0,34 € la minute).
- Site : www.metéoconsult.com

LA MÉTÉO DANS LES PAYS VOISINS

- Allemagne : www.dwd.de
- Autriche : www.zamg.ac.at
- Belgique : www.meteo.be
- Espagne : www.inm.es et, pour la Catalogne : www.gencat.es/servmet
- Irlande : www.met.ie
- Italie : www.meteoam.it
- Royaume-Uni : www.meto.govt.uk
- Portugal : www.meteo.pt
- Suisse : www.meteosuisse.ch
- Pays-Bas : www.knmi.nl
- Yougoslavie : www.meteo.yu

Pour connaître les adresses et coordonnées des services météorologiques nationaux de l'ensemble des pays étrangers : voir la rubrique liens du site de Météo-France.

Association nationale pour l'étude de la neige et des avalanches

L'Anena diffuse différents documents sur la neige, les avalanches et organise des stages pratiques : ANENA : 15, rue Ernest-Calvat - 38000 Grenoble.

Le site : www.anena.asso.fr

BIBLIOGRAPHIE

- *La Météo en montagne*, Dominique le Brun, Arthaud.

Organismes utiles

Les hébergements

• Fédération nationale des gîtes de France, catalogues *Gîtes d'étape ou de groupe et Chambres d'hôtes* : 59, rue Saint-Lazare – 75439 Paris Cedex. Tél. 01 49 70 75 75, site : www.gites-de-france.fr

• Rando Accueil : pas d'adresse centrale. Consulter le site www.rando.accueil.com ou s'adresser aux délégations régionales : ABRI, Randonnées pyrénéennes, Chamina, Grande Traversée des Alpes, Grandes Traversées du Jura et Comité régional du tourisme des pays de la Loire.

• *Répertoire des refuges et chalets des Clubs alpins français*. Gratuit, sur simple demande auprès de la Fédération des clubs alpins français (joindre une enveloppe affranchie pour 250 g).

• *Guide des gîtes d'étape et refuges*, Serge et Annick Mouraret, La Cadole (la bible en la matière, actualisée chaque année). Sur le site : www.gites-refuges.com, la recherche d'hébergement peut se faire par département, par le nom de l'hébergement et, surtout, par itinéraire, à partir d'une liste d'itinéraires préétablie. Consultation gratuite ou payante pour des informations plus détaillées. Nombreux liens vers d'autres sites.

Pour randonner avec des ânes

• Fédération nationale des ânes et randonnée : 16 route de Canlers – 62310 Ruisseauville. Tél. 03 21 41 21 97 (coordonnées changeant périodiquement) et site : www.ane-et-rando.com (adresses de tous les loueurs affiliés à la Fédération, conseils pratiques, suggestions).

Randonnée et santé

• Sur le label officiel Tourisme et handicap : **www.tourisme.equipement.gouv.fr**

• Liste des sites labellisés : **www.franceguide.com**

• Association française des diabétiques : 58, rue Alexandre-Dumas – 75544 Paris Cedex 11 (e-mail : **afdsiege@cybercable.fr**).

• Randonnée et diabète (affilié à la FFRP), site : **www.randonnée-diabete.free.fr**

• Fédération française de handisport (FFH) : 42, rue Louis-Lumière – 75020 Paris.

• Espace Rambouillet de l'Office national des Forêts (ONF), tél. 01 34 83 05 00 et site : **www.onf.fr/espaceramb/index.htm**

• Modul'Evasion, tél. 01 44 62 02 83 et site : **www.escapade.asso.fr**

Pour s'équiper

• Au Vieux Campeur. On ne le présente pas : sa vingtaine de boutiques spécialisées dans le Quartier Latin à Paris, quelques points de vente en province, une expérience inégalée en matière de randonnée, de conseil, des catalogues très documentés et pédagogiques. Site : **www.auvieuxcampeur.fr**

• Quechua®, la marque de montagne et randonnée de l'enseigne Décathlon® (qui tire son nom d'un des principaux peuples andins) propose un site bien fait, comprenant quantité d'informations précieuses sur tout ce qui touche la pratique de la randonnée pédestre. Site : **www.quechua.com**

LES DIFFÉRENTS MILIEUX DE LA RANDONNÉE

La découverte des milieux naturels

BIBLIOGRAPHIE

- *La France des forêts*, Guides Gallimard.
- *Guide des 134 réserves naturelles de France*, Chantal Cans et Antoine Reille, Delachaux et Niestlé.
- *Pistes*, Louis Espinassous, Milan (une véritable bible en matière de découverte de la nature).
- *Les Outils de la randonnée*, Didier Cornaille, le Chêne.
- *Mille pistes nature*, P.M. Gambarelli, P. Royer, Presses d'Île-de-France.
- *À la découverte des réserves naturelles de France*, Françoise Mosse, Nathan.

- *Des Traces d'animaux dans votre poche*, Jacques Morel, Delachaux et Niestlé.
- *Comment chier dans les bois*, Katleen Meyer, Édimontagne.
- Le site du BRGM (Bureau des recherches géologiques et minières) : www.infoterre.brgm.fr

Les espaces naturels protégés

Les parcs nationaux

Un site central : www.parcsnationaux-fr.com

- Parc national des Cévennes : BP 15 – 48400 Florac.
- Parc national des Écrins : Domaine de Charance – 05000 Gap.
- Parc national de la Guadeloupe : Habitation Beausoleil, BP 13, Montéran – 97120 Saint-Claude.
- Parc national du Mercantour : 23, rue d'Italie, BP 1316 – 06006 Nice Cedex.
- Parc national de Port-Cros : Castel Sainte-Claire, rue Sainte-Claire – 83400 Hyères.
- Parc national des Pyrénées : 59, route de Pau – 65000 Tarbes.
- Parc national de la Vanoise : 135, rue du Docteur-Julliand, BP 705 – 73007 Chambéry Cedex.

Les autres espaces naturels

- Office national des forêts (ONF) : 2, avenue de Saint-Mandé – 75570 Paris Cedex 12. Site : www.onf.fr
- Conservatoire du littoral : Corderie royale, BP 137 – 17306 Rochefort Cedex. Site : www.conservatoire-du-littoral.fr
- Réserves naturelles de France : www.reserves-naturelles.org

Les parcs naturels régionaux

Fédération des parcs naturels régionaux de France : 4, rue de Stockholm – 75008 Paris. Tél. 01 44 90 86 20 et site : www.parcs-naturels-regionaux.tm.fr

Armorique
Maison du Parc - 15, place aux Foires, BP 27 - 25690 Le Faou

Avesnois
Maison du Parc - Grange Dîmière - 4, cour de l'Abbaye, BP 3 - 59550 Maroilles

Ballons des Vosges
Maison du Parc - 1, cour de l'Abbaye - 68140 Munster

Boucles de la Seine normande
Maison du Parc - BP 13 - 76940 Notre-Dame de Bliquetuit

Brenne
Hameau du Bouchet - 36300 Rosnay

Brière
BP 3 - 44720 Saint-Joachim

Camargue
Mas du Pont de Rousty - Route des Saintes-Maries-de-la-Mer - 13200 Arles

Caps et marais d'Opale
Maison du Parc - BP 55 - 62510 Arques

Causses du Quercy
BP 10 - 46240 Labastide-Murat

Chartreuse
Maison du Parc - 38380 Saint-Pierre-de-Chartreuse

Corse
2, rue Major-Lambroschini - BP 417 - 20184 Ajaccio Cedex

Forêt d'Orient
Maison du Parc - 10220 Piney

Gâtinais français
Hôtel de Ville - 91490 Milly-la-Forêt

Grands Causses
71, boulevard de l'Ayrolle - BP 126 - 12101 Millau Cedex

Guyane
Rue François-Arago - BP 539 - 97333 Cayenne Cedex

Haut-Jura
Maison du Haut-Jura - 9310 Lajoux

Haut-Languedoc
13, rue du Cloître - BP 9 - 34220 Saint-Pons-de-Thomieres

Haute-Vallée de Chevreuse
Château de la Madeleine - Chemin Jean-Racine - 78460 Chevreuse Cedex

Landes de Gascogne
Maison du Parc - 33, route de Bayonne - 33830 Belin-Beliet

Livradois-Forez
BP 17 - 63880 Saint-Gervais-sous-Meymont

Loire-Anjou-Touraine
Maison du Parc - 7, rue Jehanne-d'Arc - 49730 Montsoreau

Lorraine
Domaine de Charmilly - BP 35 54702 Pont-à-Mousson Cedex

Luberon
60, place Jean-Jaurès - BP 122 - 84404 Apt Cedex

Marais du Cotentin et du Bessin
Maison du Parc - Cantepie - 50500 Les Veys

Martinique
Domaine de Tivoli - BP 437 - 97200 Fort-de-France Cedex

Massif des Bauges
Maison du Parc - 73630 Le Chatelard

Montagne de Reims
Maison du Parc - 51480 Pourcy

Monts d'Ardèche
Place du Clos - 07190 Saint-Pierreville

Morvan
Maison du Parc - 58230 Saint-Brisson

Normandie-Maine
Maison du Parc - Le Chapître - BP 5 - 61320 Carrouges

Oise-Pays de France
Avenue de Compiègne - 60300 Senlis

Perche
11, place Saint-Roch - BP 23 - 61110 Remalard

Périgord Limousin
24300 Abjat-sur-Bandiat

Pilat
Maison du Parc - Moulin de Virieu - BP 57 - 42410 Pelussin

Queyras
Route de la Gare - BP 3 - 05600 Guillestre

Région narbonnaise
Château Montplaisir - 11100 Narbonne

Scarpe-Escaut
Maison du Parc - 357, rue Notre-Dame-d'Amour - 59230 Saint-Amand-les-Eaux

Vercors
255, chemin des Fusillés - 38250 Lans-en-Vercors

Verdon
Mairie - BP 14 - 04360 Moustiers-Sainte-Marie

Vexin français
Maison du Parc - 95450 Themericourt

Volcans d'Auvergne
Montlosier - 63970 Aydat

Vosges du Nord
Maison du Parc - BP 24 - 67290 La Petite-Pierre

OÙ ET COMMENT RANDONNER ?

Centres d'information dans les différents massifs et régions

Ces centres d'information regroupent toute l'information utile pour la randonnée, pour le massif ou la région concernée.

• ABRI (Bretagne)
4, rue Ronsard – 35000 Rennes.
Tél. 02 99 26 13 50, site : www.rando.abri.free.fr

• Centre information montagnes et sentiers (CIMES)
14, rue de la République, BP 227 – 38019 Grenoble Cedex.

Tél. 04 76 42 45 90, site : **www.grande-traversee-alpes.com**

• CIMES Pyrénées
4, rue Maye-Lane – 65421 Ibos.

Tél. 05 62 90 60 90, site : **www.rando-pyrenees.net**

• Chamina
5, rue Pierre-le-Vénérable – 65057 Clermont-Ferrand Cedex 1.

Tél. 04 73 92 81 44, site : **www.chamina.com**

• Grandes Traversées du Jura
26, rue Baronne-Delort, BP 132 – 39304 Champagnole Cedex.

Tél. 03 84 52 58 10, site : **www.gtj.asso.fr**

Les Comités départementaux du tourisme (CDT)
Liste en date du 1er janvier 2004.

Dépendant du conseil général de chaque département, le CDT diffuse des informations précises sur les hébergements, les activités de loisirs, les itinéraires de randonnée. Certains s'occupent également de la réservation des hébergements ou proposent une sélection de séjours ou journées thématiques.

Ain
34, rue du Général-Delestraint
BP 78 - 01002 Bourg-en-Bresse Cedex

Aisne
24-28, avenue Charles-de-Gaulle - 02007 Laon Cedex

Allier
Pavillon des Marronniers -
Parc de Bellevue - BP 65 -
03400 Yzeure Cedex

Alpes-de-Haute-Provence
Maison des Alpes-de-Haute-Provence - 19, rue du Docteur-Honnorat - BP 170 -
04005 Digne-les-Bains Cedex

Hautes-Alpes
8 bis, rue Capitaine-de-Bresson - BP 46 -
05002 Gap Cedex

Ardèche
4, cours du Palais -
07000 Privas

Ardennes
22-24, place Ducale - BP 419 -
08107 Charleville-Mézières Cedex

Ariège-Pyrénées
31 bis, avenue du Général-de-Gaulle - BP 143 -
09004 Foix Cedex

Aube
34, quai Dampierre –
10000 Troyes

Aude
Chemin du Moulin-de-la-Seigne
11855 Carcassonne Cedex 09

Aveyron
17, rue Aristide-Briand -
BP 831 - 12008 Rodez Cedex

Bouches-du-Rhône
13, rue Roux-de-Brignoles -
Immeuble Le Montesquieu -
13006 Marseille

Calvados
8, rue Renoir -
14054 Caen Cedex 04

Cantal
11, rue Paul-Doumer - BP 8 -
15018 Aurillac Cedex

Charente
Place Bouillaud -
16021 Angoulême

Charente-Maritime
85, boulevard de la République -
17076 La Rochelle Cedex 9

Cher
5, rue de Séraucourt -
18000 Bourges

Corrèze
Quai Baluze - 19000 Tulle

Côte-d'Or
1, rue de Soissons - BP 1601 - 21000 Dijon Cedex

Côtes-d'Armor
7, rue Saint-Benoît - BP 4620 - 22046 Saint-Brieuc

Creuse
43, place Bonnyaud - BP 243 - 23005 Guéret Cedex

Dordogne-Périgord
25, rue Wilson - BP 2063 - 24002 Périgueux Cedex

Agence de développement économique et touristique du Doubs
7, avenue de la Gare-d'Eau - 25031 Besançon Cedex

Drôme
8, rue Baudin - BP 531 - 26005 Valence Cedex

Eure
3, rue du Commandant-Letellier - BP 367 - 27003 Évreux Cedex

Eure-et-Loir
10, rue du Docteur-Maunoury - BP 67 - 28000 Chartres

Finistère
11, rue Théodore-le-Hars - BP 1419 - 29104 Quimper Cedex

Gard
3, place des Arènes - BP 122 - 30010 Nîmes Cedex 04

Haute-Garonne
14, rue Bayard - BP 845 - 31015 Toulouse Cedex 06

CDT et des loisirs du Gers en Gascogne
3, boulevard Roquelaure - BP 106 - 32002 Auch Cedex

Gironde
21, cours de l'Intendance - 33000 Bordeaux

Hérault
Maison du Tourisme - avenue des Moulins - 34184 Montpellier Cedex 04

Haute Bretagne Ille-et-Vilaine
4, rue Jean-Jaurès - BP 60149 35101 Rennes Cedex 3

Indre
1, rue Saint-Martin - BP 141 - 36003 Châteauroux Cedex

Touraine
9, rue Buffon - BP 3217 - 37032 Tours Cedex

Isère
14, rue de la République - BP 227 - 38019 Grenoble Cedex

Jura
8, rue Louis-Rousseau - BP 458 - 39006 Lons-le-Saunier Cedex

Landes
4, avenue Aristide-Briand - BP 407 - 40012 Mont-de-Marsan Cedex

Loir-et-Cher
5, rue de la Voûte-du-Château - BP 149 - 41005 Blois Cedex

Loire
5, place Jean-Jaurès - 42021 Saint-Étienne Cedex 1

Haute-Loire
Hôtel du Département - 1, place Monseigneur-de-Galard - BP 332 - 43012 Le Puy-en-Velay Cedex

Loire-Atlantique
2, allée Baco - BP 20502 - 44005 Nantes Cedex 1

Loiret
8, rue d'Escures - 45000 Orléans

Lot
107, quai Cavaignac - BP 7 - 46001 Cahors Cedex

Lot-et-Garonne
4, rue André-Chénier - BP 158 - 47005 Agen Cedex

Lozère
14, boulevard Henri-Bourillon - BP 4 - 48001 Mende Cedex

Anjou
place Kennedy - BP 32147 - 49021 Angers Cedex 02

Manche
Maison du Département - 50008 Saint-Lo Cedex

Marne
13, bis rue Carnot - BP 74 - 51006 Châlons-en-Champagne Cedex

CDT et du thermalisme de Haute-Marne
40 bis, avenue Foch - 52000 Chaumont

Mayenne
84, avenue Robert-Buron - BP 1429 - 53014 Laval Cedex

Meurthe-et-Moselle
48, rue du Sergent-Blandan - BP 65 - 54062 Nancy Cedex

Meuse
Hôtel du Département - place Pierre-François Grossin - BP 514 - 55012 Bar-le-Duc Cedex

Morbihan
Pibs-Kerino - allée Nicolas-Le-Blanc - BP 408 - 56010 Vannes Cedex

Moselle
Hôtel du Département - 1, rue du Pont-Moreau - BP 11096 - 57036 Metz Cedex 1

Nièvre
3, rue du Sort - 58000 Nevers

Nord
6, rue Gauthier-de-Châtillon - BP 1232 - 59013 Lille Cedex

Oise
19, rue Pierre-Jacoby - BP 80822 - 60008 Beauvais Cedex

Orne
86, rue Saint-Blaise - BP 50 - 61002 Alençon Cedex

Pas-de-Calais
Route de la Trésorerie - BP 79 - 62930 Wimereux

Puy-de-Dôme
Place de la Bourse - 63038 Clermont-Ferrand Cedex 1

Béarn - Pays Basque
4, allée des Platanes - BP 811 - 64108 Bayonne Cedex

Hautes-Pyrénées tourisme environnement
11, rue Gaston-Manent - BP 9502 - 65950 Tarbes Cedex 9

Pyrénées-Orientales
16, avenue des Palmiers - BP 540 - 66005 Perpignan Cedex

Agence de développement touristique du Bas-Rhin
9, rue du Dôme - BP 53 - 67061 Strasbourg Cedex

Association départementale du tourisme du Haut-Rhin
Maison du Tourisme de Haute-Alsace - 1, rue Schlumberger - BP 337 - 68006 Colmar Cedex

Rhône
35, rue Saint-Jean - 69005 Lyon

Haute-Saône
SEM Destination 70 - BP 57 - 70001 Vesoul Cedex

Saône-et-Loire
389, avenue de Lattre-de-Tassigny - 71000 Macon

Sarthe
40, rue Joinville - 72000 Le Mans

Agence touristique départementale de la Savoie
24, boulevard de la Colonne - 73025 Chambéry Cedex

Agence touristique départementale Haute-Savoie Mont-Blanc
56, rue Sommeiller - BP 348 - 74012 Annecy Cedex

Office de tourisme et des congrès de Paris
127, avenue des Champs-Élysées - 75008 Paris

Seine-Maritime
6, rue Couronné - BP 60 - 76420 Bihorel

Seine-et-Marne
11, rue Royale - 77300 Fontainebleau

Yvelines
Hôtel du Département - 2, place André-Mignot - 78012 Versailles Cedex

Deux-Sèvres
15, rue Thiers - BP 8510 - 79025 Niort Cedex 09

Somme
21, rue Ernest-Cauvin - 80000 Amiens

Tarn
BP 225 - 81006 Albi Cedex

Tarn-et-Garonne
7, boulevard Midi-Pyrénées - BP 534 - 82005 Montauban Cedex

Var
1, boulevard Foch - BP 99-83003 Draguignan Cedex

Vaucluse
12, rue Collège-de-la-Croix - BP 147 - 84008 Avignon Cedex 1

Vendée
8, place Napoléon - BP 233 - 85000 La Roche-sur-Yon

Vienne
33, place Charles-de-Gaulle - BP 287 - 86007 Poitiers Cedex

Haute-Vienne
4, place Denis-Dussoubs - 87031 Limoges

Vosges
7, rue Gilbert - BP 332 - 88008 Épinal Cedex

Yonne
1-2 quai de la République - 89000 Auxerre

Maison du tourisme du Territoire de Belfort
2 bis, rue Georges - Clemenceau 90000 Belfort

Essonne
19, rue des Mazières - 91000 Évry

Hauts-de-Seine
8, place de la Défense - 92974 Paris-la-Défense Cedex

Seine-Saint-Denis
140, avenue Jean-Lolive - 93695 Pantin Cedex

Val-de-Marne
38, quai Victor-Hugo - 94500 Champigny-sur-Marne

Comité départemental du tourisme des loisirs du Val-d'Oise
Château de la Motte - rue François-de-Ganay - 95270 Luzarches

Office de tourisme des îles de Guadeloupe
5, square de la Banque - BP 422 - 97163 Pointe-à-Pitre Cedex

Office départemental du tourisme de la Martinique
Rue Ernest-Deproge - BP 520 - 97206 Fort-de-France Cedex

Comité de tourisme de la Guyane
12, rue Lalouette - BP 801 - 97338 Cayenne Cedex

Comité du tourisme de Mayotte
Rue de la Pompe - BP 1169 - Mamoudzou – 97600 Mayotte

Les Comités régionaux du tourisme (CRT)

Liste en date du 1er janvier 2004.

Les comités régionaux de tourisme livrent une information plus générale sur les atouts touristiques de la région, et proposent une vision synthétique sur les activités thématiques possibles, par exemple la randonnée pédestre.

Alsace
20 A, rue Berthe-Molly -
68000 Colmar

Aquitaine
Cité Mondiale - 23, Parvis des Chartrons -
33074 Bordeaux Cedex

Auvergne
44, avenue des États-Unis -
63057 Clermont-Ferrand Cedex 1

Bourgogne
Conseil régional – BP 1602 -
21035 Dijon Cedex

Bretagne
1, rue Raoul-Ponchon -
35069 Rennes Cedex

Centre Val-de-Loire
37, avenue de Paris -
45000 Orléans Cedex

Champagne-Ardenne
15, avenue du Maréchal-Leclerc - BP 319 -
51013 Châlons-en-Champagne Cedex

Agence de tourisme de Corse
17, boulevard Roi-Jérôme - BP 19 - 20176 Ajaccio Cedex

Franche-Comté
La City - 4, rue Gabriel-Plançon - 25044 Besançon Cedex

Paris Ile-de-France
91, avenue des Champs-Élysées - 75008 Paris

Languedoc-Roussillon
Le Millénaire II - 417, rue Samuel-Morse - CS 79507 -
34960 Montpellier Cedex 2

Limousin
27, boulevard de la Corderie -
87031 Limoges Cedex

Lorraine
Abbaye des Prémontrés -
BP 97 -
54704 Pont-à-Mousson Cedex

Midi-Pyrénées
54, boulevard de l'Embouchure - BP 2166 -
31022 Toulouse Cedex

Nord–Pas-de-Calais
6, place Mendès-France -
59800 Lille

Normandie
14, rue Charles-Corbeaux -
Le Doyenné - 27000 Évreux

Pays de la Loire
2, rue de la Loire - BP 20411 -
44204 Nantes Cedex 2

Picardie
3, rue Vincent-Auriol -
80011 Amiens Cedex

Poitou-Charentes
60, rue Jean-Jaurès - BP 56 -
86002 Poitiers Cedex

Provence-Alpes-Côte-d'Azur
Les Docks - 10, place de la Joliette - Atrium 10.5
BP 46214 -
13567 Marseille Cedex 02

Riviera Côte d'Azur
55, promenade des Anglais -
BP 602 - 06011 Nice Cedex

Rhône-Alpes
104, route de Paris -
69260 Charbonnières-les-Bains

Réunion
Place du 20 décembre 1848 -
BP 615 - 97472 Saint-Denis Cedex

Agence régionale de développement du tourisme de la Martinique
Anse Gouraud -
97233 Schoelcher

Guyane
12, rue Lalouette - BP 801 -
97338 Cayenne Cedex

SE PRÉPARER POUR RANDONNER

Pour préparer son trek à l'étranger

FÉDÉRATION EUROPÉENNE DE RANDONNÉE PÉDESTRE

Son site contient les coordonnées des différentes fédérations de randonnée en Europe et des liens intéressants. Un site complet pour une première approche des itinéraires en Europe, présenté en anglais et très partiellement en français (et qui propose un hyperlien vers un programme de traduction) : www.era-ewv-ferp.org

- www.via-alpina.com : la Via alpina, un réseau de sentiers à travers huit pays de l'arc alpin.
- www.diplomatie.fr : les coordonnées des ambassades, tout savoir sur les formalités.
- www.abm.fr : un excellent site associatif pour trouver des informations en individuel.
- www.mbnet.mb.ca/lucas/travel/ : le site des offices de tourisme.
- www.club-internet.fr/routard/ : un site complet présentant des voyages en individuel.
- www.lonelyplanet.fr : la référence des guides de voyage, version française.
- www.lonelyplanet.com : plus complet, mais en anglais.
- www.trekmag.com : le site du magazine Trek, des fiches pays complètes présentent les possibilités de randonnée, un « trek selecteur » permet de connaître tous les voyages proposés par les agences françaises, forum, actualités.
- www.visasante.com : toutes les informations sanitaires avant de partir.
- www.itineraires.com : une librairie virtuelle particulièrement complète en matière de voyages, beaux livres, cartes, guides…

Les agences de randonnée et trekking

- Le Syndicat des accompagnateurs en montagne : www.accompagnateur-en-montagne.com
- Le Syndicat national des guides : www.sngm.com
- L'Union nationale des associations de tourisme et de plein air (UNAT) a publié un guide *D'Autres voyages, du tourisme à l'échange*, comportant de nombreuses adresses sur les formes différentes de tourisme (tourisme alternatif, écotourisme, etc). Son site : www.unat.asso.fr
- Le site de France Nature regroupe de nombreux opérateurs du tourisme de nature, y compris de randonnée : www.franceguide.com

Des tours opérateurs :

- Allibert voyages : **www.allibert-voyages.com**
- Atalante : **www.atalante.fr**
- Chamina-Sylva : **www.chamina-sylva.com**
- Croq'nature : **www.croqnature.com**
- France randonnée : **www.france-randonnée.fr**
- Grand Angle : **www.grandangle.fr**
- la Balaguère : **www.labalaguere.com**
- Montagne évasion : **www.montagne-evasion.com**
- Nomade : **www.nomade-aventure.com**
- Pedibus : **www.pedibus.org**
- Rando-Croquis®, pour marcher et dessiner sur le bord des sentiers : **www.randocroquis.com**
- Retrouvance : **www.retrouvance.com**
- Saiga : **www.saiga-voyage-nature.fr**
- Sud randos : **www.sudrandos.com**
- Terra incognita : **www.terra-incognita.fr**
- Terres d'aventure : **www.terdav.com**
- Vagabondages : **www.vagabonadges.com**
- Zig-zag : **www.zig-zag.tm.fr**
- Loisirs accueil : **www.loisirsaccueilfrance.com**
- UCPA : **www.ucpa.com**
- VAL, résidences de vacances proposant des randonnées accompagnées : **www.val.fr**

UNE FOIS EN MARCHE

Droit et sentiers

BIBLIOGRAPHIE

- *Le Code de la piste et de ses abords*, coordonné par l'ONF, distribué par le parc naturel du Morvan (petit ouvrage clair et synthétique sur les droits des différents usagers des chemins, gratuit).
- *Guide du droit des chemins*, FFRP (plutôt destiné aux créateurs d'itinéraires).
- *Le Droit de la randonnée pédestre*, Patrick Le Louarn, Victoires éditions.

Santé et secours

BIBLIOGRAPHIE

- *Guide médical des espaces sauvages*, Dr Isabelle Philippe, Guides Olizane, Genève, 2001 (un manuel très précis, concret et compréhensible par tous, pour la randonnée en Himalaya et plus généralement pour les voyages en altitude).
- *Premiers Secours en randonnée*, Dr Joseph Lebhar, France-Sélection.

LA VIE ASSOCIATIVE AU CŒUR DE LA RANDONNÉE

Les fédérations nationales

• Fédération française de la randonnée pédestre (FFRP) : 14, rue Riquet - 75019 Paris. Tél. 01 44 89 93 93, www.ffrp.asso.fr

• Fédération française de la montagne et de l'escalade (FFME) : 8-10 quai de la Marne - 75019 Paris. Tél. 01 40 18 76 50, www.ffme.fr

• Fédération des Clubs alpins français : 24, avenue Laumière - 75019 Paris. Tél. 01 53 72 87 00, www.clubalpin.com

• Fédération du Club vosgien : www.club-vosgien.com

• Fédération française des sports populaires (FFSP) : 48, rue de Mulhouse - 68400 Riedisheim. Tél. 03 89 66 33 08, www.ffsp-ivv.com

• Fédération française de course d'orientation : 37, avenue Gambetta - BP 220 - 75967 Paris Cedex 20. Tél. 01 47 97 11 91, www.ffco.asso.fr

Les Comités départementaux de la randonnée pédestre (CDRP) de la FFRP

Liste en date du 7 avril 2004.

Les adresses pouvant être modifiées, nous vous conseillons de consulter le site de la FFRP : www.ffrp.asso.fr, qui les tient à jour.

Ain
34, rue du Général-Delestraint -
BP 78 -
01002 Bourg-en-Bresse

Aisne
16, rue Francklin-Roosevelt -
02000 Laon

Allier
Centre Éric Tabarly,
Rue du Champs-d'Auger -
03300 Cusset

Alpes de Haute Provence
C/O M. Paul David - 14, chemin
des Convertis - 04350 Malijai

Hautes-Alpes
7, rue du Four-Neuf -
05000 Gap

Alpes-Maritimes
Maison des Associations -
4, avenue de Verdun -
06800 Cagnes-sur-Mer

Ardèche
4, cours du Palais -
07000 Privas

Ardennes
15, avenue Général-
La-Bruyère - 08350 Donchery

Ariège
26, faubourg de Planissoles -
09000 Foix

Aube
Maison des Associations -
63, avenue Pasteur -
10000 Troyes

Aude
C/O Mme Éliane Pech -
2, rue Louis-de-Martin -
11100 Narbonne

Aveyron
C/O Maison du Tourisme -
17, rue Aristide-Briand -
12008 Rodez Cedex

Bouches-du-Rhône
21, avenue de Mazargues -
13008 Marseille

Calvados
8-10, promenade du Fort -
BP 163 - 14010 Caen Cedex

Cantal
C/O M. Pierre Wildemann -
2, avenue du Docteur-Mallet -
15100 Saint-Flour

Charente
22, boulevard de Bury -
16000 Angoulême

Charente-Maritime
C/O M. Claude Normand -
L'Aubrée - 17350 Taillant

Cher
C/O Mme Jocelyne Prevost-
43, rue Henri-Sellier -
18000 Bourges

Corrèze
La Chassagnite -
19200 Mestes

Côte-d'Or
1, rue de Soisson -
21035 Dijon Cedex

Côtes-d'Armor
7, rue Saint-Benoît -
22000 Saint-Brieuc

Creuse
Blanderette - 23200 Bosroger

Dordogne
46, rue Kléber -
24000 Périgueux

Doubs
C/O M. Jean-Claude Poissenot -
7, route de Marchaux -
25220 Thise

Drôme
29, côte des Chapeliers -
26000 Valence

Eure
Office du tourisme -
3, place de Gaulle -
27000 Évreux

Eure-et-Loir
C/O CDT - 10, rue du Docteur-Maunoury - BP 67 -
28002 Chartres

Finistère
4, route de Saint-Renan -
BP 02 - 29810 Plouarzel

Gard
La Vigneronne - 114 B, route de Montpellier - 30540 Milhaud

Haute-Garonne
5, Port Saint-Sauveur -
31000 Toulouse

Gers
Place de la Cathédrale -
32700 Lectoure

Gironde
Maison des Sports -
153, rue David-Johnston -
33000 Bordeaux

Hérault
Maison départementale des Sports - 200, avenue du Père-Soulas - 34094 Montpellier Cedex 5

Ille-et-Vilaine
Maison départementale des Sports - 13 bis, avenue de Cucille - 35065 Rennes Cedex

Indre
Maison départementale des Sports - 89-22, allée des Platanes - 36000 Châteauroux

Indre-et-Loire
Maison des Sports de Touraine
rue de l'Aviation - BP 100 -
37210 Parçay Meslay

Isère
36, rue Nicolas-Chorier -
38000 Grenoble

Jura
C/O CDT - 8, rue Louis Rousseau -
39000 Lons-le-Saunier

Landes
Mairie - 40180 Narrosse

Loir-et-Cher
2, rue du Limousin -
41000 Blois

Loire
1, rue Émile-Combe -
42000 Saint-Étienne

Haute-Loire
23, rue Boucherie-Basse -
43000 Le Puy-en-Velay Cedex

Loire-Atlantique
19, avenue du Clos-du-Cens -
44300 Nantes

Loiret
Maison des Sports -
1240, rue de la Bergeresse -
45160 Olivet

Lot
C/O M. André Reiniche -
15, place des Mirepoises -
46100 Figeac

Lot-et-Garonne
4, rue André-Chénier -
47000 Agen

Lozère
C/O M. Allain Bastide -
Le Bourg - Route de Coste-Ebesse -
48700 Rieutord-de-Randon

Maine-et-Loire
Maison des Sports - 49 bis, rue des Perrins-aux-Ponts-de-Cé - BP 43527 -
49135 Les Ponts-de-Cé Cedex

Manche
1, rue du 8-Mai-1945 -
50570 Marigny

Marne
BP 3 - 51300 Frignicourt

Haute-Marne
C/O M. Jean-François Voillequin - 44, rue du Château
52300 Rupt

Mayenne
Maison du Tourisme -
84, avenue Robert-Buron -
53000 Laval

Meurthe-et-Moselle
Maison des Sports -
13, rue Jean-Moulin -
54510 Tomblaine

Meuse
C/O M. Jean-Marie Balson -
4, rue l'Épichée -
55200 Lerouville

Morbihan
Maison du Sport - 9, rue François-Joseph-Broussais -
Parc du Ténénio -
56000 Vannes

Moselle
SMEC Omnisports -
Boulevard Saint-Symphorien -
Tribune Nord -
57050 Longueville-les-Metz

Nièvre
C/O M. Jean-Marc Voyot -
Maison du Bazois -
58110 Alluy

Nord
C/O M. Alain Grimbert - 20, rue Bayart - 59820 Armentières

Oise
C/O M. Jean Zambetti - 62, avenue Jean-Jaurès - 60290 Rantigny

Orne
C/O M. Jean Calbrix - 2, rue René-Fonck - 61000 Alençon

Pas-de-Calais
Maison des Sports du Pas-de-Calais - 34, rue Jean-Bart - BP 31 - 62143 Angres

Puy-de-Dôme
Résidence les Lycées - 70, avenue des Paulines - 63000 Clermont-Ferrand

Pyrénées-Atlantiques
18, rue de la Carrère - 64370 Arthez-de-Béarn

Hautes-Pyrénées
MDA - 6, quai de l'Adour - 65000 Tarbes

Pyrénées-Orientales
Maison départementale des Sports - rue Duguay-Trouin - 66000 Perpignan

Bas-Rhin
C/O M. Claude Rau - 81, rue Principale - 67500 Batzendorf

Rhône
39, rue Germain - 69006 Lyon

Haute-Saône
C/O M. Gérard Brosset - 23, Grande-Rue - 70190 Boulot

Saône-et-Loire
Centre de loisirs de Tournus - Vieille-Route-d'Ozenay - 71700 Tournus

Sarthe
Maison départementale des Sports - 32, rue Courboulay - 72000 Le Mans

Savoie
Maison des Sports - 90, rue Henri-Oreiller - 73000 Chambéry

Haute-Savoie
Maison des Associations - 3, avenue de la Plaine - 74000 Annecy

Paris
35, rue Piat - 75020 Paris

Seine-Maritime
C/O M. Gérard Masselis - 7, rue des Noisetiers - 76190 Sainte-Marie-des-Champs

Seine-et-Marne
11, rue Royale - 77300 Fontainebleau

Yvelines
C/O M. Gérard Vandevoorde - BP 266 - 78002 Versailles

Deux-Sèvres
C/O M. Dominique Bonnet - 31, rue Romaine - 79370 Celles-sur-Belle

Somme
C/O M. René Prestaux - 12, rue Watteau - 80000 Amiens

Tarn
6, rue Saint-Clair - BP 31 - 81001 Albi Cedex

Tarn-et-Garonne
Maison de la Randonnée - 5, sente du Calvaire - 82200 Moissac

Var
Hélianthe - rue Émile-Ollivier - La Rode - 83000 Toulon

Vaucluse
1, rue Bourguet - 84000 Avignon

Vendée
Maison des Sports - 202, boulevard Aristide-Briand 85000 La Roche-sur-Yon

Vienne
C/O M. Jean Charles - 9, rue Richard-Cœur-de-Lion - 86470 Montreuil-Bonnin

Haute-Vienne
C/O Mme Raymonde Texier - 35, rue Jean-Louis-Paguenaud 87100 Limoges

Vosges
C/O M. Gérard Bontemps - 5, rue de Verdun - 88500 Mirecourt

Yonne
1-2 quai de la République - 89000 Auxerre

Territoire de Belfort
C/O M. Marcel Lallemand - 2, rue des Clarines - 90350 Evette-Salbert

Essonne
C/O M. Georges Beyne - 7, rue Édouard-Danaux - 91220 Bretigny-sur-Orge

Hauts-de-Seine
Parc municipal des Sports - 5, avenue Jean-Bouin - 92130 Issy-les-Moulineaux

Seine-Saint-Denis
1 ter, place des Martyrs-de-la-Résistance-et-de-la-Déportation - 93110 Rosny-sous-Bois

Val de Marne
Moulin de la Bièvre - 73, avenue Larroumés - 94240 L'Hay-les-Roses

Val d'Oise
La Conciergerie - 28, rue Pierre-Brossolette - BP 3 - 95270 Asnières-sur-Oise

Guadeloupe
C/O M. Jacky Noc - 4102, Immeuble Grassin - Grand Camp - 97142 Abymes Guadeloupe

Martinique
C/O Maison du Tourisme vert - 9, boulevard du Général-de-Gaulle - BP 1003 - 97200 Fort-de-France

Réunion
C/O M. Guy Léandre Jista – 1, rue Anne - Appt. 30 - Résidence Le Concorde - 97400 Saint-Denis

Les Comités régionaux de la randonnée pédestre (CRRP) de la FFRP

Liste en date du 1er janvier 2004.

Alsace
C/O M. Armand Ducornet - 6, rue de Bretagne - 67730 Chatenois

Aquitaine
C/O M. Jean Bompays - Le Tabernet - Avenue de la Gare - 40170 Mezos

Auvergne
C/O M. Christian Bertholet - Place Eugène-Chapon - 43200 Saint-Maurice de Lignon

Bourgogne
2, rue des Corroyeurs - Boîte Y1 - 21068 - Dijon Cedex

Bretagne
C/O M. Jean Fulbert - 8, rue de la Jannaie - 35760 Saint-Grégoire

Centre
C/O M. Alain Nevière - La Vilaise - 36370 Belabre

Champagne-Ardennes
C/O M. Lucien Mascia - 27, allée Abel-Gance - 51430 Tinqueux

Franche-Comté
C/O M. Guy Bercot - 23, rue du Vallon - 25220 Thise

Ile-de-France
40, rue de Paradis - 75010 Paris

Languedoc-Roussillon
Espace République - 20, rue de la République - 34000 Montpellier

Limousin
C/O M. Jean-Paul Sonnier - 2, rue Haras - 19200 Saint-Exupéry-les-Roches

Lorraine
Maison des Sports - 13, rue Jean-Moulin - 54510 Tomblaine

Midi-Pyrénées
Maison des Sports - Rue Buissonnière - BP 81908 - 31683 Labege Cedex

Nord - Pas-de-Calais
C/O M. Paul Jarry - 9, rue des Enseignes - 59700 Marcq-en-Baroeul

Basse-Normandie
Bâtiment EDF-GDF - 8-10, promenade du Fort - BP 163 - 14010 Caen Cedex

Haute-Normandie
C/O M. Erich Poyer - 6, rue de Normandie - 76350 Oissel

Pays de la Loire
Maison des Sports - 44, rue Romain-Rolland - 44103 Nantes Cedex 04

Picardie
Rue de la Tannerie - 80250 Ailly-sur-Noye

Poitou-Charentes
O.M.S - 22, place Charles-de-Gaulle - 86000 Poitiers

Provence-Alpes-Côte-d'Azur
21, avenue de Mazargues - 13008 Marseille

Rhône-Alpes
C/O M. Jean-Pierre Feuvrier-Chemin de Saint-Gras - Hameau de Joigny - 73490 La Ravoire

Guadeloupe
C/O M. Jacky Noc - 4102, Immeuble Grassin - Grand Camp - 97142 Abymes Guadeloupe

Réunion
C/O M. Guy Léandre Jista - 1, rue Anne - Appt. 30 - Résidence Le Concorde - 97400 Saint-Denis

Martinique
C/O Maison du Tourisme vert - 9, boulevard du Général-de-Gaulle - BP 1003 - 97200 Fort-de-France

Index

Réalisation

Ce guide a été rédigé par Françoise Kouchner.

Nous remercions pour leur collaboration : Bernard Bèzes et Anne-Catherine Ferrarri de l'Institut géographique national (IGN) ; Gwenaëlle Boulic de l'Office national des forêts (ONF) ; Pierre Nehling du Bureau des recherches géologiques et minières (BRGM) ; Patrice Cheminot de Météo-France ; Jean-Marc Lamory (chargé de mission sur les activités montagne) pour la partie « Orientation » ; Stéphane Cnoquaert (CDRP Nord) pour les parties « Orientation », « Cartographie » et « GPS » ; Yves Lespérat (conseiller technique national de la FFRP) pour l'ensemble de ses compétences sur les milieux naturels et en matière de formation à la randonnée pédestre ; Thomas Bianchin, de *Trek Magazine*, pour la partie « Treks et randonnées à l'étranger » ; l'équipe des rédacteurs du *Mémento du brevet fédéral d'animateur de randonnée pédestre*, sous la coordination d'Yves Lespérat, que publie la FFRP dans le cadre de la Formation ; Philippe Moteau, médecin fédéral de la FFRP ; l'Association nationale pour l'étude de la neige et des avalanches (ANENA) ; le Syndicat national des accompagnateurs ; le Syndicat des guides ; Christophe Dejonchère, des Mutuelles du Mans Assurances ; le parc national de la Vanoise ; les techniciens du Vieux Campeur ; Jacqueline Cantaloube (CDRP 49).

Les photographies sont de : Thomas Bianchin (TB), Jacqueline Cantaloube (JC), Dominique Gengembre (DG), I. Gomez-Pulido (I. G-P) pour la contribution du service Communication de la FFRP, Marie-France Hélaers (MFH), Jean et Françoise Kouchner (FK), Patrick Lefranc (PL), Yves Lespérat (YL) et Nicolas Vincent (NV).
Nous remercions Jacqueline Cantaloube qui nous a fourni les documents anciens dont certains appartiennent à la collection Jean Calbrix (©FFRP-CDRP 49). Les photos des années 1950 sont de François Goubeau, Mr. Thimonier (©FFRP).

Les illustrations sont de Nathalie Locoste (NL). Certains dessins ou schémas ont été faits d'après Bernard Lebreton, Jean-Marc Lamory et Stéphane Cnoquaert.

Création maquette : Marie-Christine Carini. **Montage du projet et direction des éditions :** Dominique Gengembre. **Coordination, iconographie et corrections :** Marie Vilarem. **Iconographie pour la couverture :** Olivier Cariot. **Relecture et corrections :** Brigitte Bourrelier, Jean-Pierre Feuvrier, Dominique Gengembre, Élisabeth Gerson, Yves Lespérat, Anne-Marie Minvielle, Marie-Hélène Pagot, Gérard Peter et Michèle Rumeau. **Mise en pages :** Delphine Sauvanet. **Responsable de la fabrication :** Jérôme Bazin.